머리말

"20년 안에 현재 직업의 48%가 컴퓨터에 의해 사라진다."

세계적인 관심을 불러일으켰던 구글 알파고와 세계적인 바둑기사 이세돌의 대결로 인해 전문가들의 영역으로만 느껴졌던 '제4차 산업혁명'이라는 키워드가 일반인들에게도 성큼 다가오며 연일 자극적인 기사들이 쏟아져 나오고 있습니다. 딥러닝, 빅데이터, 인공지능(AI), VR/AR, 랜섬웨어, 비트코인, 블록체인과 같은 말들이 이제는 꽤 익숙하게 다가옵니다. 급격하게 가속되는 변화에 앞으로 우리 아이들이 살아갈 세상은 어떨지 쉽게 단언할 수는 없습니다. 그러나 모든 변화들을 잘 들여다보면 변화에 중심에는 '소프트웨어'가 있습니다. 소프트웨어는 그 자체로서 뿐만 아니라 공학, 기술, 생명, 문화, 예술에 이르기까지 모든 분야와 융합하며 4차 산업혁명을 이끌고 있습니다. 따라서 우리 아이들이 나중에 어떤 일을 하든, 컴퓨터의 언어와 사고방식을 이해하고 이를 다룰 수 있는 '컴퓨팅 사고력'이 누구나 가져야 할 기초적인 소양이 될 것입니다. 이에 전통적으로 가르쳐오던 기초 교육인 3R, 즉 읽기(Reading), 쓰기(wRiting), 셈하기(aRithmetic)에 더해 프로그래밍하기(pRogramming)을 포함한 4R를 의무화하는 움직임이 세계적으로 일고 있습니다. 영국에서는 만 5세부터 컴퓨팅 교육을 필수로 이수하며, 인도에서는 초등 6년 동안 주당 1~2시간씩 소프트웨어 교육을 받습니다. 그 외에도 미국, 일본, 이스라엘, 에스토니아 등 여러 나라에서 앞다투어 소프트웨어 교육을 의무화하고 있습니다. 한국에서도 이러한 움직임의 일환으로 소프트웨어 교육을 초등학교 및 중학교 전체 학생을 대상으로 2018학년도부터 소프트웨어 교육이 의무화됩니다.

이렇게 전 세계적으로 주목하고 있는 소프트웨어 교육은 전통적인 컴퓨터 교육이나 프로그래밍 교육과는 다소 다릅니다. 특정 기능의 습득을 중요시하던 전통적인 교육과는 달리 문제해결력, 논리적 사고력, 창의력, 알고리즘적 사고 능력을 근간으로 한 '컴퓨팅 사고력(Computational Thinking)'을 교육의 목적으로 두고, 가장 효과적이고 핵심적인 방법으로 '프로그래밍'을 활용합니다. 소프트웨어 교육에 대한 연구는 지금 가장 활발히 진행 중이며, '엔트리'는 초기부터 여러 교수님, 선생님들과 함께 고민하고 연구하며 가장 효과적인 SW교육 플랫폼으로 만들어가기 위해 노력하여, 현재 국내에서 가장 많은 사용자들이 이용하고 있습니다. 엔트리에는 누구의 도움 없이도 학생들이 스스로 배울 수 있는 다양한 교육 콘텐츠들이 마련되어 있고, '교육용 블록 프로그래밍'으로 시작하여 자연스럽게 전문 텍스트언어로 발돋움할 수 있는 '엔트리파이선'을 지원하고 있어 소프트웨어 교육을 처음 접하는 아이들에게 어떻게 시작하고 어디로 가야 할 지 방향을 제시해줍니다. 본 책에서는 엔트리를 통해 2018학년도부터 적용될 국가교육과정을 바탕으로 꼭 알아야 할 핵심 개념들을 예제들을 통해 쉽고 재미있게 접하도록 하였습니다. 또한 이러한 개념들을 활용하고 엔트리의 세세한 기능들을 적용하여 좀 더 복잡한 작품들을 만드는 전략을 구상할 수 있도록 구성하였습니다. 마지막으로 엔트리파이선을 통해 블록과 텍스트코딩의 구조와 문법을 비교하며 더 관심있는 학생들이 전문 언어로 도약할 수 있는 발판을 마련하고자 하였습니다. 학생들이 무엇을 가장 배우고 싶어 하는지, 무엇을 가장 어려워하는지 등에 대한 엔트리 연구원과 교대 교수님의 수년간 고민과 노하우를 바탕으로, 가장 좋은 예제들과 접근 방법에 대해 고민한 결과가 선생님과 학생들에게 많은 도움이 될 수 있기를 바랍니다.

김재휘, 정인기 저자 일동

책의 저자

김재휘

경력 |
- 엔트리교육연구소 연구원으로 근무
- 네이버 커넥트재단 SW교육팀 연구원으로 근무
- 대전광역시 초등학교 교사로 근무
- 청주교육대학교 교육대학원 로봇교육과 석사

활동 |
- EBS 소프트웨어야 놀자2 출연 및 자문
- YTN 사이언스 소프트웨어 놀이터 출연
- 교육부, 전국 SW 연구학교 교원 연수
- 교육부, 전국 소프트웨어 선도 교원 연수
- APEC 국제교육협력원, 말레이시아 교원 SW 교육
- 미래창조과학부, 신흥국 공무원 SW 리더쉽 교육

저서 |
- 엔트리로 시작하는 프로그래밍 첫걸음 집필(영진닷컴)
- 중등 정보 교수 · 학습자료 교재 집필(교육부)
- 수학으로 배우는 SW 콘텐츠 기고(수학동아)
- EBS 소프트웨어야 놀자 시즌2 교사용 지도서 집필 (CONNECT)
- 교과서와 함께 키우는 컴퓨팅 사고력 집필(엔트리)

정인기

경력 |
- 춘천교육대학교 컴퓨터교육과 교수
- 한국정보교육학회 이사
- 한국컴퓨터교육학회 이사
- 이러닝학회 이사

저서 |
- 생각 쑥쑥 소프트웨어 공동 집필 (미래창조과학부 · 한국과학창의재단)
- 뚝딱뚝딱 코딩 공작소 공동 집필 (미래창조과학부 · 한국과학창의재단)
- 디지털 스토리텔링을 구현을 위한 앨리스 프로그램 집필(휴먼싸이언스)
- 소프트웨어와 함께하는 창의력 여행 공동 집필(교육부)
- 10대들을 위한 스크래치 프로그래밍 번역 공동 번역(휴먼싸이언스)
- 컴퓨팅 기초 다지기 교사용 지도서 공동 번역 (미래창조과학부 · 한국과학창의재단)

책의 구성

이 책은 총 3개의 챕터로 이루어져 있습니다. 본 책에 실린 모든 작품들은 **엔트리(playentry.org)**에서 자유롭게 실습해볼 수 있으며 각각의 작품 주소와 강의 주소를 제공합니다.

작품 주소 | 완성된 작품을 실행해보고 코드를 살펴볼 수 있습니다.

강의 주소 | 엔트리 오픈 강의를 통해 필요한 오브젝트들과 블록/코드들이 미리 준비된 상태에서 좀 더 편리하게 실습할 수 있습니다.

엔트리의 [학급 주소] 또는 [오픈 강의 주소]를 활용하면 각각의 작품에 따른 주소들을 일일이 입력하지 않아도 모든 콘텐츠에 쉽게 접근할 수 있습니다. 엔트리 회원으로 가입하고 로그인 후 아래 주소로 접속하여 학습 환경과 커뮤니티를 이용해 학습하도록 합니다.

학급 주소 | https://goo.gl/ozpSwA

오픈 강의 주소 | https://goo.gl/0a3kNV

Chapter1에서는 초·중등학교에서 다루는 프로그래밍의 필수 개념들을 중심으로 8개의 프로젝트를 만들며 프로그래밍의 기초를 탄탄히 합니다.

학습목표	일상생활 속 경험을 떠올리며 이 단원에서 배워야 할 내용과 만들 작품에 대해 알아봅니다.
무엇을 배울까?	이 단원에서 배워야 할 내용들을 살펴봅니다.
개념 콕콕	이 단원에서 주로 다루게 될 프로그래밍 개념들을 알아봅니다.
따라하며 배우기	작품을 차근차근 따라 만들며 배운 개념을 적용해봅니다.
스스로 해보기	배운 개념을 적용하여 앞에서 실습한 작품과 유사한 작품을 만들어보거나 앞에서 만든 작품을 발전시켜봅니다. [부록]에서 예시 코드를 볼 수 있습니다.

Chapter2에서는 앞서 배운 기초 개념들을 응용하여 5개의 작품을 만듭니다. 잘 알려지지 않은 엔트리의 세세한 기능들을 사용해보고, 앞에서 배운 프로그래밍 개념을 더 효율적으로 적용하는 전략들을 알아보며 컴퓨팅 사고력을 기릅니다.

학습목표 — 이 단원에서 다루게 될 프로그래밍 개념과 엔트리 기능에 대해 알아봅니다.

▼

무엇을 배울까? — 완성 작품이 실행되는 모습을 살펴봅니다.

▼

계획하기 — 작품을 만들기 위해 필요한 오브젝트와 화면 구성을 보며, 각 오브젝트의 역할에 대해 생각해봅니다. 또한 작품에 필요한 신호/변수/리스트/함수가 있는지, 프로그래밍 개념들을 어떤 점에 유의하며 적용할 수 있을지 생각해봅니다.

▼

만들기 — 복잡한 작품을 여러 STEP으로 쪼개 작품을 만들어봅니다. 앞에서 배운 개념들을 좀 더 효율적으로 적용하는 전략들을 익히고, 엔트리의 세세한 기능을 사용해봅니다.

▼

도전하기 — 앞에서 배운 전략들을 적용하여 주어진 Misson에 따라 나만의 작품을 만들어봅니다.
[부록]에서 예시 코드를 볼 수 있습니다.

Chapter3에서는 엔트리파이선을 통해 블록 프로그래밍에서 텍스트 프로그래밍으로 도약할 수 있는 발판을 마련합니다. 1단원에서는 엔트리파이선의 사용법과 기본 문법들을 알아보고, 2~4단원에서는 직접 작품을 만들어보며 블록과 텍스트를 비교하며 구조와 문법에 익숙해지고, 파이선 문법에 따른 텍스트 프로그래밍을 통해 좀더 빠르고 효율적으로 프로그래밍 하도록 합니다.

학습목표 & 목표 작품 보기   만들 작품에 대해 알아봅니다.

▼

엔트리파이선 프로그래밍   엔트리파이선을 통해 차근차근 텍스트 프로그래밍을 합니다.

▼

테스트&디버깅   만든 작품을 여러 번 실행하고 고치며 원하는 결과와 다르게 실행되는 부분을 찾아 고칩니다.

▼

블록X엔트리파이선 비교하기   블록과 엔트리파이선 코드를 비교하며 파이선의 구조와 문법을 파악합니다.

알아봅시다 주요 개념 외에 알아야 할 개념, 엔트리의 기능, 엔트리파이선의 문법 등에 대해 자세히 알아봅니다.

TIP 헷갈릴 수 있는 내용이나 알아두면 편리한 팁들을 설명합니다.

CONTENTS

INTRO 엔트리 만나기

1 엔트리란? 09
2 엔트리 메뉴 살펴보기 11

CHAPTER1 블록 프로그래밍 기초 다지기

1 신나는 야구경기 26
  ◆ 순서대로 코드 만들기
2 쑥쑥 자라는 토마토 39
  ◆ 똑같은 코드 반복하기
3 돋보기로 보는 난쟁이 마을 46
  ◆ 조건에 따라 다른 코드 선택하기
4 우리 학교 이야기 54
  ◆ 오브젝트끼리 신호 주고받기
5 주사위 놀이 63
  ◆ 변수에 필요한 데이터 저장하기
6 레스토랑 자동 주문기계 73
  ◆ 복잡한 계산식 만들기
7 두근두근 제비뽑기 88
  ◆ 리스트로 여러 개의 정보 관리하기
8 교통 신호 시스템 99
  ◆ 자주 쓰는 코드 함수로 묶기

CHAPTER 2 실전! 엔트리 작품 만들기

1 동물원 만들기 ──────── 112
- ◆ 도전하기: 바닷속 이야기

2 사진 꾸미기 프로그램 ──────── 122
- ◆ 도전하기: 나만의 정원 꾸미기

3 스마트폰 잠금패턴 ──────── 135
- ◆ 도전하기: 풍선 로또 게임

4 롤플레잉 게임 만들기 ──────── 148
- ◆ 도전하기: 숲 속에서 금화줍기

5 타자 연습 게임 ──────── 168
- ◆ 도전하기: 나의 영어 단어장

CHAPTER 3 엔트리파이선으로 Level Up!

1 엔트리파이선 알아보기 ──────── 184

2 세계 나이 계산기 ──────── 201

3 스케이팅 게임 ──────── 212

4 복불복 룰렛 만들기 ──────── 230

부록

Chapter1 스스로 해보기 예시답안 ──────── 242

Chapter2 도전하기 예시답안 ──────── 251

01 엔트리란?

　엔트리는 누구나 무료로 소프트웨어 교육을 받을 수 있도록 국내에서 개발된 소프트웨어 교육 플랫폼입니다. 엔트리를 통해 학생들은 소프트웨어를 쉽고 재미있게 배울 수 있고, 선생님은 효과적으로 학생들을 가르치고 관리할 수 있습니다.

playentry.org

　엔트리에서는 크게 〈학습하기〉, 〈만들기〉, 〈공유하기〉의 3가지 메뉴를 제공합니다. 이 세 단계를 통해 누구나 엔트리 플랫폼 내에서 소프트웨어의 기본 원리를 익히고, 자신만의 창작물을 제작하여 다른 사람들과 공유할 수 있습니다.

학습하기	만들기	공유하기
재미있게 배우는 학습공간	창작의 즐거움	공유와 협업
〈학습하기〉에서는 컴퓨터를 활용해 논리적으로 문제를 해결할 수 있는 다양한 학습콘텐츠가 준비되어 있습니다. 게임을 하듯이 주어진 미션들을 프로그래밍으로 해결하고, 동영상 강의을 보면서 소프트웨어의 원리를 재미있게 배울 수 있습니다.	〈만들기〉에서는 블록형 프로그래밍 언어를 사용하여 처음 접하는 사람들도 쉽게 자신만의 창작물을 만들 수 있습니다. 다양한 프로그램을 만들며 프로그래밍의 원리를 익히고, 블록으로 만든 작품을 텍스트 언어로 변환해봄으로써 전문 언어로 넘어갈 수 있는 밑거름이 됩니다.	〈공유하기〉에서는 엔트리를 통해 제작한 작품을 다른 사람들과 공유할 수 있습니다. 공유된 작품이 어떻게 구성되었는지 살펴보고, 이를 발전시켜 또 다른 작품을 만들 수 있습니다. 또한 친구들과 협업을 통해 더 멋진 작품을 만들 수도 있습니다.

Intro 엔트리 만나기

엔트리는 소프트웨어 교육의 다양한 방법에 따라 적합한 학습 도구를 지원함으로써 연계성 있는 교육을 지원합니다. 소프트웨어 교육은 크게 〈언플러그드 활동〉, 〈기초 알고리즘 활동〉, 〈교육용 프로그래밍 언어〉, 〈피지컬 컴퓨팅〉의 4가지 방법으로 이루어집니다. 엔트리에서는 컴퓨터 없이도 컴퓨터의 원리를 학습할 수 있는 〈언플러그드 활동〉 교구를 출시하고, 게임을 하듯 미션을 해결하며 프로그래밍의 기본 원리를 익히는 〈기초 알고리즘 활동〉 콘텐츠를 제공합니다. 또한 블록형, 텍스트형 〈교육용 프로그래밍 언어〉를 통해 자유로운 창작 활동을 가능하게 하며, 다양한 센서, 모터 등을 엔트리 프로그래밍으로 제어할 수 있도록 30여 가지의 다양한 〈피지컬 컴퓨팅〉 도구와 연결됩니다.

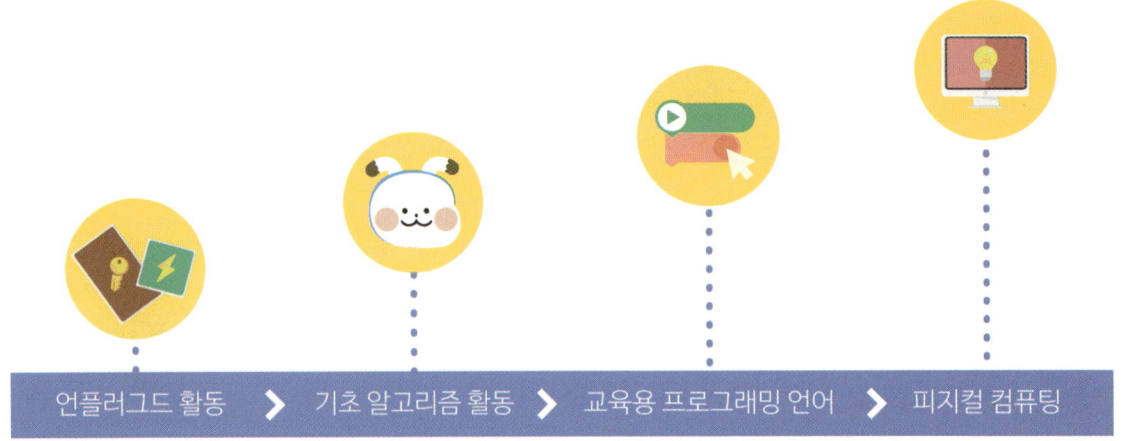

엔트리에서는 선생님을 위한 다양한 기능을 제공합니다. 〈학급 기능〉을 통해 학급만의 공간을 만들 수 있으며, 학생들의 계정과 학습 진도를 관리할 수 있습니다. 또한 〈강의 기능〉을 통해 수업에 필요한 기능들로만 학습 환경을 구성함으로써 더 효율적인 수업을 가능하게 합니다.

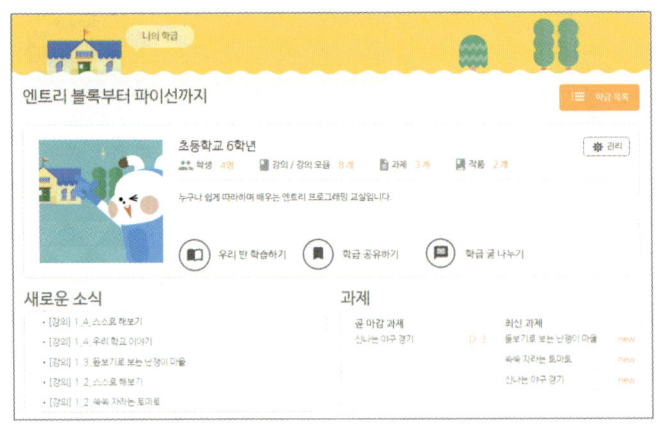

⬆ 학급 기능

⬆ 강의 기능

엔트리 플랫폼은 누구나 무료로 사용할 수 있도록 비영리로 운영되며, 엔트리의 소스코드 및 모든 교육자료는 CC라이센스를 적용하여 저작권에 구애받지 않고 사용할 수 있도록 공개하고 있습니다. 또한 엔트리는 국내 교육 현장에 적합한 플랫폼이 될 수 있도록 학교 선생님들과 지속적으로 협업하며, 대학·학회 등과 함께 다양한 연구를 진행하며 전문성을 강화해 나가고 있습니다.

출처: 엔트리(playentry.org)

02 엔트리 메뉴 살펴보기

playentry.org를 입력하여 엔트리 사이트에 접속해봅시다. 엔트리는 모든 브라우저에서 접속할 수 있지만, 크롬(Chrome) 브라우저에 가장 최적화되어 있습니다. 크롬(Chrome) 브라우저는 구글에서 무료로 제공하니 다운 받아 사용하는 것을 권장합니다.

Intro 엔트리 만나기

'회원가입'을 눌러 엔트리 회원으로 가입해봅시다. 학생이라면 '학생', 선생님이라면 '선생님' 계정으로 가입합니다. 엔트리는 개인정보를 수집하지 않아 만 14세 미만의 어린이도 부모님 동의 없이 쉽게 가입할 수 있습니다.

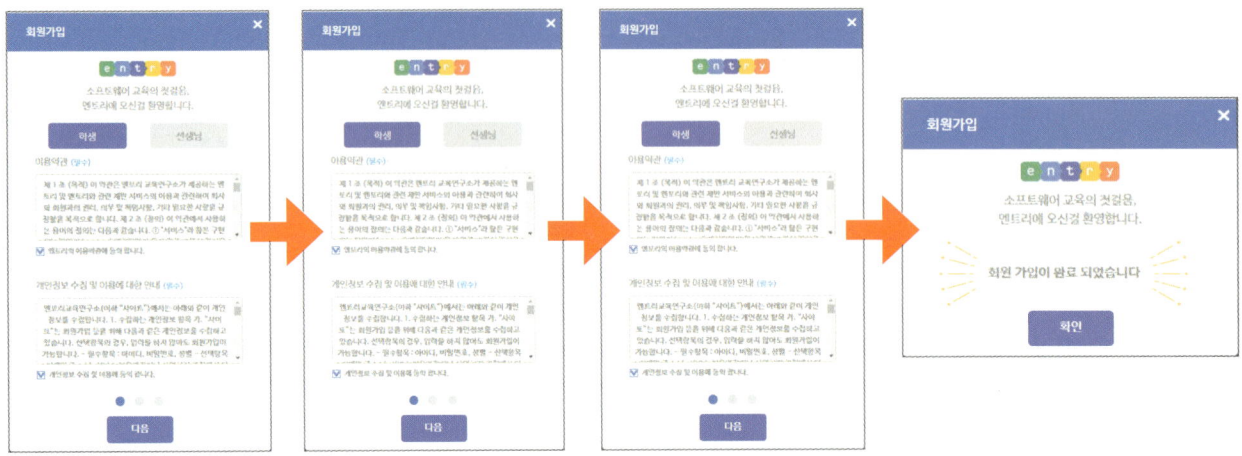

엔트리 메뉴를 살펴봅시다. 엔트리 메뉴는 가입할 때의 계정이 선생님인지 학생인지에 따라, 또 학급에 가입되어 있는지 여부에 따라 다르게 노출됩니다. 엔트리 로고를 누르면 언제든지 메인 페이지로 돌아옵니다.

학습하기	엔트리 학습하기	• 미션 해결, 작품 만들기, 동영상 강의, 퀴즈 등을 통해 누구나 스스로 학습할 수 있습니다. • 처음 시작하는 사람들을 위한 엔트리 학습과정, 주제별 학습과정, 학년별 추천 학습과정 등을 제공합니다.
	교육자료	• 엔트리의 모든 교육 자료를 무료로 다운 받을 수 있습니다. • 학년별, 난이도별, EBS방송 연계, 교과 연계, 피지컬 컴퓨팅 등 다양한 교육자료를 제공합니다.

학습하기	오픈강의	• 선생님이 만든 강의를 공유하는 공간입니다. • 다른 선생님이 만든 강의를 담아갈 수도 있고, 학생들이 들어와 강의를 학습할 수도 있습니다.
	우리 반 학습하기	• 학급에 가입된 유저에게만 노출되는 메뉴입니다. • 학급의 학생들이 볼 수 있도록 강의/강의모음/과제를 업로드하여 수업에 활용할 수 있습니다.
만들기	작품 만들기	• 블록형, 텍스트형 교육용 프로그래밍 언어로 다양한 작품을 만들 수 있습니다. • '다운로드'에서 오프라인 버전을 다운받아 사용할 수 있습니다.
	오픈강의 만들기	• 선생님 계정의 유저에게만 노출되는 메뉴입니다. • 수업에 활용할 수 있는 '강의' 또는 '강의모음'을 만들 수 있습니다.
	학급 만들기	• 선생님 계정의 유저에게만 노출되는 메뉴입니다. • 학급 공간을 만들어 학생의 계정과 학습 진도를 관리할 수 있습니다.
공유하기	작품 공유하기	• '작품 만들기'에서 만든 작품을 다른 사람들과 공유할 수 있는 공간입니다. • 공유된 작품은 내부 코드까지 함께 공개되며, 좋아요/관심/댓글 기능을 통해 피드백 할 수 있습니다.
	학급 공유하기	• 학급에 가입된 유저에게만 노출되는 메뉴입니다. • 학급 구성원들끼리 작품을 공유할 수 있습니다.
커뮤니티	글 나누기	• 자유게시판/묻고답하기/노하우&팁/제안 및 건의/공지사항의 게시판을 제공합니다.
	학급 글 나누기	• 학급에 가입된 유저에게만 노출되는 메뉴입니다. • 학급 구성원들끼리 이용할 수 있는 게시판입니다.

엔트리의 핵심 메뉴들을 자세히 살펴봅시다.

❶ 학습하기

'엔트리 학습하기'에서는 다양한 종류의 학습 콘텐츠를 만날 수 있습니다. '처음 시작하는 사람들을 위한 엔트리 첫걸음'에서 대표적인 두 가지 콘텐츠를 체험하며 엔트리의 사용법을 익힐 수 있습니다.

Intro 엔트리 만나기

STEP1에서는 블록 명령어를 조립하여 목표 지점까지 이동하며 주어진 미션을 해결합니다. 귀여운 캐릭터와 함께 게임을 하듯 미션을 해결하다 보면 자연스럽게 소프트웨어의 기본 원리를 익힐 수 있습니다.

❶
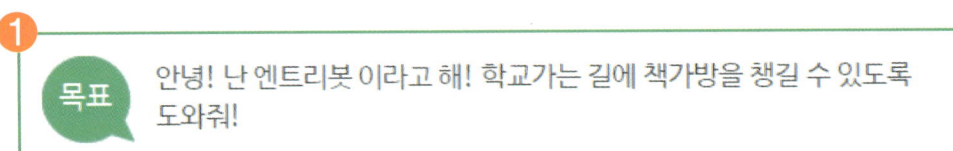
목표: 안녕! 난 엔트리봇 이라고 해! 학교가는 길에 책가방을 챙길 수 있도록 도와줘!

❷
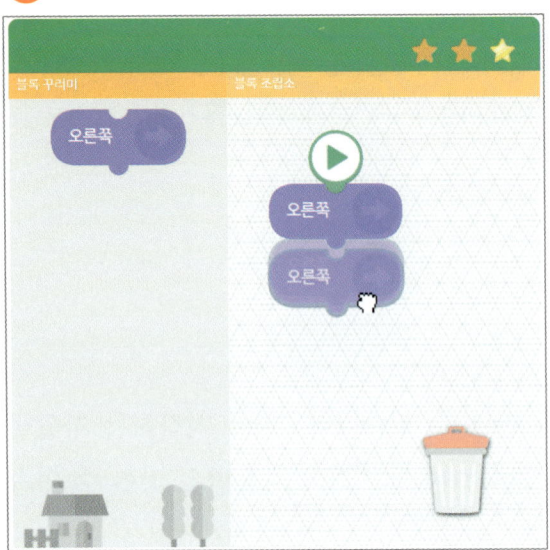

❸

02 엔트리 메뉴 살펴보기

'주제별 학습과정'의 '미션 해결하기'에서 STEP1과 같은 형태의 더 다양하고 재미있는 미션 콘텐츠들을 만날 수 있습니다. 각각의 미션을 해결하면 인증서가 나오기 때문에 더 즐겁게 미션에 참여할 수 있습니다.

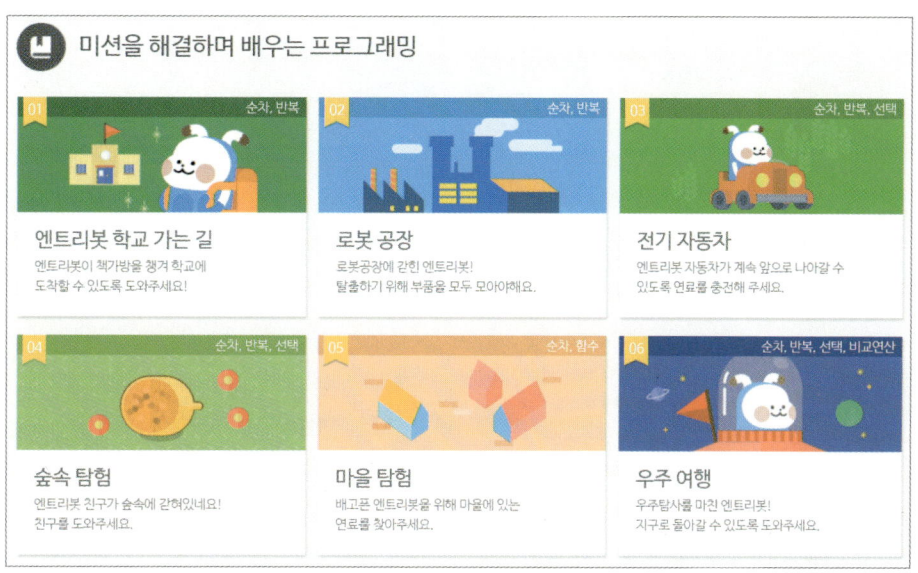

STEP2에서는 안내를 보고 따라하며 엔트리 작품을 만듭니다. 먼저 어떤 작품을 만들지 직접 작품을 실행하며 알아보고, 말풍선에 표시되는 안내에 따라 따라하며 작품을 만듭니다. 중요한 개념들은 팝업을 통해 배울 수 있습니다.

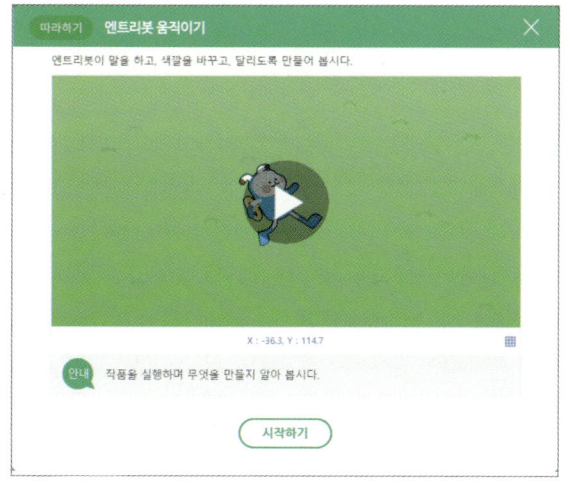

Intro 엔트리 만나기

'주제별 학습과정'의 '추천 강의 모음'에서 학년별, 수준별로 STEP2와 같은 형태의 다양하고 재미있는 학습 콘텐츠를 만날 수 있습니다.

STEP1와 STEP2는 각각 '강의'라고 부르며, 이것을 모아 그룹으로 만든 것을 '강의 모음'이라고 합니다. 학습 중인 강의나 강의 모음은 '마이페이지'의 '학습 중인 강의', '학습 중인 강의 모음'에서 확인할 수 있으며 진행 중인 진도를 확인할 수 있습니다.

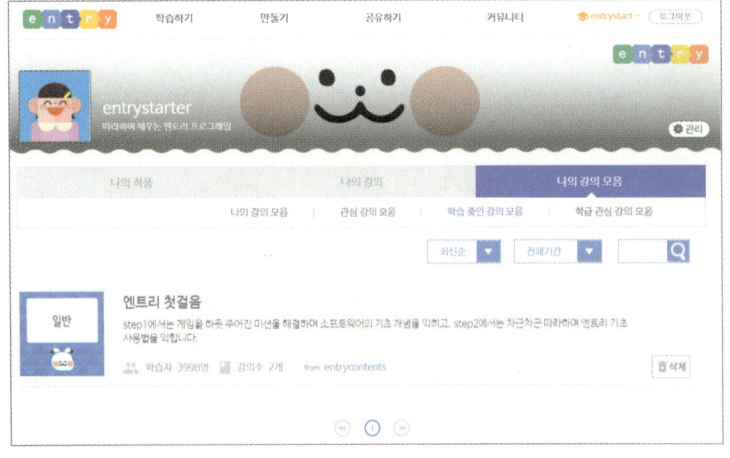

02 엔트리 메뉴 살펴보기

강의에는 STEP1과 STEP2에서 경험했던 '미션 해결하기', '따라하기' 외에도 '도전하기', '퀴즈풀기', '자유롭게 만들기'와 같은 다양한 형태가 있습니다.

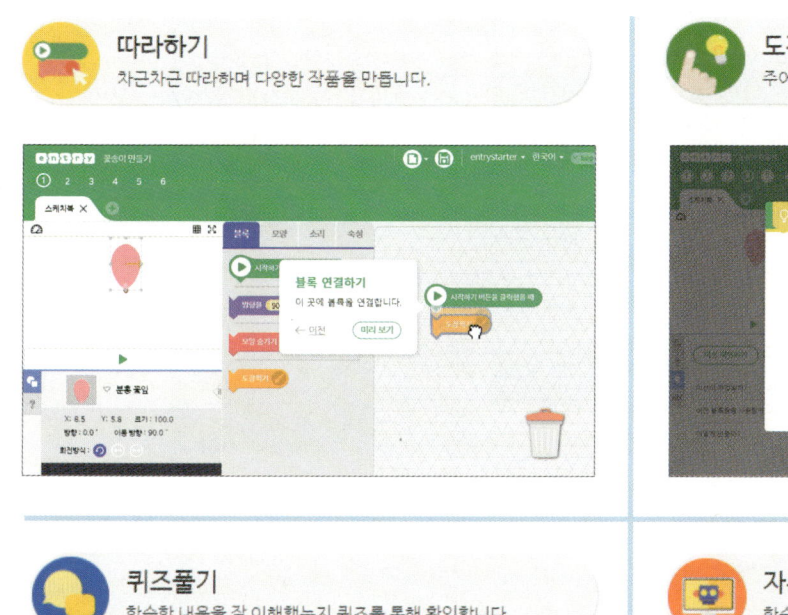

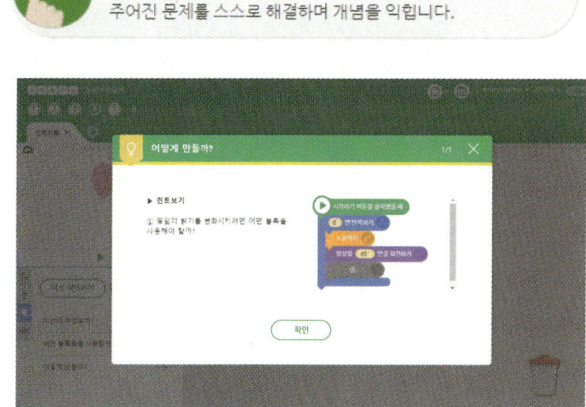

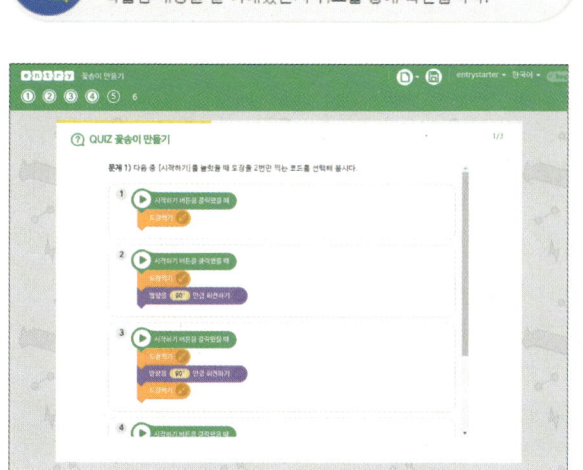

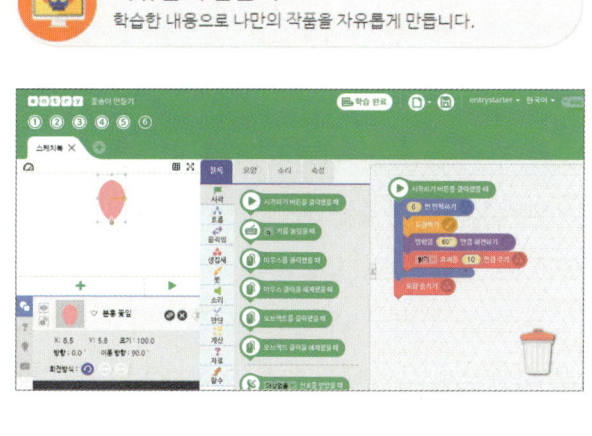

'선생님' 계정으로 가입했다면 '오픈 강의'를 직접 만들 수 있습니다. [만들기] – [오픈 강의 만들기] 메뉴에서 강의와 강의 모음을 만들고, [학습하기] – [오픈 강의]에서 만든 강의를 공유하거나 '우리 반 학습하기'에 올려 수업에 활용합니다. 직접 강의를 만들기 어렵다면, '엔트리 학습하기' 또는 '오픈 강의'에 있는 강의들을 '관심 강의'로 저장하여 '우리 반 학습하기'에 올려 사용하도록 합니다.

Intro 엔트리 만나기

⬆ 오픈 강의

'오픈 강의'는 일반 엔트리 '작품 만들기' 환경과 유사하나, 엔트리의 많은 기능 중에서 해당 학습에 필요한 블록, 기능들만 남기고, 미리 준비되어야 할 오브젝트, 코드 등을 추가한 상태의 환경을 제공함으로써 학습 방해 요소들을 줄이며 효율적으로 수업할 수 있도록 합니다. [목표] 탭에서 학습자가 무엇을 만들 것인지 지속적으로 확인하고 PDF, 영상 등의 다양한 강의 자료를 통해 학습을 할 수 있도록 함으로써 나중에는 도움 없이도 일반 환경에서 자신만의 작품을 만들 수 있게 됩니다.

 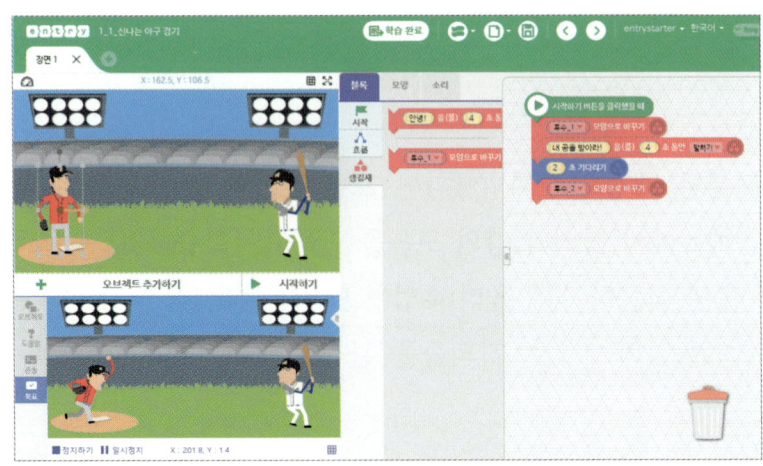

⬆ 강의 보기

02 엔트리 메뉴 살펴보기

본 교재는 엔트리의 [학급 기능]과 [오픈 강의]를 사용하여 좀 더 쉽게 배울 수 있는 환경을 제공하고 있습니다. 로그인 후 아래 주소로 접속하여 학습 환경과 커뮤니티를 이용해 학습하도록 합니다.

학급 주소	https://goo.gl/BqeNAe
오픈 강의 주소	https://goo.gl/0a3kNV

⬆ 학급 메인   ⬆ 학급 강의

⬆ 오픈 강의

② 만들기

'작품 만들기'는 엔트리의 가장 핵심이 되는 기능입니다. 160여 가지의 다양한 블록을 사용하여 애니메이션, 게임, 응용 프로그램, 실생활 프로그램, 피지컬 컴퓨팅 등 다양한 작품을 만들 수 있습니다.

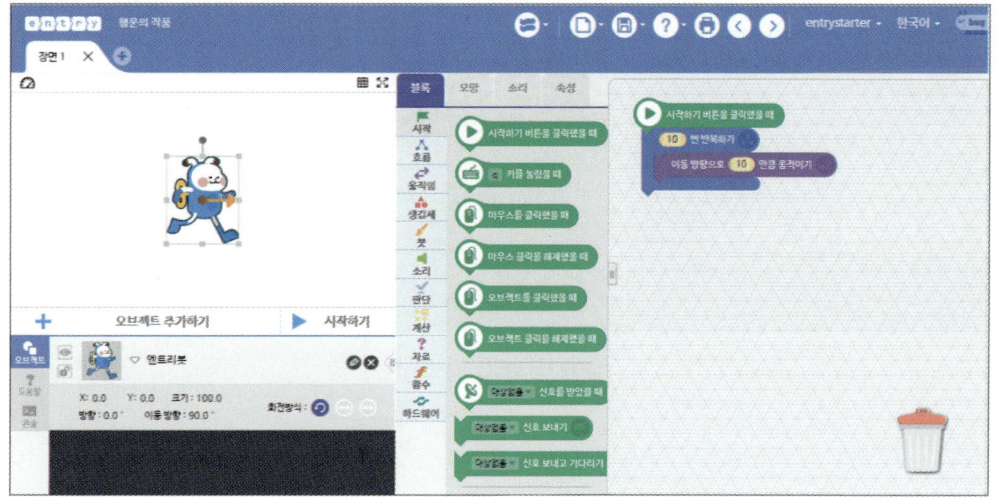

Intro 엔트리 만나기

엔트리 로고 아래 [다운로드]에서는 '작품 만들기'를 인터넷 연결 없이도 사용할 수 있도록 오프라인 버전을 다운로드 할 수 있습니다.

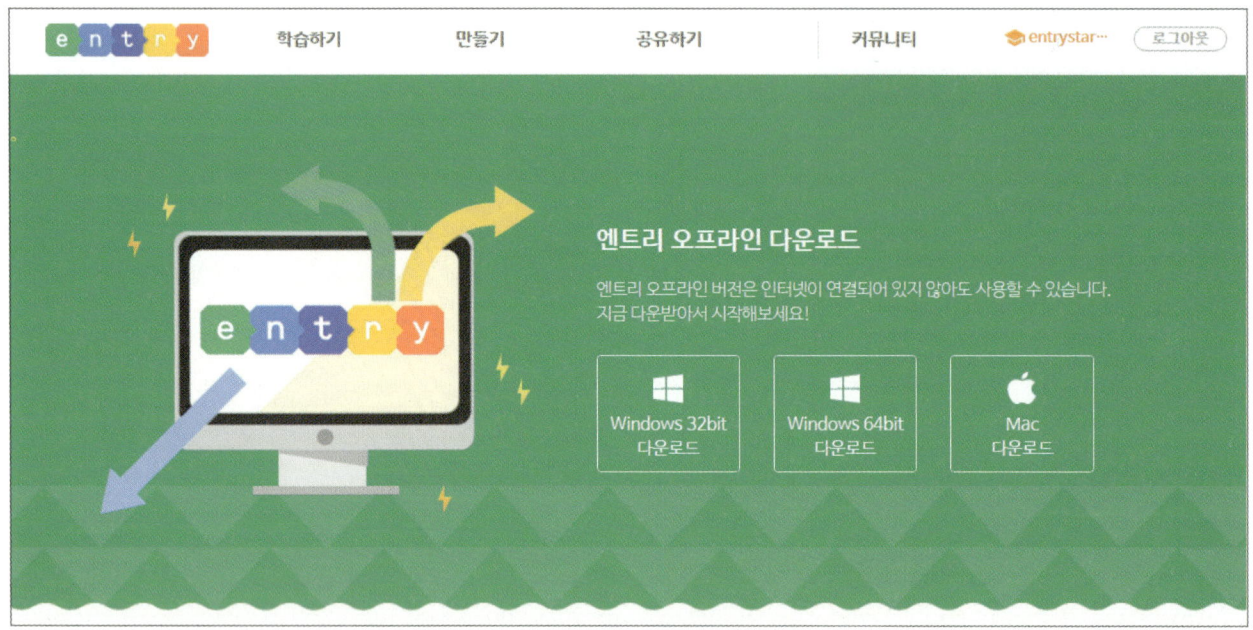

'작품 만들기' 페이지는 다섯 영역으로 이루어져 있습니다.

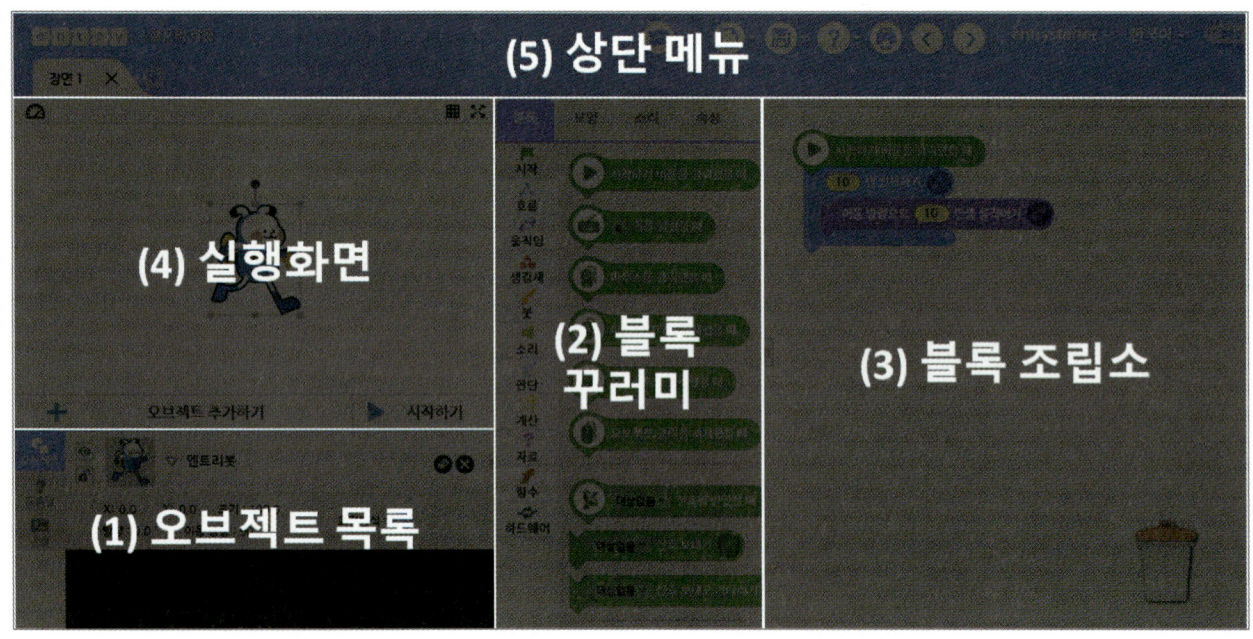

↑ '작품 만들기'의 화면 구성

02 엔트리 메뉴 살펴보기

(1) 오브젝트 목록

명령어를 통해 움직일 수 있는 모든 것들을 '오브젝트'라고 합니다. 캐릭터, 사물, 글상자, 배경 등 실행화면에 나타나는 모든 것을 포함합니다. [오브젝트] 탭을 클릭하면 모든 오브젝트의 목록이 보입니다. 오브젝트를 선택하면 오브젝트의 위치, 크기, 방향 등의 정보가 표시됩니다.

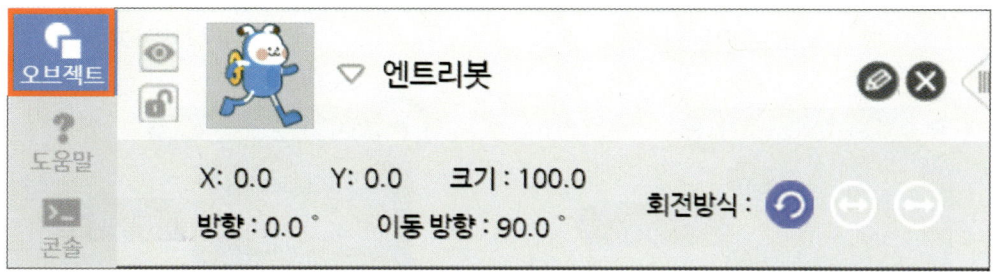

(2) 블록 꾸러미

블록 꾸러미에는 오브젝트에게 명령할 수 있는 블록들이 있습니다. 블록의 종류에 따라 시작, 흐름, 움직임, 생김새, … 등 11개의 카테고리로 나뉘어 있으며, 카테고리 별로 블록의 색이 달라 원하는 블록을 쉽게 찾을 수 있습니다. 블록에 대한 도움말을 보고 싶을 때에는 오브젝트 목록의 [도움말]을 열고 원하는 블록을 선택합니다.

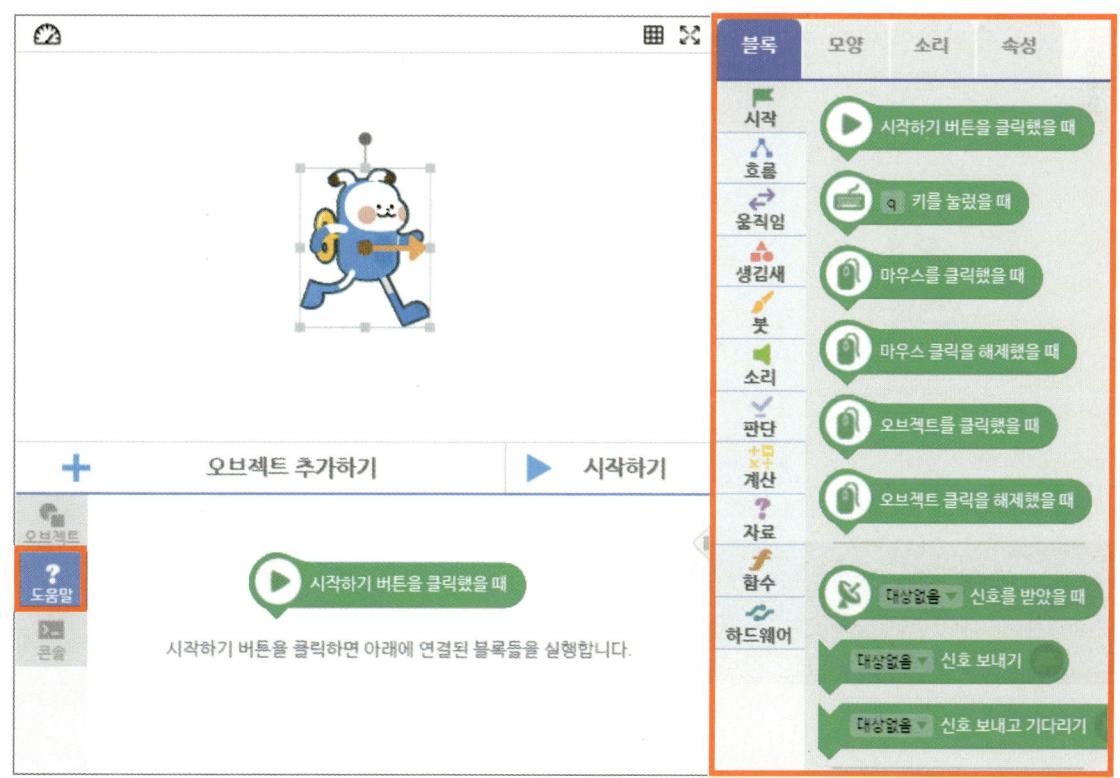

Intro 엔트리 만나기

(3) 블록 조립소

'블록 조립소'는 '블록 꾸러미'에서 필요한 블록을 끌어와 조립하는 공간입니다. 블록 조립소로 가져온 블록 또는 블록의 묶음을 '코드'라고 합니다. 필요하지 않은 코드는 블록을 가져왔던 블록 꾸러미나 휴지통으로 넣어 삭제할 수 있습니다. 한번 조립된 코드는 묶음 단위로 움직입니다.

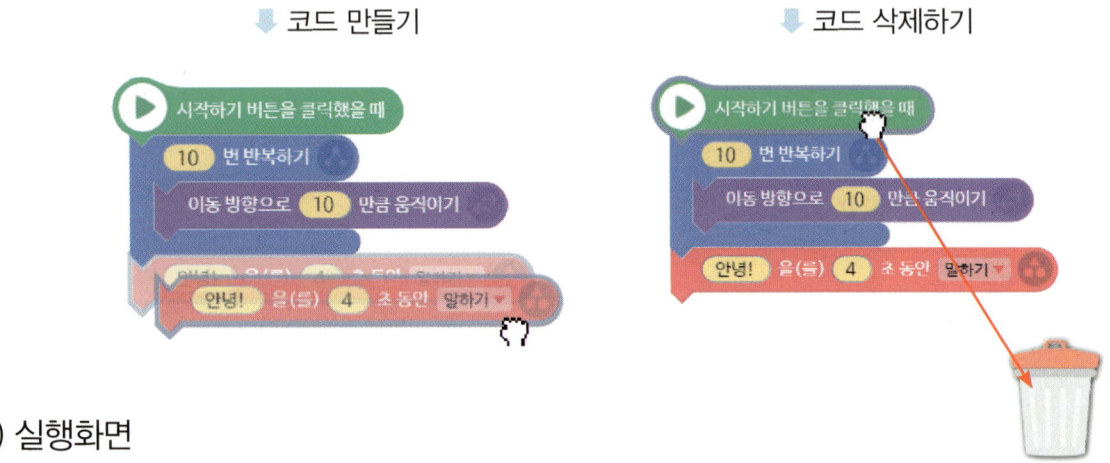

(4) 실행화면

실행화면의 '시작하기'를 누르면 오브젝트들이 블록 조립소의 코드에 따라 움직입니다. 속도계(⏱)를 누르면 실행 속도를 조절할 수 있고, 모눈종이(▦)를 누르면 실행화면의 좌표를 볼 수 있습니다. 화면확대(✕)를 누르면 실행화면을 전체화면에 가깝게 크게 볼 수 있습니다. 또한 오브젝트 목록 영역의 [콘솔] 탭을 클릭하면 일부 명령어에 대해 전문언어 프로그래밍과 유사한 결과를 볼 수 있습니다.

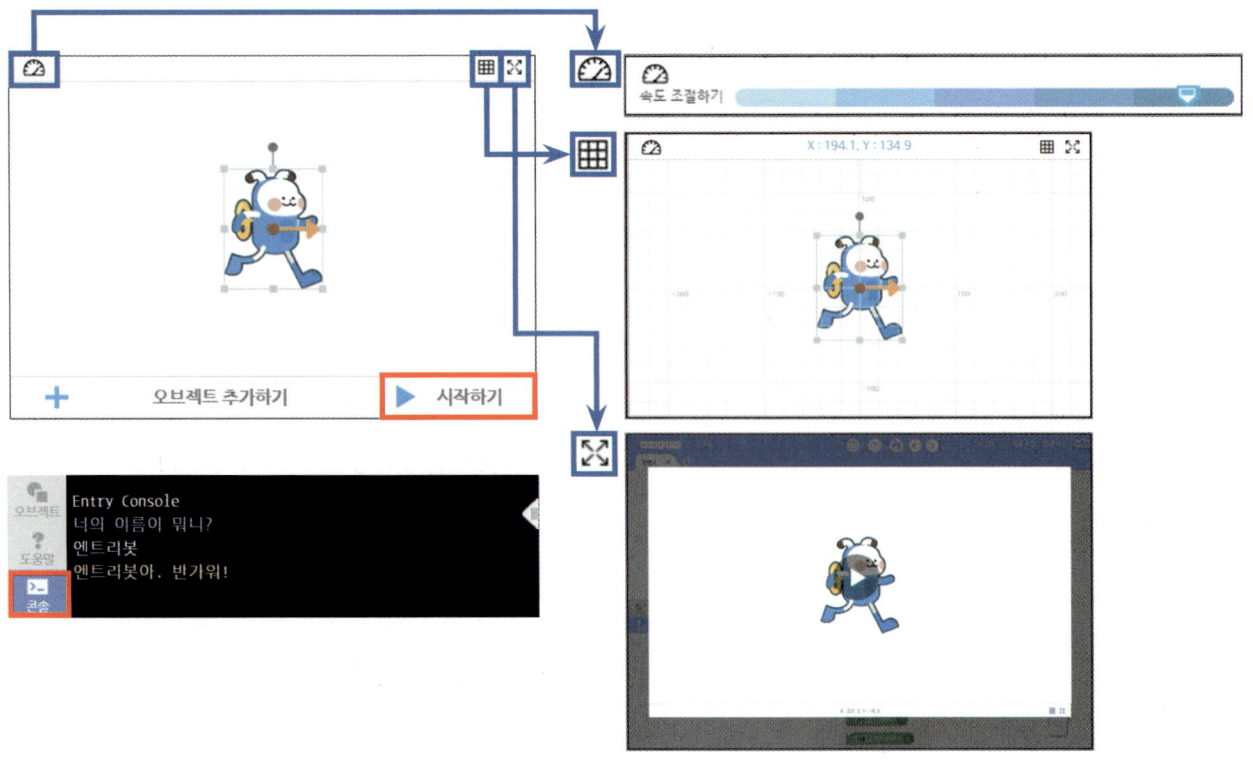

(5) 상단 메뉴

상단 메뉴에서는 작품의 이름을 변경하거나 저장할 수 있습니다. 그 외 페이지 설정이나 이동에 대한 메뉴를 제공합니다.

❶ 엔트리 로고	엔트리 메인 페이지로 이동합니다.
❷ 작품 이름	작품의 이름입니다. 클릭하여 다른 이름으로 변경할 수 있습니다.
❸ 모드 변경	블록코딩과 엔트리파이선 모드를 변경합니다.
❹ 새로 만들기	작품을 새로 만들거나 온/오프라인에서 저장한 작품을 불러옵니다.
❺ 저장	현재 작품을 웹 또는 내 컴퓨터에 저장합니다.
❻ 도움말	블록 도움말을 보거나 각종 가이드 문서를 다운받습니다.
❼ 코드 프린트	작품에 쓰인 모든 오브젝트와 코드를 정리한 페이지를 띄워줍니다. 해당 페이지를 PDF 파일로 저장하여 활용할 수 있습니다.
❽ 이전 & 다음	작업을 바로 이전 또는 이후로 되돌립니다.
❾ 계정	로그인 한 경우, 자신의 아이디를 클릭하면 저장한 작품을 조회하거나 개인정보를 수정할 수 있습니다.
❿ 언어	언어를 변경합니다. (한국어, 영어, 베트남어 지원)
⓫ 버그	이용 시 발생하는 오류를 신고합니다.

3 공유하기

'작품 공유하기'에서는 내가 만든 작품을 다른 사람들과 공유할 수 있습니다. 작품을 공유하려면, '작품 공유하기' 페이지에서 [+작품 공유하기] 버튼을 누르거나, [마이 페이지]에서 원하는 작품의 공유 스위치를 열어줍니다.

Intro 엔트리 만나기

작품을 클릭하여 들어가면 작품에 대한 설명과 함께 작품을 실행해 볼 수 있습니다. 다른 사람의 작품에 작품의 잘된 점, 개선되었으면 하는 점 등을 댓글로 남기면 작품을 만든 사람에게 큰 도움이 됩니다. [코드 보기]를 누르면 작품의 코드를 볼 수 있습니다. 이를 통해 다른 사람의 작품을 수정하여 자신의 작품으로 만들어 볼 수도 있습니다.

또, '좋아요', '관심 작품', '공유' 등을 통해 피드백을 줄 수 있습니다. '관심 작품'으로 등록하면 '마이 페이지'에 등록되어 해당 작품을 계속 볼 수 있습니다. 또한 '공유'에서는 URL을 통해 작품을 외부에 공유할 수 있습니다.

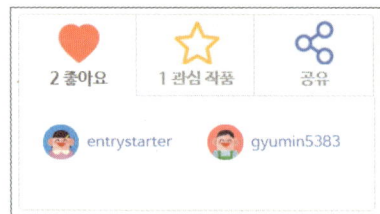
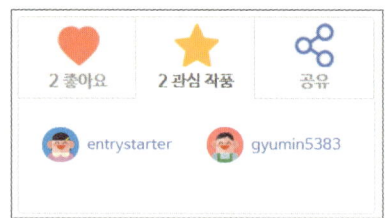

4 마이 페이지

'마이 페이지'에서는 나의 작품, 강의, 강의 모음을 볼 수 있습니다. 또한 '관심'으로 등록해 둔 다른 사람의 작품, 강의, 강의 모음도 볼 수 있습니다. [관리]에서는 자신의 프로필을 등록하고, 스킨도 바꿀 수 있습니다.

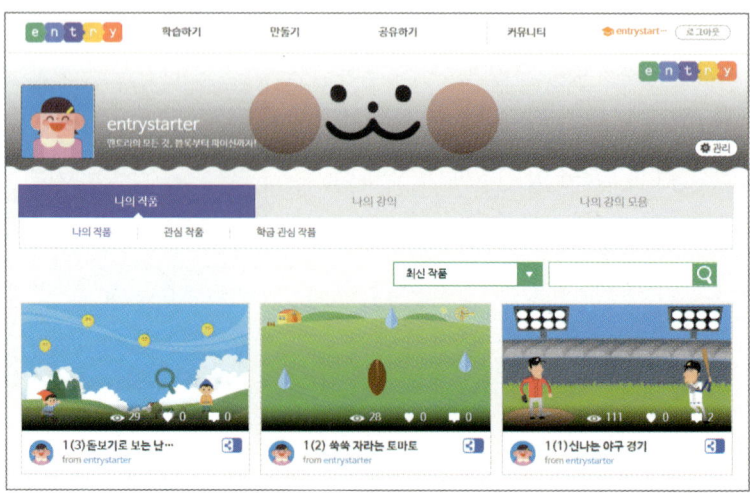

Chapter1

블록 프로그래밍 기초 다지기

신나는 야구경기

학습목표
"내 공을 받아라!" 투수가 공을 던지는 동작을 순서대로 보여줍니다. "어림없지!" 타자가 공을 치는 동작을 멋지게 순서대로 보여줍니다. 투수와 타자의 모양을 어떻게 바꾸었을까요? 또 어떻게 두 오브젝트를 동시에 움직였을까요? 신나는 야구경기 애니메이션을 만들며 알아봅시다.

작품 주소: http://goo.gl/NFRUcp
강의 주소: https://goo.gl/g9vBkr

무엇을 배울까?

01 코드를 순서대로 조립하여 야구경기 장면을 표현해 봅시다.

02 여러 오브젝트를 동시에 움직여 봅시다.

03 오브젝트의 모양과 소리에 대해 알아봅시다.

04 작품을 저장하고 공유해 봅시다.

개념 콕콕

1 순서대로 코드 만들기

"학교 가야지~ 아, 밥먹고 가는 거 잊지 말구! 선생님 말씀 잘 듣고! 길 조심해!"
우리는 이런 엄마의 말씀이 무슨 뜻인지 이해할 수 있습니다. 그러나 컴퓨터가 이러한 명령을 듣는다면 어떨까요? 학교에 가서 밥을 먹다가 선생님께 혼나고, 수업시간 중에 차가 오지는 않는지 주위를 두리번거리고 있을 것입니다.

컴퓨터는 언제나 명령을 **순서대로 실행**합니다. 그렇기 때문에 컴퓨터에게 명령을 할 때에는 명령을 내리는 '순서'가 매우 중요합니다. 어느 한 부분만 순서가 바뀌어도 그 결과가 완전히 달라질 수 있기 때문입니다. 아래 두 코드는 같은 블록들을 사용하고 있지만 블록을 조립한 순서가 다릅니다. 두 코드의 실행결과가 어떻게 다를지 생각해봅시다.

코드1   코드2

2 코드를 동시에 실행시키기

두 가지 이상의 명령을 동시에 실행하도록 하려면 어떻게 해야 할까요? TV를 보면서 밥을 먹거나, 음악을 들으며 공부를 한다면요? 엔트리에서는 '시작하기 버튼을 클릭했을 때' 블록을 두 번 가져와 아래처럼 두 덩어리의 코드를 만들면 됩니다. 고양이 오브젝트에 이렇게 코드를 만들면, 두 코드 모두 '시작하기 버튼을 클릭했을 때' 실행되니, "야옹~"하고 말하면서 동시에 방향을 90°만큼 회전하는 고양이를 만들 수 있습니다.

고양이 오브젝트의 코드

Chapter1
엔트리 블록 프로그래밍 기초

같은 방법으로 여러 오브젝트를 동시에 움직일 수도 있습니다. 각각의 오브젝트는 자신만의 블록 조립소를 가지고 있어 각각의 블록 조립소의 코드를 실행합니다. 따라서 아래와 같이 각각의 코드를 만들면 개구리와 개미의 오브젝트를 동시에 실행시킬 수 있습니다.

개구리 오브젝트의 코드   개미 오브젝트의 코드

★★★ 따라하며 배우기

01 공을 던질 '투수' 오브젝트를 추가해봅시다. [+오브젝트 추가하기]를 누르고, '사람' 카테고리에서 '투수'를 찾아 적용합니다.

TIP

오른쪽 상단의 [🔍]를 이용하면 더 쉽게 원하는 오브젝트를 찾을 수 있습니다.

1 신나는 야구경기

02 필요하지 않은 '엔트리봇' 오브젝트는 오브젝트 목록에서 ⓧ를 눌러 지워줍니다.

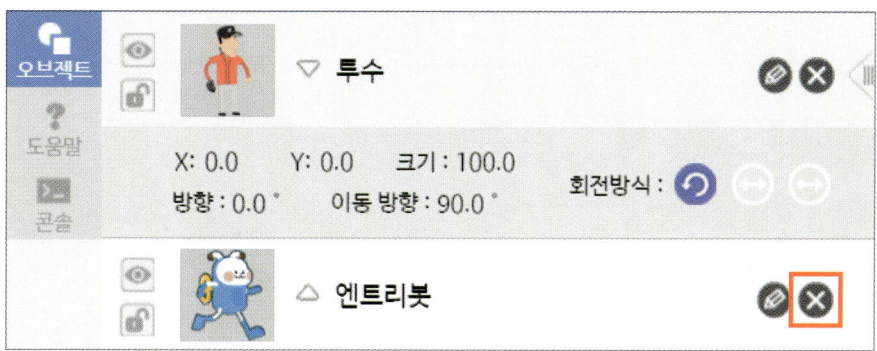

03 [모양] 탭을 보면 투수가 4개의 모양을 가지고 있는 것을 볼 수 있습니다. 원하는 모양을 클릭하면 즉시 '실행화면' 속 오브젝트의 모양이 바뀝니다.

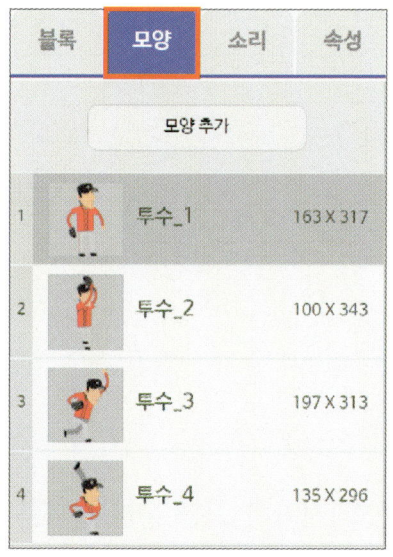

TIP
모양은 목록에서 직접 선택할 수도 있지만, 모양 바꾸기 코드를 통해 실행 중에도 자유롭게 바꿀 수 있습니다.

04 다시 [블록] 탭으로 돌아와 '시작하기 버튼을 클릭했을 때' 블록을 블록 조립소로 가져옵니다.

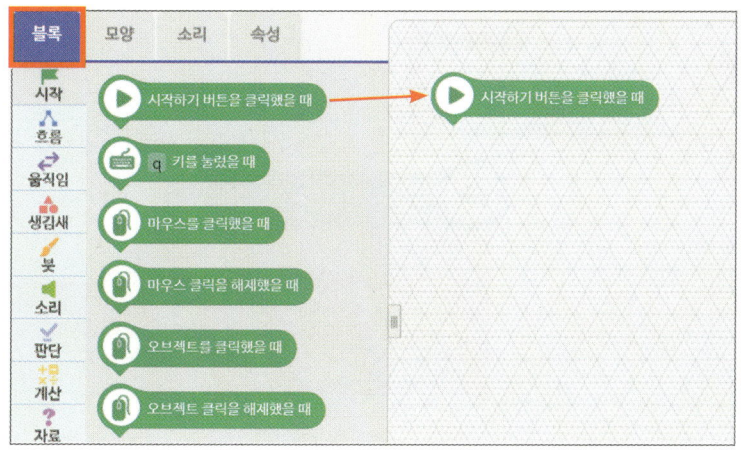

29

Chapter 1
엔트리 블록 프로그래밍 기초

05 [생김새]에서 '투수_1 모양으로 바꾸기'와 '안녕!을 4초 동안 말하기' 블록을 가져와 조립합니다. 이 때, 코드의 순서에 따라 투수가 어떤 동작을 한 상태에서 말을 할지가 결정됩니다.

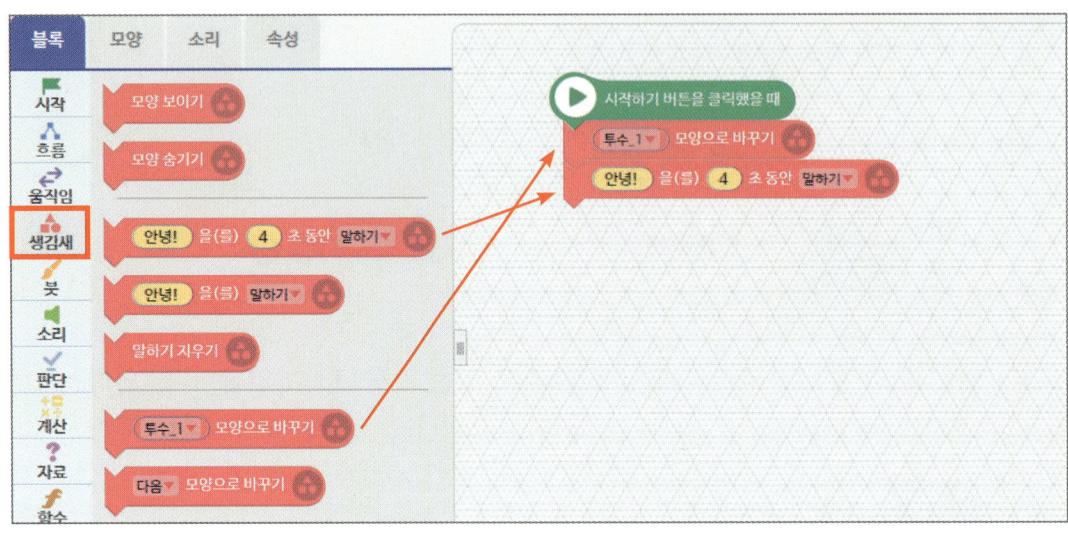

06 '말하기' 블록의 내용과 숫자를 적절히 바꾸어 적어줍니다.

07 말이 끝나면 '투수_2' 모양으로 바뀌도록 코드를 추가하고 [시작하기]를 눌러 결과를 확인해 봅시다.

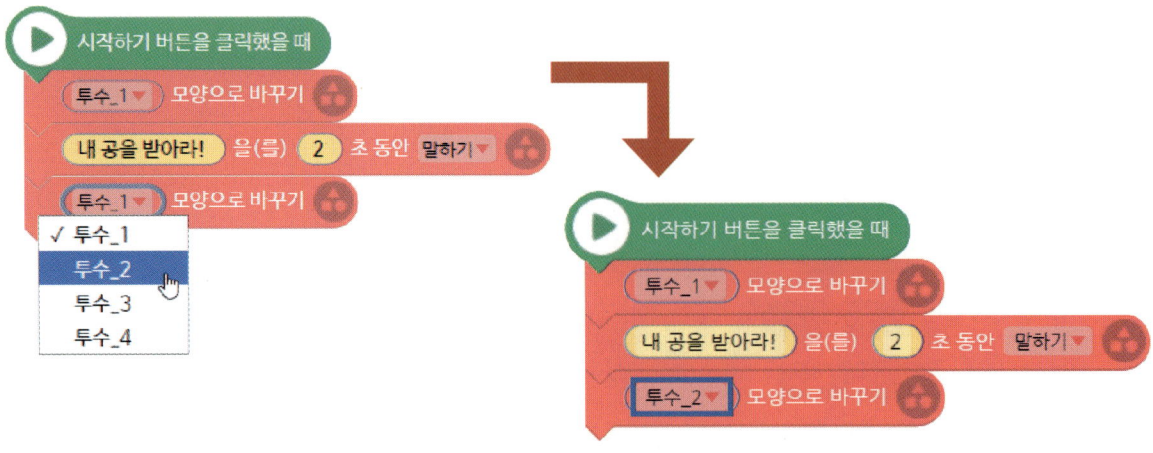

08 '투수_2' 모양이 1초 동안 유지된 후 '투수_3' 모양으로 바뀌도록 만들어봅시다.

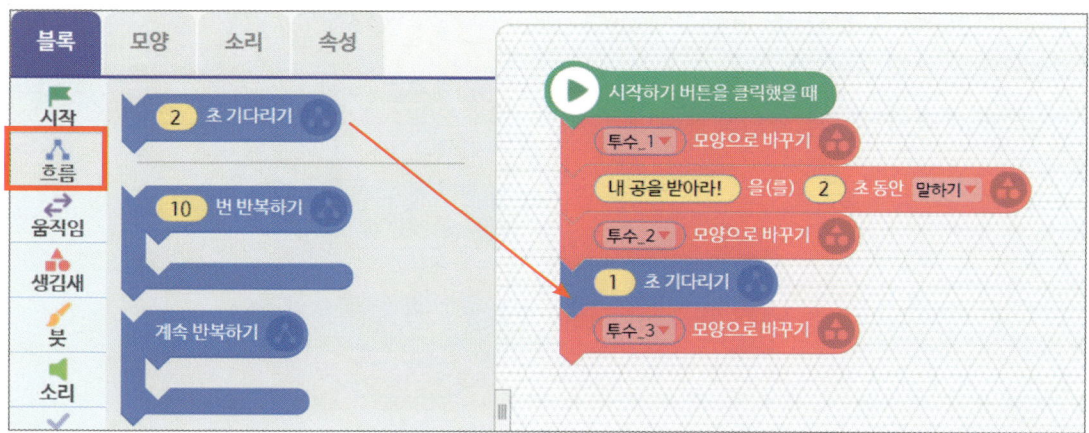

> **TIP**
> 블록에는 실행되는데 시간이 소요되는 것과 실행되고 바로 지나가는 것이 있습니다. '~초 동안 말하기' 블록은 입력한 시간이 지날 때까지 다음 블록을 실행하지 않습니다. 그러나 '~모양으로 바꾸기' 블록은 모양을 바꾼 후 바로 다음 블록을 실행합니다. 투수_2, 투수_3, 투수_4 모양이 각각 1초씩 보여지도록 하려면 '~모양으로 바꾸기' 블록 사이 사이에 '~초 기다리기' 블록을 넣어주어야 합니다.

09 '투수_3' 모양이 1초 동안 유지된 후 '투수_4' 모양으로 바뀌도록 만들어봅시다. 이전 과정에서 사용했던 코드가 그대로 반복됩니다. 같은 오브젝트 내에서 똑같은 코드가 또 필요할 때에는 복사할 코드 위에서 마우스 오른쪽 버튼을 눌러 '코드 복사&붙여넣기' 합니다. 복사한 코드를 아래에 이어 붙입니다.

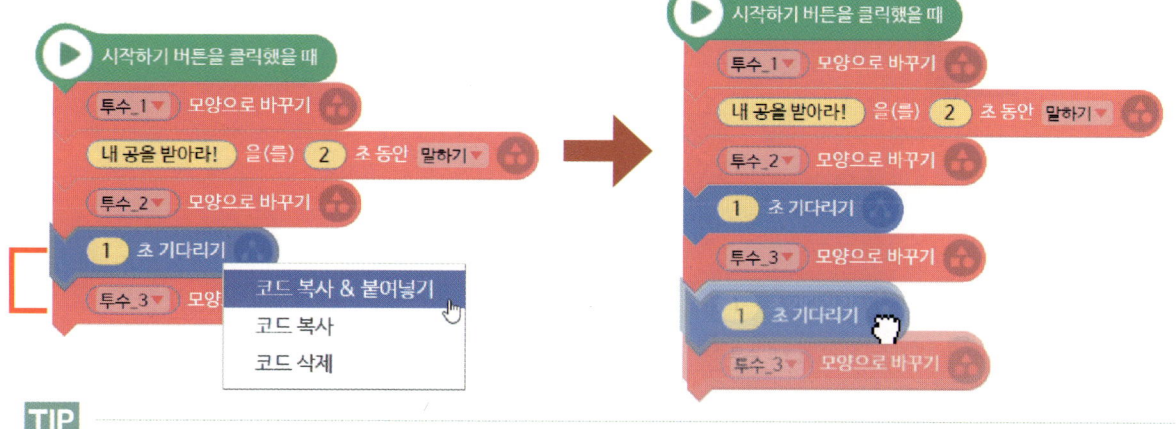

> **TIP**
> 코드는 한 번 조립되면 가장 위에 있는 블록을 기준으로 덩어리 단위로 움직이거나 복사됩니다. 여러 줄의 코드를 복사하고 싶다면 가장 상위의 코드 위에서 마우스 오른쪽 버튼을 누르고 복사합니다. 복사한 코드를 조립할 때에도 가장 상위의 코드를 잡고 옮깁니다. 만약, 한 줄의 코드만 복사하고 싶다면 해당 코드의 위, 아래에 붙어있는 코드를 분리하여 독립된 상태로 만든 후 코드를 복사해야 합니다.

Chapter1
엔트리 블록 프로그래밍 기초

10 복사한 코드를 아래에 이어 붙이고 '투수_3' 부분을 '투수_4'로 바꿉니다. [시작하기]를 눌러 투수가 공을 던지는 모습이 잘 표현되었는지 확인해봅시다.

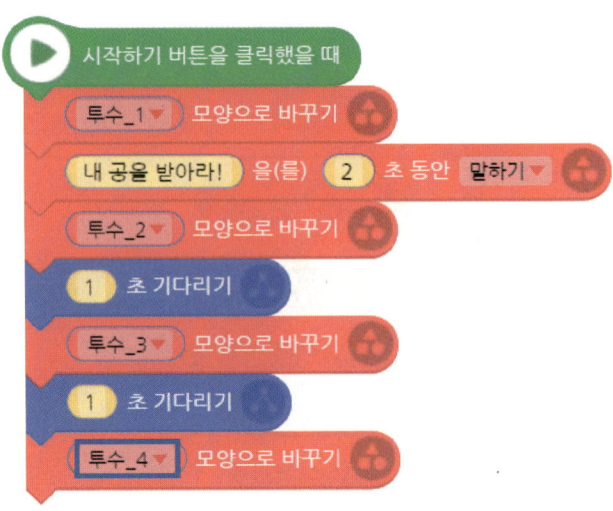

11 다시 [+오브젝트 추가하기]를 눌러 '사람' 카테고리에서 '타자'를, '배경' 카테고리에서 '야구장'을 추가해봅시다.

TIP

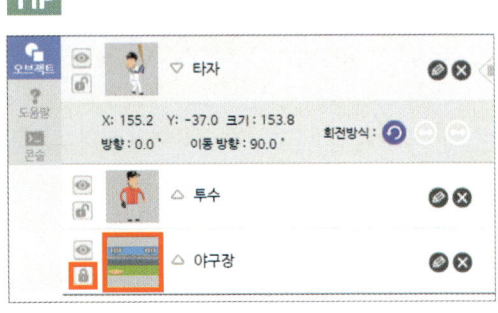

오브젝트는 나중에 추가한 것이 가장 상위에 노출됩니다. 따라서 새로 추가한 '타자'는 '투수' 보다 상위에 있습니다. 그런데 '야구장'은 '투수'와 '타자'보다 나중에 추가했는데 가장 아래 위치하고 있습니다. '야구장' 오브젝트는 '배경' 카테고리에 속하기 때문입니다. '배경' 카테고리에 있는 오브젝트를 추가하면 항상 가장 하위에 위치하며 오브젝트가 잠겨있습니다. 이 자물쇠를 눌러 열면 다른 오브젝트와 마찬가지로 크기나 위치를 조절할 수 있게 됩니다.

1 신나는 야구경기

12 오브젝트 핸들러를 사용하여 타자와 투수의 크기와 위치를 적절히 조절합니다. '타자'의 [모양] 탭을 보면 4가지의 모양을 가지고 있고, 이것을 차례대로 보여주면 방망이를 휘두르는 모양이 되는 것을 알 수 있습니다.

- **오브젝트의 크기 조절**

  오브젝트의 크기를 오브젝트를 둘러싸고 있는 8개의 점을 끌어 조절할 수 있습니다.

- **오브젝트 위치 이동**

  오브젝트의 아무것도 없는 부분을 끌면 오브젝트를 이동할 수 있습니다. 이 때, 오브젝트의 중앙에 있는 '중심점'을 옮기지 않도록 주의하세요!

- **오브젝트 중심점**

  오브젝트 위치의 기준이 되는 점입니다. 오브젝트가 회전할 때, 벽에 튕길 때, 그림을 그릴 때 등 다양한 상황에서 '중심점'이 기준이 됩니다.

Chapter1
엔트리 블록 프로그래밍 기초

13 '타자'도 '투수'와 비슷한 코드가 필요하므로, '투수'의 코드를 복사해옵니다. 오브젝트 목록에서 '투수'를 선택하여 전체 코드를 복사하고, 다시 타자의 블록 조립소에서 마우스 오른쪽 버튼을 눌러 복사한 코드를 붙여넣습니다.

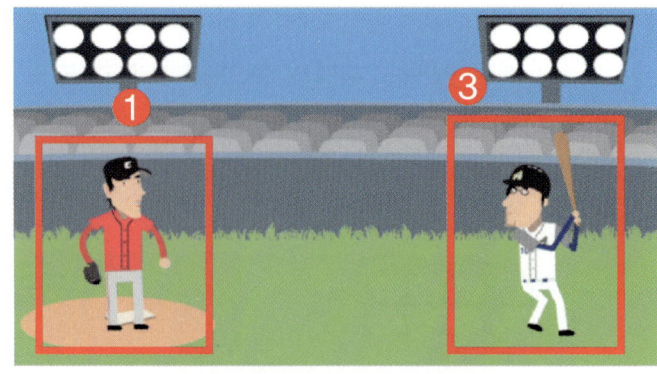

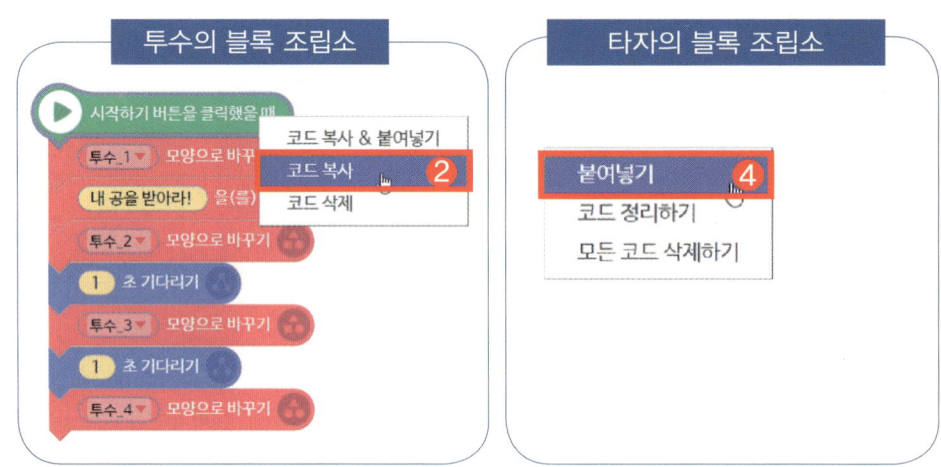

14 복사한 코드를 수정하여 타자의 코드로 바꾸어봅시다. 복사한 코드를 수정하여 타자의 코드로 바꾸어봅시다. 먼저, 타자의 첫 모양이 '타자_1'이 되도록 합니다. 투수가 공을 던지는 데 걸리는 시간은 4초입니다. 투수가 공을 던지고 1초가 더 흐른 5초 후에 타자가 행동을 시작하도록 '5초 기다리기' 블록을 추가합니다.

1 신나는 야구경기

15 투수가 공을 던질 때까지 기다린 후에는 '어림없지!'라고 1초간 말하고 공을 치는 모양을 0.5초 간격으로 보여주는 코드로 고칩니다. [시작하기]를 누르면 '시작하기 버튼을 클릭했을 때' 아래 연결된 블록이 동시에 실행되어 투수가 공을 던진 후, 타자가 공을 치는 장면이 완성됩니다.

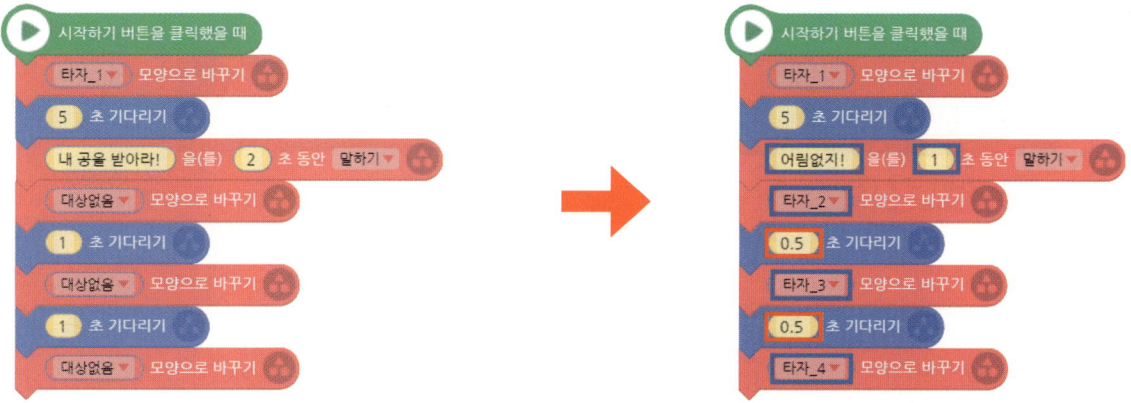

16 화면 왼쪽 상단에서 작품의 이름을 바꾸고 저장해봅시다.

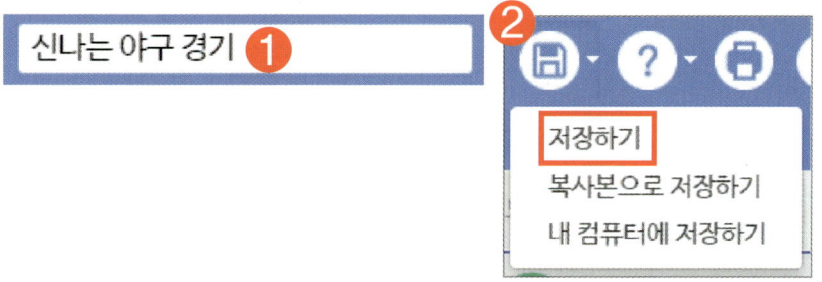

17 저장한 작품을 확인해봅시다. 자신의 아이디를 누르고 '작품 조회'로 들어가면 저장한 작품의 목록을 확인할 수 있습니다.

TIP
엔트리 메인에서는 '마이 페이지' 메뉴를 통해 동일한 페이지로 이동할 수 있습니다.

Chapter1
엔트리 블록 프로그래밍 기초

18 저장된 작품을 공유해봅시다. 공유하고 싶은 작품의 공유 스위치를 눌러 저작권 정책에 동의하고, '작품 공유하기'에 작품을 공유합니다.

19 '작품 공유하기' 메뉴로 가면 내 작품이 저장된 공유된 것을 확인할 수 있습니다. '작품 공유하기' 페이지의 [+ 작품 공유하기] 버튼을 통해서도 작품을 공유할 수 있습니다.

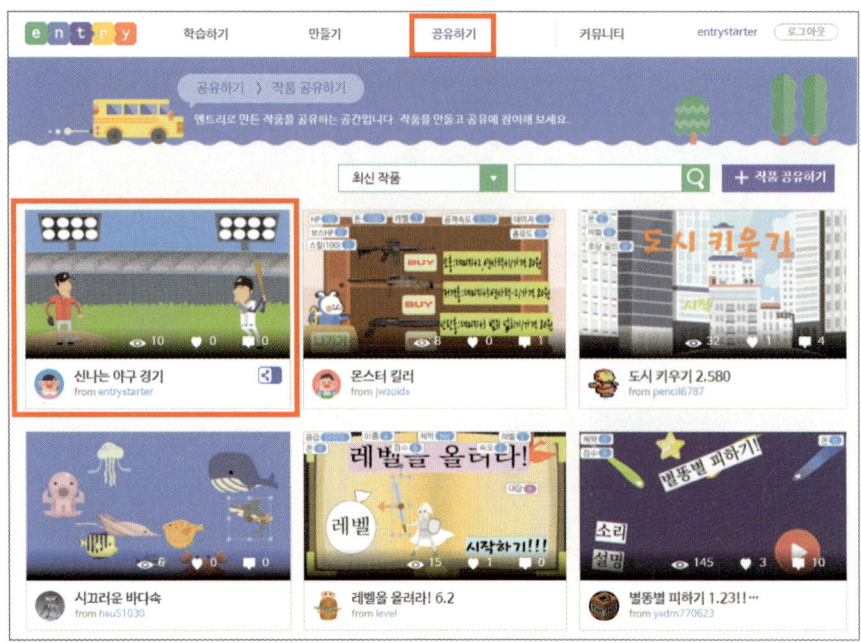

1 신나는 야구경기

20 작품을 공유할 때에는 작품의 설명을 추가하는 것이 중요합니다. 복잡한 작품일수록 작품에 대한 설명을 잘 해야 친구들이 나의 작품을 이해하고 즐길 수 있습니다. 작품 상세페이지에서 [수정] 버튼을 눌러 작품의 종류, 작품 설명, 실행 방법 등을 추가해봅시다.

- **오브젝트에 [소리] 추가하기**

  [소리] 탭을 클릭하면 해당 오브젝트가 가지고 있는 소리를 볼 수 있습니다. [+소리 추가] 버튼을 눌러 오브젝트에 소리를 추가할 수 있습니다. 소리는 엔트리에서 제공하는 라이브러리에서 선택할 수도 있고, 직접 소리 파일(mp3, wav)을 업로드 할 수도 있습니다.

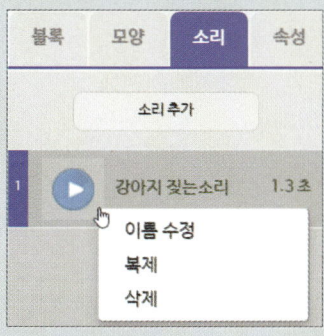 

- **실행화면의 좌표**

  엔트리의 실행화면은 좌표로 이루어져 있습니다. [모눈종이] 버튼을 누르면 좌표를 볼 수 있으며, x축(가로방향)으로 −240~240, y축(세로방향)으로 −135~135로 구성되어 있습니다. 마우스포인터의 좌표는 실시간으로 화면 상단에 표시됩니다.

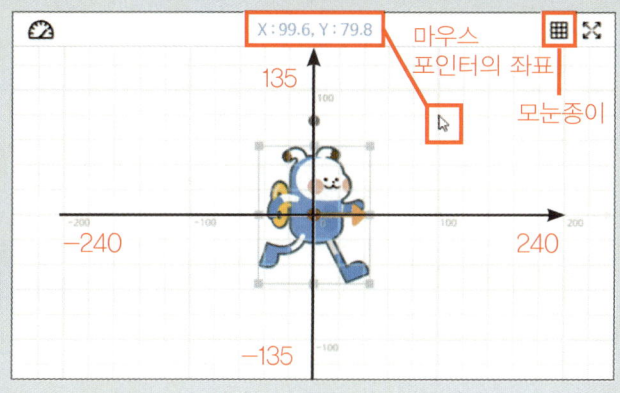

Chapter1
엔트리 블록 프로그래밍 기초

★★★ 스스로 해보기

'야구공' 오브젝트를 추가하여 투수와 타자가 실감나게 공을 던지고 치는 모습을 표현해봅시다.

작품 주소: https://goo.gl/Do0xlO
강의 주소: https://goo.gl/pwm5zu

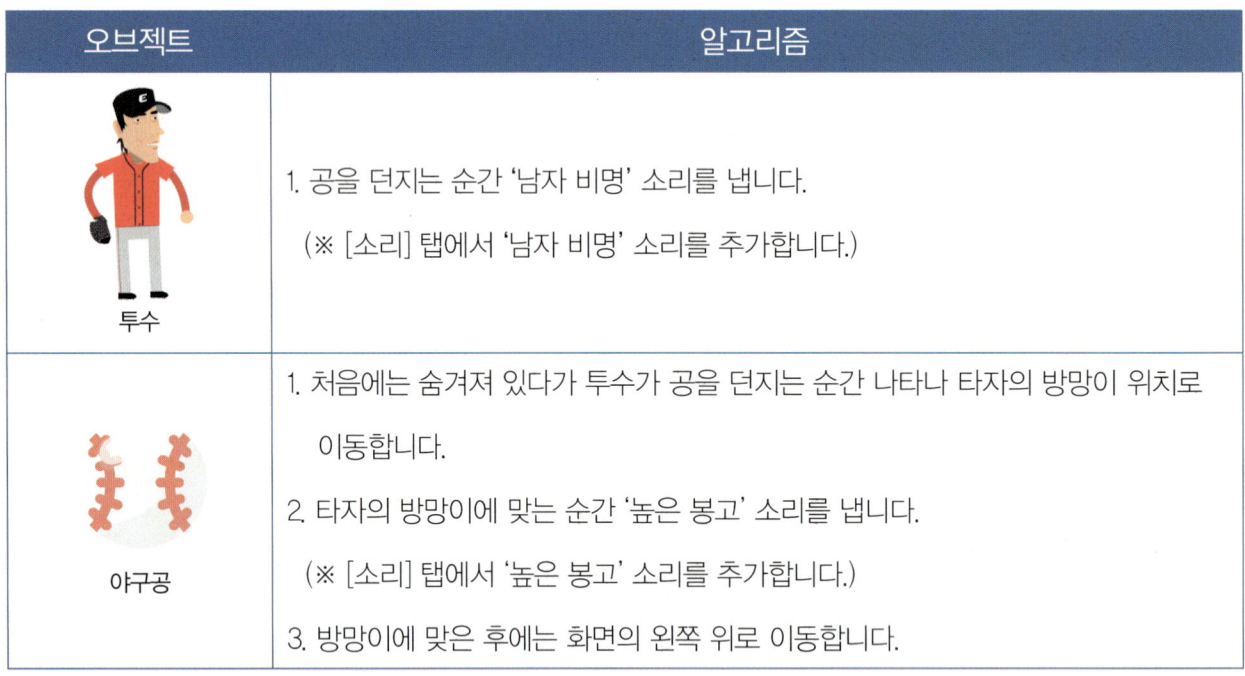

오브젝트	알고리즘
투수	1. 공을 던지는 순간 '남자 비명' 소리를 냅니다. (※ [소리] 탭에서 '남자 비명' 소리를 추가합니다.)
야구공	1. 처음에는 숨겨져 있다가 투수가 공을 던지는 순간 나타나 타자의 방망이 위치로 이동합니다. 2. 타자의 방망이에 맞는 순간 '높은 봉고' 소리를 냅니다. (※ [소리] 탭에서 '높은 봉고' 소리를 추가합니다.) 3. 방망이에 맞은 후에는 화면의 왼쪽 위로 이동합니다.

핵심블록

쑥쑥 자라는 토마토

학습목표 봄비가 내립니다. 씨앗에 싹을 트고 점점 자라 토마토가 열립니다. 토마토는 모양을 바꾸는 것을 반복하며 자라나고, 빗방울은 아래로 조금씩 이동하는 것을 반복하며 땅으로 떨어집니다. 비는 그칠 줄 모르고 계속 반복해서 내립니다. 다양한 반복 명령을 사용하여 토마토를 기르는 작품을 만들어봅시다.

작품 주소: http://goo.gl/TJlw3j
강의 주소: https://goo.gl/dPXBFc

무엇을 배울까?

01 여러 가지 종류의 반복 명령을 사용해 봅시다.

02 실행화면의 좌표를 이용하여 오브젝트를 정확한 위치로 이동해 봅시다.

03 똑같은 오브젝트를 여러 개 복제해 봅시다.

Chapter 1
엔트리 블록 프로그래밍 기초

개념 콕콕

❶ 똑같은 코드 반복하기

똑같은 일을 반복하는 것을 좋아하나요? 우리는 똑같은 일을 반복하는 것에 쉽게 지루함을 느낍니다. 그러나 컴퓨터나 로봇과 같은 기계들은 똑같은 명령을 지루해 하거나 힘들어 하지 않고, 빠르고 정확하게 반복합니다. 바로 이러한 특성 때문에 컴퓨터는 사람이 싫어하는 반복적인 일들을 대신해 줌으로써 우리의 생활을 편리하게 도와줍니다.

컴퓨터에게 10만큼 움직이는 것을 3번 시키려면 3번의 명령이 필요합니다. 이 컴퓨터를 100만큼 움직이려면 어떨까요? 컴퓨터에게 해야 하는 명령이 정말 길어지겠죠. 하지만 '반복' 명령을 쓰면 명령을 간단히 해결할 수 있습니다. "10만큼 움직여! 10만큼 움직여! 10만큼 움직여!" 대신, "10만큼 움직이는 것을 3번 반복해!"라고 효율적으로 줄여 쓰는 것입니다.

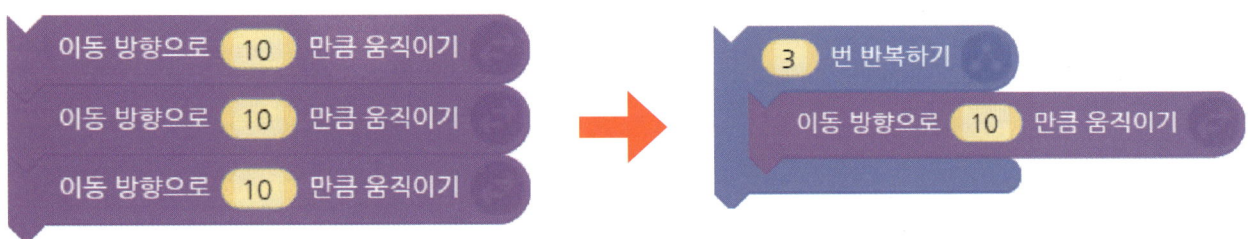

반복할 횟수를 모르는 경우에는 어떻게 해야 할까요? 로봇에게 슈퍼까지 걸어가라고 하고 싶은데, 슈퍼까지 몇 걸음인지 모른다면요? '반복' 명령은 반복할 횟수를 정해줄 수도 있지만 "슈퍼에 도착할 때까지 걷기를 반복해!"와 같이 반복을 하는 조건을 정해줄 수도 있습니다. 또 시계처럼 끝없이 반복되어야 하는 경우에는 "계속 반복해!"라고 명령할 수도 있습니다.

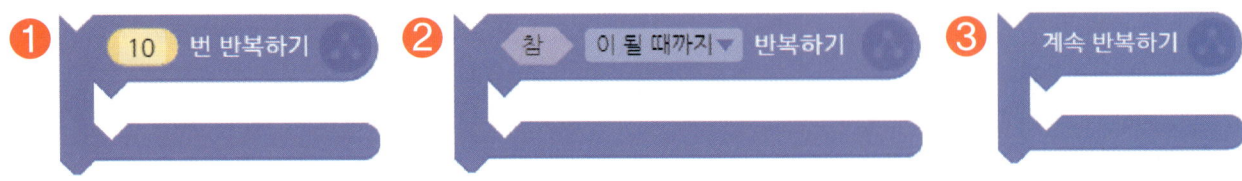

2 쑥쑥 자라는 토마토

따라하며 배우기

01 필요한 오브젝트를 추가해봅시다. [+오브젝트 추가하기]를 누르고, '들판(4)'와 '식물의 한살이' 오브젝트를 추가한 후 화면에 배치합니다. 필요하지 않은 '엔트리봇' 오브젝트는 삭제해줍니다.

02 '식물의 한살이' 오브젝트를 선택하고 [모양] 탭의 모양을 살펴봅시다. 6개의 모양을 차례로 보여주면 식물의 한 살이를 표현할 수 있습니다.

03 [시작하기]를 누르면 1초 후에 1번 모양에서 2번 모양으로 변화하도록 만들어봅시다.

 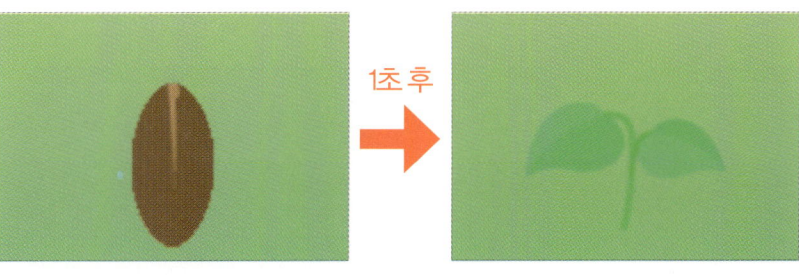

Chapter 1
엔트리 블록 프로그래밍 기초

04 같은 방법으로 1초 간격으로 6번 그림까지 바꾸려면 '1초 기다리기'와 '다음 모양으로 바꾸기' 블록을 5번 사용해야합니다. 프로그램에서는 이렇게 여러 번 반복되는 코드를 '반복' 명령으로 묶어 효율적으로 표현할 수 있습니다. [시작하기]를 누르면 1초 간격으로 식물이 자라나는 장면을 볼 수 있습니다.

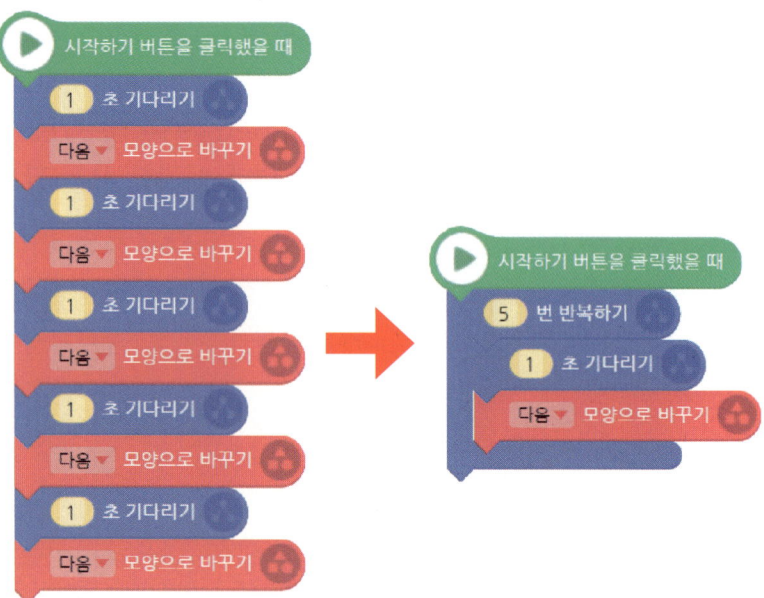

05 토마토가 자라면서 크기도 점점 커지도록 해 봅시다. 오브젝트를 처음 추가했을 때 크기는 '100'입니다. 씨앗일 때 첫 크기를 '50'으로 정하고, 모양을 바꿀 때마다 10씩 커지도록 만들어봅시다. 5번 모양을 바꾸므로 토마토가 열렸을 때에는 크기가 100이 됩니다.

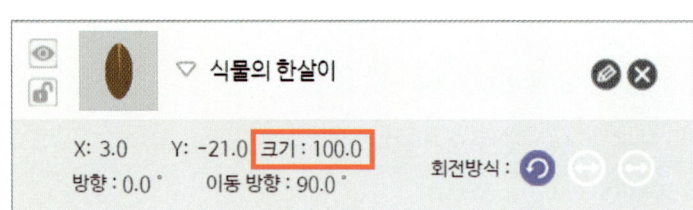

06 이제 빗방울이 아래로 떨어지는 모습을 표현해 봅시다. '물방울' 오브젝트를 추가하고 화면에 배치합니다.

2 쑥쑥 자라는 토마토

07 '물방울'이 바닥에 닿을 때까지 아래로 내려오도록 해 봅시다. 먼저 [흐름]에서 '〈참〉이 될 때까지 반복하기' 블록을 가져옵니다.

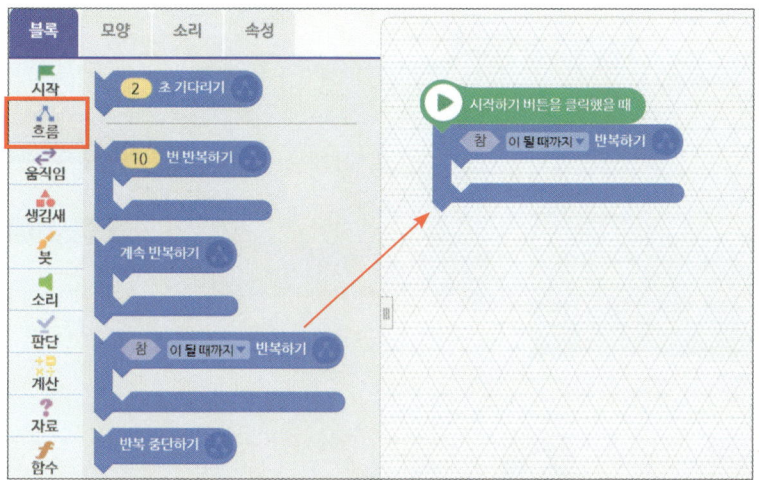

08 〈참〉은 판단을 통해 참 또는 거짓을 가려내야 하는 부분입니다. 이 부분에 들어갈 수 있는 육각형 블록은 [판단]에 있습니다. [판단]에서 '마우스포인터에 닿았는가?' 블록의 '마우스포인터' 부분을 선택하고 목록을 열어 '아래쪽 벽'을 선택해줍니다. 이 블록을 〈참〉 부분에 끼워넣습니다.

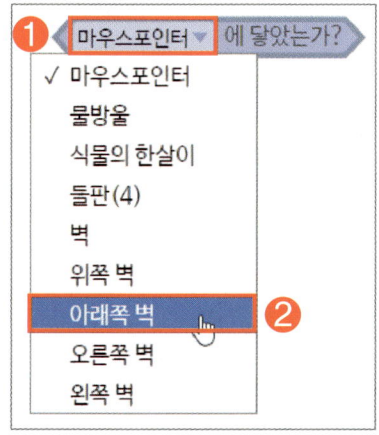
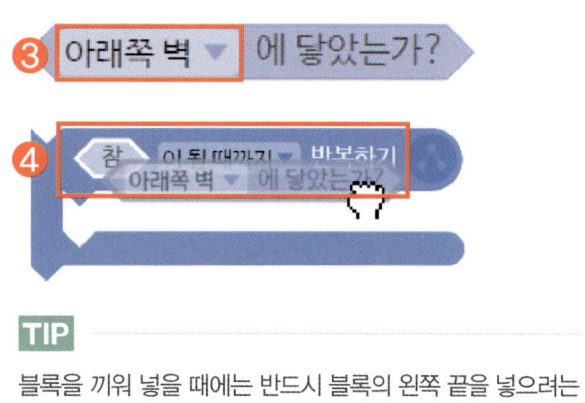

TIP
블록을 끼워 넣을 때에는 반드시 블록의 왼쪽 끝을 넣으려는 자리로 이동해 색이 바뀌었을 때 놓아주어야 합니다.

09 아래쪽 벽에 닿을 때까지 아래로 이동하도록 'y 좌표를 ~만큼 바꾸기' 블록을 가져와 조립하고 '-3'을 입력합니다. 코드를 완성하고 [시작하기]를 눌러봅시다. 물방울이 떨어지다가 아래쪽 벽에 닿으면 멈춥니다.

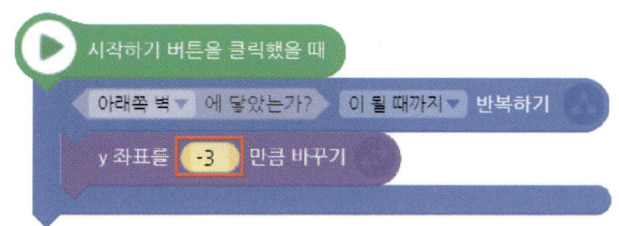

TIP
y좌표를 증가시키면 위쪽 방향으로, 감소시키면 아래쪽 방향으로 이동합니다.

43

Chapter 1
엔트리 블록 프로그래밍 기초

10 떨어진 물방울이 다시 위쪽으로 이동하도록 만들어봅시다. 오브젝트를 정확한 위치로 옮기기 위해서는 실행화면의 좌표를 이용해야 합니다. 반복 코드가 끝난 후, 물방울의 y의 좌표를 135로 이동하도록 해줍니다.

TIP

엔트리의 실행화면의 좌표는 중앙을 (0,0)으로 하여, x축(가로)방향으로 -240~240, y축(세로)방향으로 -135~135로 구성되어 있습니다. 오브젝트의 좌표는 오브젝트의 중심점이 기준이 되며, 실시간으로 오브젝트 정보에 표시됩니다.

11 물방울이 여러 번 떨어지게 하려면 지금까지 만든 코드를 계속 반복해야 할 것입니다. 만든 코드를 '계속 반복하기' 블록 안으로 넣어주면 프로그램의 실행을 멈출 때까지 계속해서 코드를 반복할 수 있습니다.

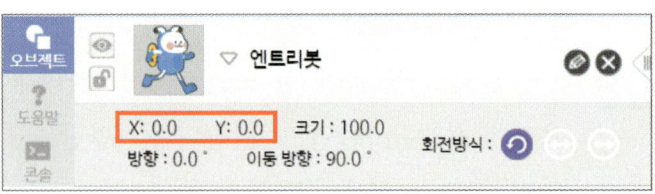

2 쑥쑥 자라는 토마토

12 물방울을 여러 개 만들어 비가 내리게 해 봅시다. 새로운 오브젝트를 추가할 수도 있지만, 오브젝트를 복제하는 것이 편리합니다. 오브젝트 목록의 '물방울' 오브젝트 위에서 마우스 오른쪽 버튼을 눌러 오브젝트를 복제합니다. 복제한 오브젝트들을 적절한 위치에 배치하고 [시작하기]를 눌러 완성된 작품을 감상해봅시다.

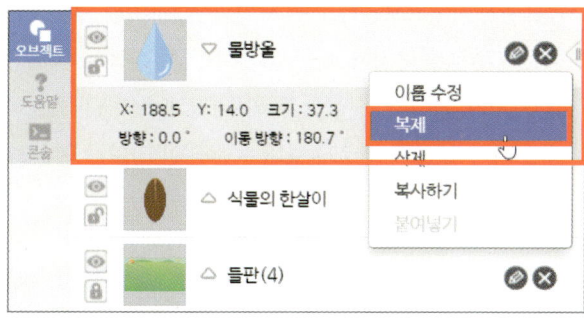 

TIP

물방울을 복제하면 화면에 아무 변화가 없는 것처럼 보이지만, 물방울 2개가 겹쳐져 있습니다. 복제한 물방울을 끌어 화면의 다른 쪽으로 배치합니다.

★★★
스스로 해보기

작품 주소: https://goo.gl/P2ihLb
강의 주소: https://goo.gl/zWKe2v

'꽃(1)' 오브젝트를 추가하여 꽃이 피는 모습을 표현해봅시다.

오브젝트	알고리즘
꽃(1)	1. 처음에는 꽃봉오리 모양으로, 크기를 50으로 정합니다. 2. 2초 간격으로 꽃이 서서히 피며 크기도 점점 커집니다.

핵심블록

3 돋보기로 보는 난쟁이 마을

학습목표

난쟁이 마을에 풍선이 떠 있습니다. 마우스포인터로 돋보기를 움직여 풍선에게 가져가면? 앗! 풍선이 점점 커지네요! 풍선에게서 돋보기를 떼면 풍선이 커진 상태로 유지됩니다. 이번에는 난쟁이에게 돋보기를 가져가 봅니다. 난쟁이가 아주 크게 보여요! 돋보기를 떼면 난쟁이는 다시 작아집니다. 돋보기가 닿으면 다르게 보이는 난쟁이 마을을 만들어봅시다.

작품 주소: http://goo.gl/MwlSYq
강의 주소: https://goo.gl/oaaGFJ

무엇을 배울까?

01 조건에 따라 다른 코드를 실행하는 작품을 만들어봅시다.

02 오브젝트의 중심점을 이동해봅시다.

03 오브젝트의 크기에 대해 알아봅시다.

3 돋보기로 보는 난쟁이 마을

개념 콕콕

❶ 조건에 따라 다른 코드 실행하기

전원을 켜면 앞으로 가는 장난감 자동차가 있습니다. 이 자동차가 계속 앞으로만 간다면 장애물에 부딪히거나 물에 빠져 고장이 나 버릴 것입니다. 만약 자동차가 장애물을 만나면 알아서 피해간다면 어떨까요? 조건에 따라 다른 명령을 수행하도록 하면, 자동차를 똑똑하게 만들 수 있습니다.

컴퓨터가 스스로 판단하여 상황에 따라 다른 행동을 한다면 아주 똑똑한 것처럼 느껴지지만, 사실 컴퓨터는 모든 것을 '예/아니오'로만 판단합니다. 따라서 컴퓨터를 똑똑하게 만드려면 사람이 다양한 상황을 고려하여 컴퓨터가 '예/아니오'로 판단할 수 있는 조건으로 만들어주어야 합니다. '30cm 앞에 장애물이 있는가?', '돋보기에 닿았는가?'와 같은 것들이 컴퓨터가 판단할 수 있는 조건입니다. 그러나 '빵이 얼마나 큰가?', '강아지가 귀여운가?' 등은 컴퓨터가 판단할 수 없습니다.

컴퓨터가 참 / 거짓으로 판단할 수 있는 조건

'만일 ~라면' 명령을 사용하면, 조건을 만족하는 경우에만 감싸고 있는 코드를 실행합니다. '만일 ~라면, 아니면~' 명령을 사용하면, 조건을 만족하는 경우와 그렇지 않은 경우 각각 다른 명령을 실행하도록 할 수 있죠. 그런데, 3가지 이상의 상황이 있는 경우에는 어떻게 해야 할까요? 두 아이가 달리기 경주를 하고 있다면, 첫 번째 아이가 더 빠른 경우, 두 번째 아이가 더 빠른 경우, 두 아이의 속도가 같은 경우 등 이렇게 세 가지 상황이 존재합니다. 이럴 때에는 '만일 ~ 라면, 아니면 ~' 명령을 중첩하여 사용합니다.

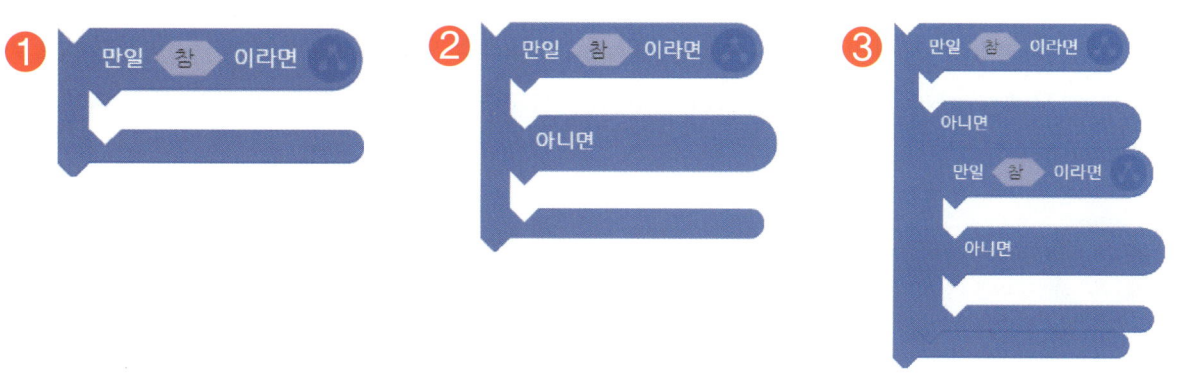

Chapter 1
엔트리 블록 프로그래밍 기초

따라하며 배우기

01 필요한 오브젝트를 추가해봅시다. [+ 오브젝트 추가하기]를 누르고, '들판(1)'과 '돋보기', '풍선' 오브젝트를 추가합니다. 돋보기와 풍선의 크기를 작게 줄여서 적절히 배치합니다. 돋보기는 오브젝트 목록에서 풍선보다 위에 있도록 합니다.

알아봅시다

- **오브젝트의 레이어 조정하기**

  오브젝트 목록에서 오브젝트를 마우스로 드래그하여 레이어를 조정할 수 있습니다. 목록의 위쪽에 있을수록 실행화면에서 앞쪽에 위치하게 됩니다. 이외에도 [생김새]의 '~로 보내기' 블록을 사용하면 프로그램 실행 중에도 오브젝트의 레이어를 조정할 수 있습니다.

02 '돋보기'가 마우스포인터와 함께 움직이도록 만들어봅시다. 오브젝트의 위치는 중심점을 기준으로 합니다. 돋보기의 손잡이 부분을 잡고 움직일 수 있도록, 중심점을 손잡이 부분으로 옮기고 아래와 같이 코드를 만듭니다. [시작하기]를 누르면 마우스포인터와 함께 돋보기가 움직입니다.

돋보기

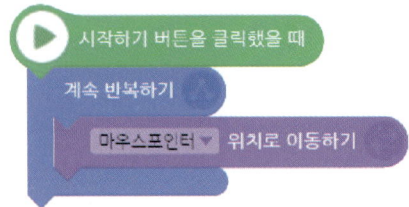

03 '풍선' 오브젝트를 선택하고, '돋보기'에 닿았는지 판단하는 블록을 만들어봅시다. [판단]의 '마우스포인터에 닿았는가?' 블록을 '돋보기에 닿았는가?' 블록으로 바꾸고, [흐름]의 '만일 〈참〉이라면' 블록 안에 넣어줍니다.

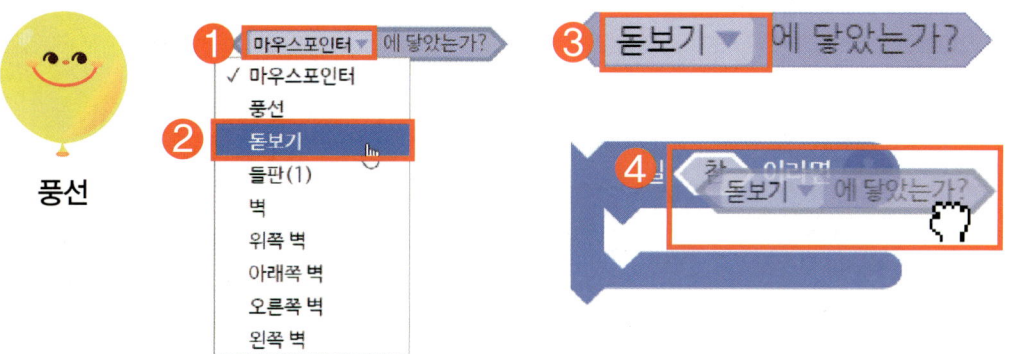

04 돋보기에 닿은 경우 풍선의 크기를 1씩 키우는 코드를 만들어봅시다. 풍선의 크기는 오브젝트 목록에서 그 정보를 확인할 수 있습니다.

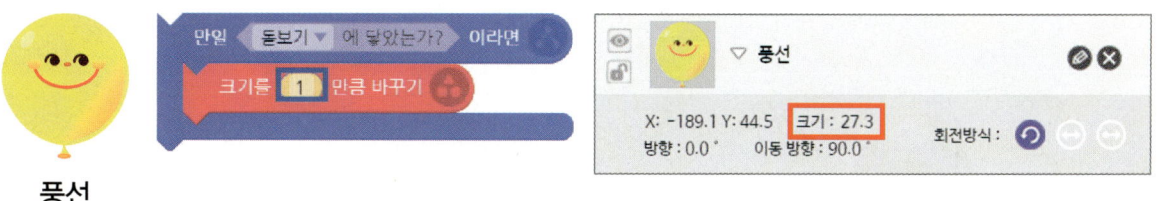

05 돋보기에 닿으면 풍선의 크기가 커지는 코드를 완성해봅시다. 왼쪽 코드를 실행시키면 풍선에 아무 변화가 없습니다. '시작하기' 버튼을 누른 찰나의 순간 돋보기에 닿았는지를 판단하여 크기를 1 만큼 키우고 코드의 실행이 끝나기 때문입니다. 돋보기가 닿을 때 풍선의 크기가 계속 커지게 하기 위해서는 실행되는 동안 계속해서 돋보기에 닿았는지를 판단하여야 합니다. 따라서 오른쪽 코드와 같이 '계속 반복하기' 블록 안에 조건을 판단하여 풍선의 크기를 키워주는 블록을 넣어줍니다.

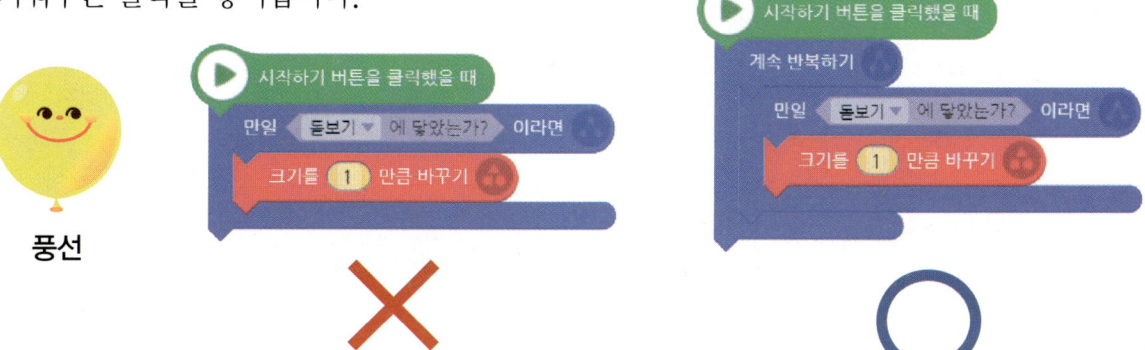

Chapter1
엔트리 블록 프로그래밍 기초

06 풍선을 여러 개 복제하여 화면에 배치하고 [시작하기]를 눌러봅시다. 각 풍선에 돋보기를 가져가면 크기가 커지는 것을 볼 수 있습니다.

07 이번에는 '난쟁이(2)'와 '난쟁이(3)' 오브젝트를 추가해 봅시다. 원하는 위치에 각각의 오브젝트를 배치해 봅시다.

08 오브젝트 정보에서 각각의 난쟁이들의 크기를 확인할 수 있습니다.

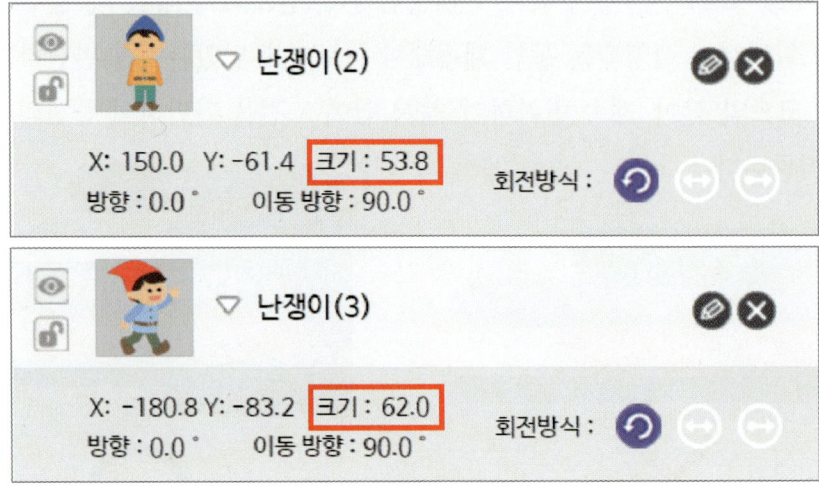

09 '난쟁이(2)'에 돋보기를 가져가면 크기가 커졌다가 돋보기를 떼면 다시 작아지도록 만들어봅시다. [흐름]의 '만일 ~라면, 아니면' 블록을 가져오고, 난쟁이가 돋보기에 닿았을 때는 크기가 100, 아닐 때는 50이 되도록 만들어봅시다. 프로그램이 실행되는 동안 돋보기에 닿았는지 계속 판단해야 하므로 '계속 반복하기' 블록 안으로 넣어줍니다.

TIP

오브젝트의 크기를 변화시키는 블록에는 두 가지가 있습니다.

①은 현재의 크기에서 입력한 수만큼 크기를 키워주는 블록이고, ②는 현재의 크기와 관계 없이 크기를 정하는 블록입니다. '풍선'의 코드에는 ①을, '난쟁이'의 코드에는 ②를 사용합니다. ①에 '-10'과 같이 음수를 넣어주면 크기를 작게 만들 수도 있습니다.

10 '난쟁이(2)'의 코드를 복사하여 '난쟁이(3)' 오브젝트에 붙여 넣습니다. [시작하기]를 누르고 돋보기를 난쟁이들에게 가져갔다가 떼었다가 해 봅시다.

TIP

마우스 오른쪽 버튼으로 코드를 복사, 삭제, 붙여넣기, 코드 정리를 할 수 있습니다.

Chapter 1
엔트리 블록 프로그래밍 기초

★★★ 스스로 해보기

작품 주소: https://goo.gl/CWnprN
강의 주소: https://goo.gl/m8pBON

'구름(1)'과 '전원주택(1)' 오브젝트를 추가하여 난쟁이 마을을 더 신비롭게 꾸며봅시다. 구름은 돋보기에 닿은 동안 알록달록 색이 변하도록 하고, 전원주택은 돋보기를 가져갔을 때만 크기가 커졌다가 떼면 다시 작아지도록 합시다.

오브젝트	알고리즘
구름(1)	1. 돋보기에 닿은 동안 색깔이 알록달록하게 변합니다. 2. 돋보기를 떼면 마지막 색깔을 유지합니다.
전원주택(1)	1. 돋보기에 닿았을 때에는 크기가 150으로 커지고, 닿지 않았을 때에는 50으로 작아집니다.

핵심블록

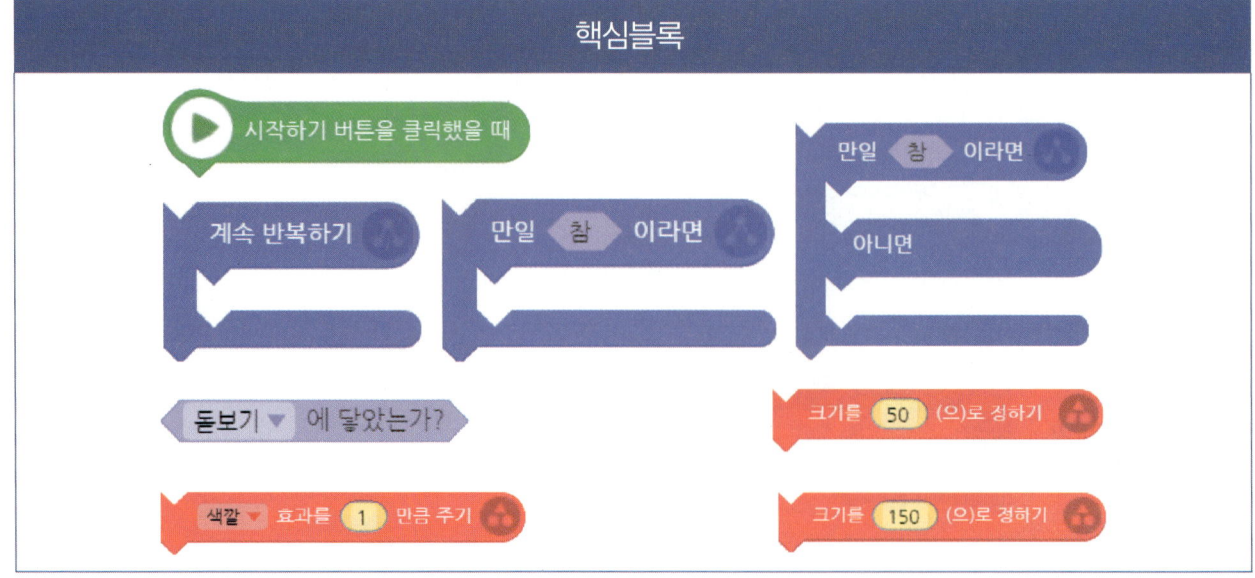

3 돋보기로 보는 난쟁이 마을

- **오브젝트 효과 알아보기**

오브젝트에 효과를 주어 색깔, 밝기, 투명도를 바꿀 수 있습니다. 모든 효과의 초깃값은 '0'입니다. '~만큼 주기' 블록과 '~로 정하기' 블록을 헷갈리지 않고 용도에 맞게 사용하도록 합니다.

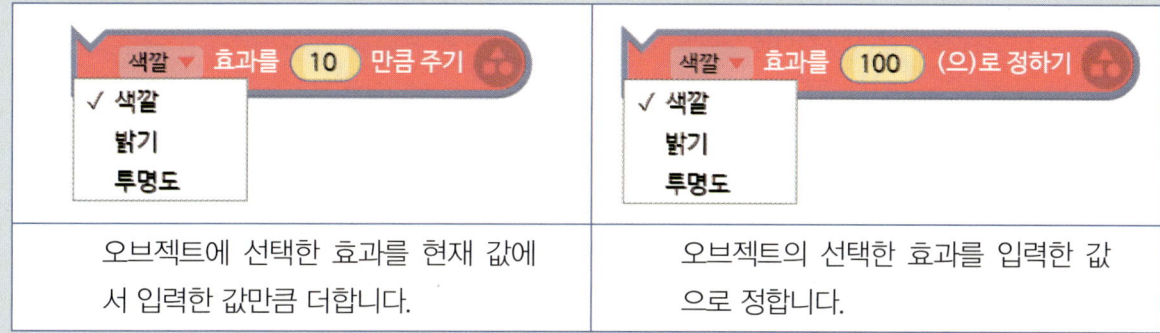

오브젝트에 선택한 효과를 현재 값에서 입력한 값만큼 더합니다.	오브젝트의 선택한 효과를 입력한 값으로 정합니다.

오브젝트 효과는 아래와 같은 범위를 가지고 있습니다. 이를 참고하여 원하는 효과를 내도록 합니다.

종류	범위
색깔 효과	▶ 현재 오브젝트 색을 기준으로 0~100을 주기로 반복됩니다. ▶ 즉, 101은 1과 동일하게 처리됩니다. ▶ 색깔 효과가 몇 일 때 어떤 색이 되는지는 오브젝트마다 다르므로 원하는 색으로 바꾸기 위해서는 직접 코드를 만들어 확인해보아야 합니다.
밝기 효과	▶ -100~100 사이의 범위를 가지고 숫자가 증가할수록 밝아집니다. ▶ -100 이하는 -100으로, 100 이상은 100으로 처리됩니다. ▶ -100일 때 가장 어둡고, 100일 때 가장 밝습니다.
투명도 효과	▶ 0~100 사이의 범위를 가지고 숫자가 증가할수록 투명해집니다. ▶ 0 이하는 0으로, 100 이상은 100으로 처리됩니다. ▶ 0일 때 오브젝트의 처음 상태이고, 100일 때 완전히 투명한 상태가 됩니다.

4 우리 학교 이야기

학습목표
귀여운 곰인형을 클릭했더니, 여자 아이가 '내 거야 만지지마'라고 합니다. 여자 아이의 말이 끝나자 남자 아이가 '같이 놀면 안 돼?'라고 말합니다. 이 때, 선생님께서 나타나 '싸우지 마세요~'라고 말하자 두 아이가 동시에 '네~'라고 대답합니다. 오브젝트끼리 상호작용을 하며 진행되는 우리 학교 이야기를 꾸며봅시다.

작품 주소: http://goo.gl/fK0axJ
강의 주소: https://goo.gl/d4Yqw8

무엇을 배울까?

01 오브젝트의 이름을 바꾸어봅시다.

02 신호를 사용하여 오브젝트간 상호작용하는 작품을 만들어봅시다.

03 오브젝트 보이기/숨기기 기능에 대해 알아봅시다.

4 우리 학교 이야기

개념 콕콕

1 신호를 통해 오브젝트 간 상호작용하기

연극을 하는 상황을 생각해봅시다. '사자' 배역을 맡은 학생과 '토끼' 배역을 맡은 학생이 각자 대사와 연기를 완벽하게 준비했습니다. 그런데, 이들은 한 번도 함께 연습한 적이 없어 언제 어떤 대사를 해야 할지 알지 못합니다. 이 때, 연극을 지도하는 선생님께서 어느 캐릭터가 언제 나와야 할지 신호를 보내주기로 합니다. 사자가 으르렁거리고 나면 '토끼 나와!'라는 신호를 보내고, 이 신호를 받은 토끼가 무서워서 벌벌 떠는 연기를 합니다. 이때, '친구들 웃어!'라는 신호를 보내면 사자의 친구들이 껄껄껄 웃습니다.

엔트리에서 오브젝트는 각자 자신의 블록 조립소 안의 코드를 독립적으로 실행합니다. 그런데 오브젝트끼리 상호작용이 필요한 경우에는 어떻게 해야 할까요? 연극을 할 때처럼 [속성] 탭에서 원하는 이름으로 신호를 만들어 사용할 수 있습니다. 신호를 만들면 신호 관련 블록들을 사용할 수 있습니다.

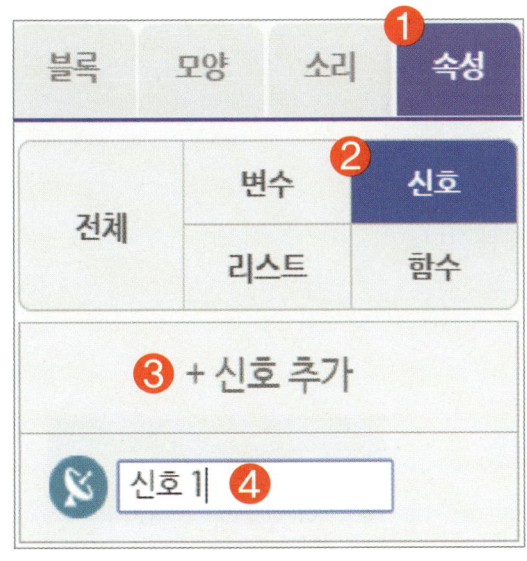

- 목록에 선택된 신호를 보내고 바로 다음 연결된 블록을 실행합니다.
- 목록에 선택된 신호를 보내고, 해당 신호를 받는 블록들의 실행이 끝날 때까지 기다렸다가 다음 연결된 블록을 실행합니다.
- 목록에 선택된 신호를 받으면 연결된 블록들을 실행합니다.

'타자'라는 신호를 만들어 아래와 같이 코드를 만들면, 투수가 말을 한 후 타자에게 신호를 보내 말을 하게 됩니다.

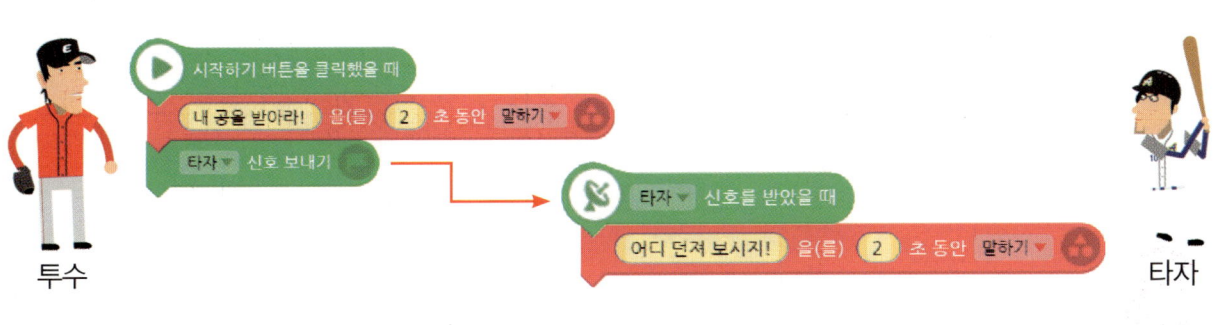

Chapter1
엔트리 블록 프로그래밍 기초

따라하며 배우기

01 그림과 같이 오브젝트를 추가하고 실행화면에 적절한 크기와 위치로 배치합니다.

오브젝트 목록	
1	집
2	곰인형
3	어린이(2)
4	유치원생
5	상사

02 오브젝트 목록의 ✏️를 눌러 오브젝트 이름을 수정해봅시다.

오브젝트 목록	
원래이름	바꾼이름
집	
곰인형	
어린이(2)	여자 아이
유치원생	남자 아이
상사	선생님

03 곰인형을 누르면 여자 아이가 말을 하도록 하려고 합니다. '곰인형' 오브젝트에 '오브젝트를 클릭했을 때' 블록을 가져오고, [속성] 탭에서 '여자아이'라는 이름의 신호를 만들어줍니다.

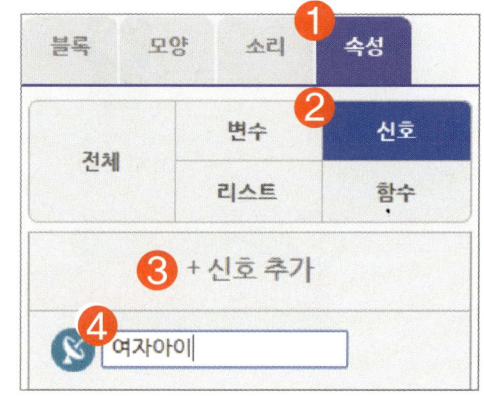

04 '곰인형' 오브젝트를 클릭했을 때, '여자아이' 신호를 보냅니다. '여자아이' 오브젝트가 이 신호를 받으면 '내 거야 만지지 마!'라고 말하도록 코드를 만듭니다. [시작하기]를 누르고 결과를 확인해봅시다.

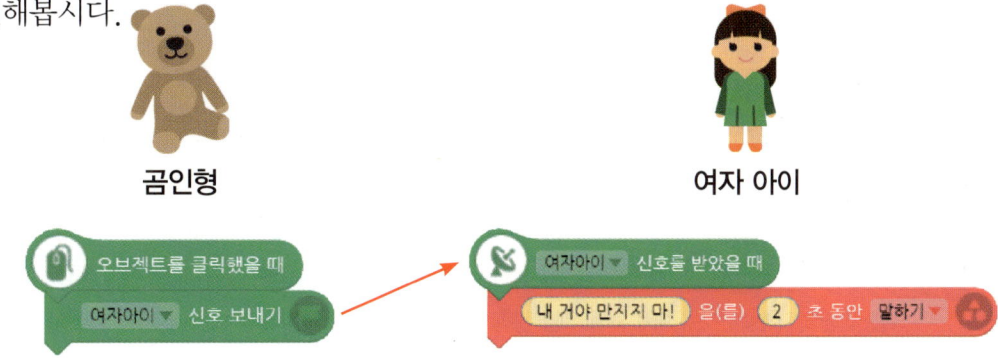

05 여자 아이의 말이 끝나면 남자 아이가 말을 하도록 만들어봅시다. 마찬가지로 [속성] 탭에서 '남자아이'라는 신호를 만듭니다. 신호 관련 블록에 선택 목록이 추가됩니다.

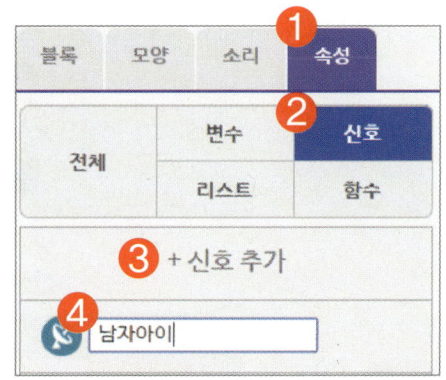

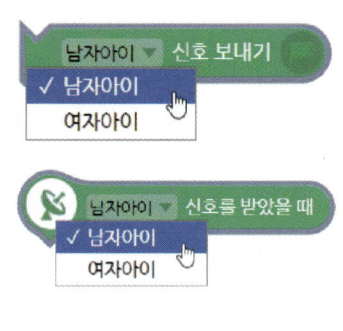

TIP

신호를 여러 개 만들었을 때에는 관련 블록의 선택 목록에서 언제든지 찾아 사용할 수 있습니다.

Chapter1
엔트리 블록 프로그래밍 기초

06 '남자아이' 신호를 보내기 위한 블록을 여자 아이 코드의 마지막 부분에 추가하고, '남자 아이' 오브젝트가 이 신호를 받았을 때 '같이 놀면 안돼?'라고 말하도록 코드를 만들어봅시다.

07 선생님은 처음에는 보이지 않다가 남자 아이의 말이 끝나면 나타나도록 만들어봅시다. 오브젝트 목록에서 '선생님' 오브젝트의 👁을 눌러 화면에서 숨겨줍니다.

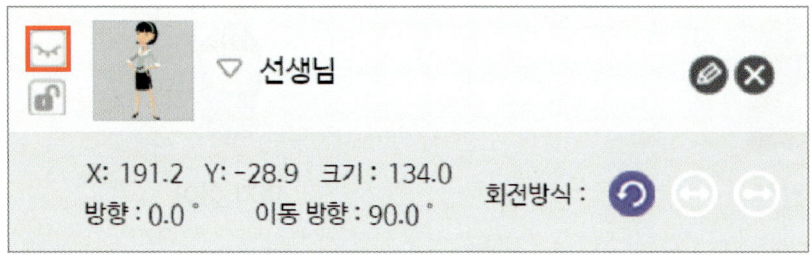

TIP 오브젝트를 보임/숨김 상태를 설정하려면 오브젝트 목록에서 👁를 클릭합니다. 이 기능은 오브젝트의 초기 상태를 세팅하기 위해 사용하며, 프로그램 실행 중에 오브젝트를 숨기거나 나타나게 하고 싶다면 [생김새]의 '모양 보이기', '모양 숨기기' 블록을 사용합니다.

08 [속성] 탭에서 '선생님' 신호를 추가하고, 남자 아이의 말이 끝났을 때 이 신호를 보내도록 합니다. 선생님이 이 신호를 받으면 나타나 '싸우지 마세요~'라고 말하도록 합니다.

4 우리 학교 이야기

09 선생님의 말이 끝나면 학생들이 동시에 '네~'라고 대답하도록 만들어봅시다. [속성] 탭에서 '전체대답'이라는 신호를 만들고 선생님이 신호를 보내는 코드를 추가합니다.

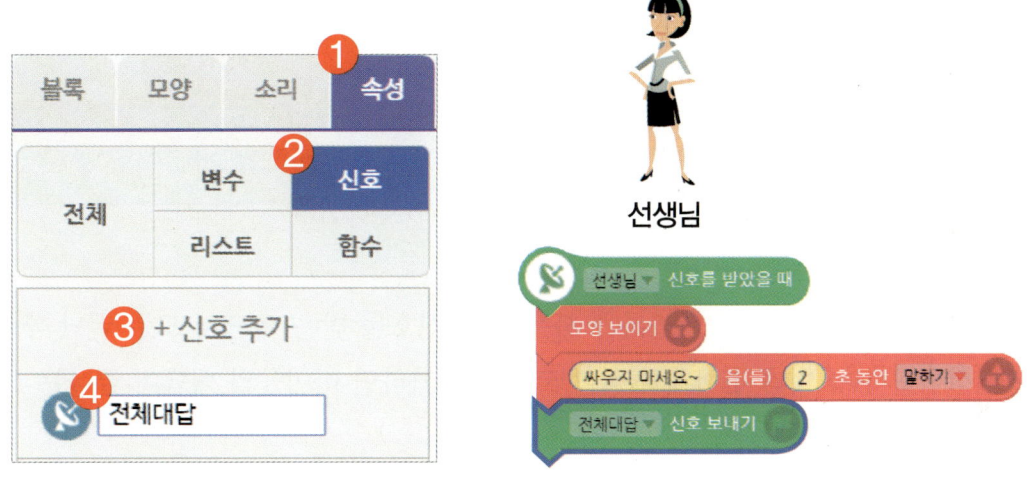

10 선생님이 보낸 신호를 '여자 아이'와 '남자 아이'가 모두 받아 '네~'라고 대답하도록 합니다.

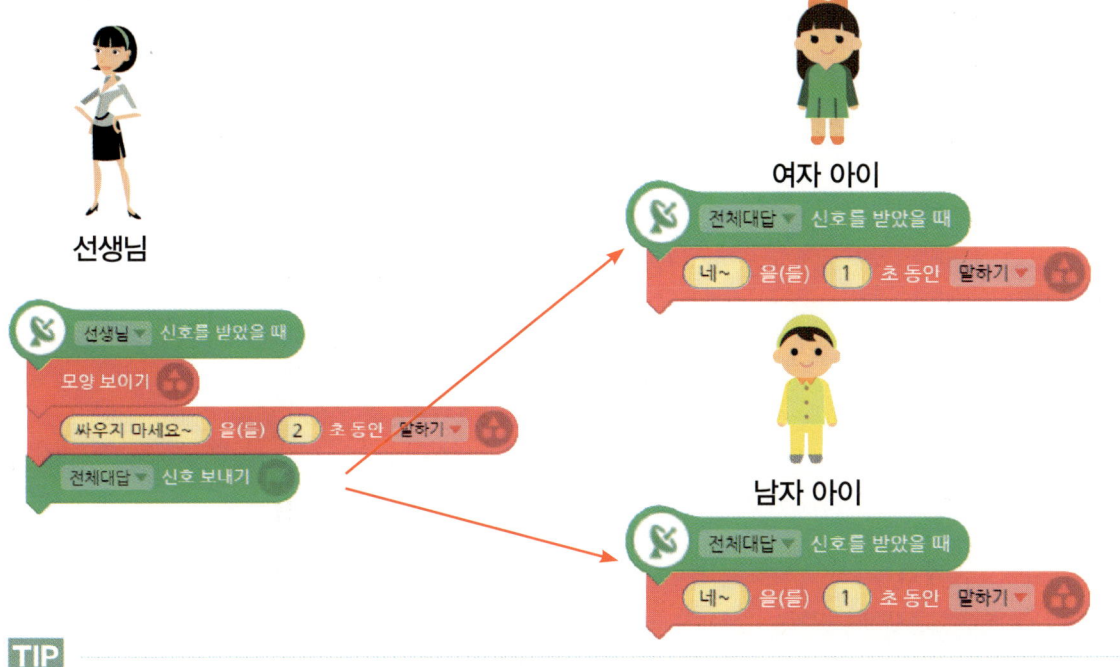

TIP
'여자 아이' 오브젝트에서 코드를 만든 후, 그 코드를 복사하여 '남자 아이'에게 똑같이 붙여 넣어주세요.

Chapter 1
엔트리 블록 프로그래밍 기초

11 아이들의 대답이 끝나면 선생님이 다시 사라지게 해 봅시다. '신호 보내기' 블록 삭제하고 '신호 보내고 기다리기' 블록으로 바꾸면 간단히 해결할 수 있습니다.

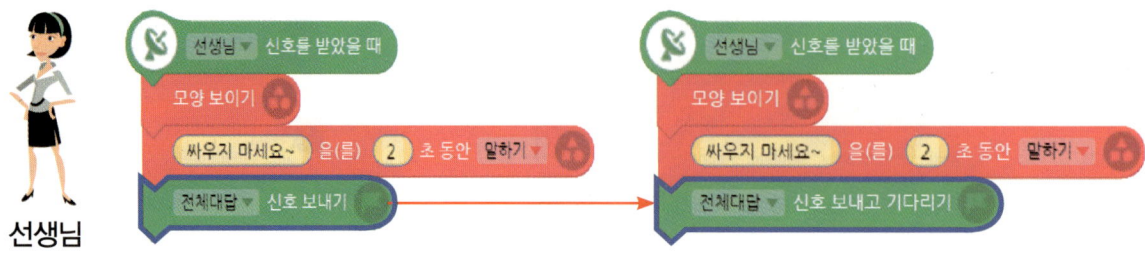

12 '신호 보내고 기다리기' 블록을 사용하면, 신호를 받은 코드가 모두 끝난 후에 다음 블록이 실행됩니다. 따라서 아래와 같이 코드를 추가하면 아이들의 대답이 끝나는 1초 후에 선생님이 사라지게 됩니다.

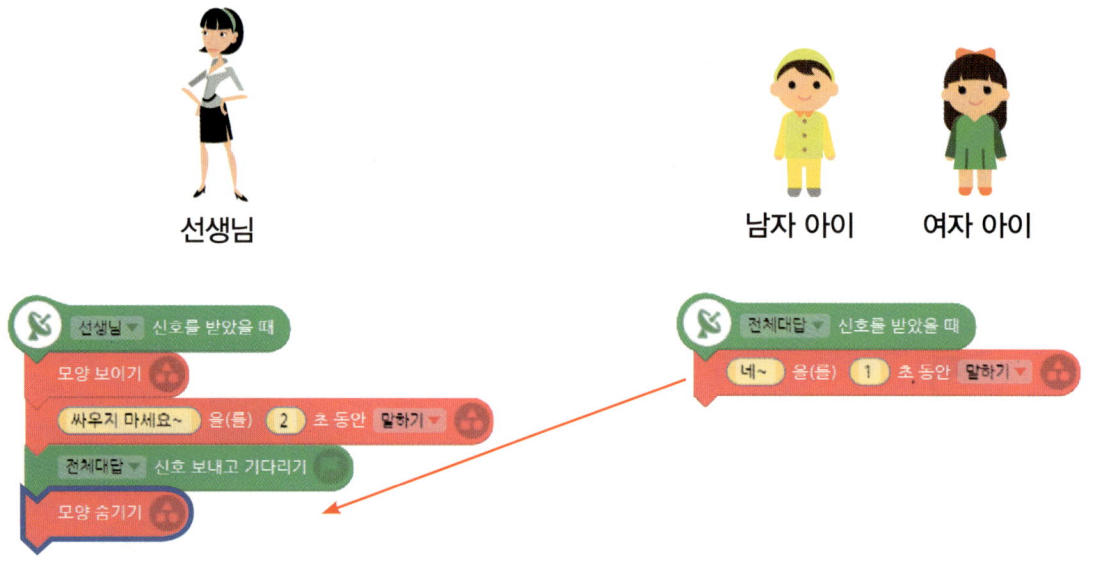

TIP
신호를 하나 더 만들어 아래와 같이 코드를 만들어도 동일한 실행결과를 볼 수 있습니다.

4 우리 학교 이야기

- **여러 장면 만들어 사용하기**

애니메이션, 게임 등에는 여러 장면이 등장합니다. 엔트리에서는 '장면' 기능으로 다양한 장면을 만들어 사용할 수 있습니다.

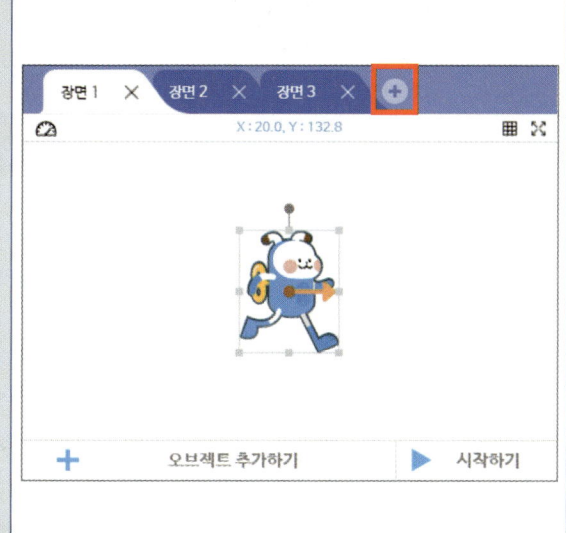

▶ 실행화면 위의 ➕ 버튼을 누르면 장면을 추가할 수 있습니다. 장면의 이름 부분을 클릭하여 장면의 이름을 바꿀 수도 있습니다.

▶ 이미 만든 장면과 비슷한 장면이 필요하다면 장면 이름 위에 마우스 오른쪽 버튼을 클릭하여 장면을 복제할 수도 있습니다. 장면을 복제하면 장면이 가지고 있던 모든 오브젝트와 코드까지 복제됩니다.

▶ 추가된 장면에 오브젝트를 새로 추가하거나 다른 장면의 오브젝트를 복사해 붙여 넣을 수 있습니다.

▶ 장면끼리는 '신호', '변수', '리스트', '함수' 값을 공유합니다. 그러나 '장면1'에서 신호를 보내 '장면2'의 오브젝트를 움직일 수는 없습니다.

장면 관련 블록들을 사용하면 프로그램 실행 중에 장면 간 이동을 할 수 있습니다.

블록	설명
장면이 시작되었을때	▶ 장면이 시작되면 아래에 연결된 블록들을 실행합니다. ▶ 첫 번째 장면을 제외하고는 '시작하기 버튼을 클릭했을 때' 블록 대신 이 블록을 사용합니다.
장면 1 시작하기	▶ 선택한 이름의 장면을 시작합니다.
다음 장면 시작하기	▶ 이전 장면 또는 다음 장면을 시작합니다. ▶ 장면이 순서대로 진행될 때 사용합니다.

[시작하기]를 눌렀을 때, 현재 선택된 장면에 '시작하기 버튼을 눌렀을 때' 블록이 없다면 어떤 코드도 실행되지 않습니다. 따라서 여러 장면으로 이루어진 작품 제작 중에 지금 만들고 있는 장면만 실행해 보고 싶다면 아래와 같이 코드를 만들어 모든 장면에 넣어주는 것이 좋습니다.

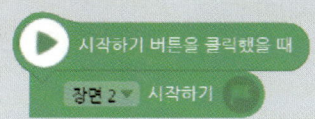

'장면2'의 코드

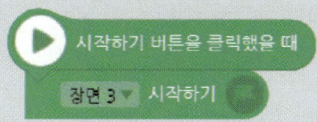

'장면3'의 코드

Chapter 1
엔트리 블록 프로그래밍 기초

★★★ 스스로 해보기

작품 주소: https://goo.gl/fWo3kC
강의 주소: https://goo.gl/AQmSlD

장면을 추가하여 교실에서의 이어지는 이야기를 만들어 봅시다. 새로운 장면에 배경으로 '교실' 오브젝트를 추가하고, 기존 오브젝트들 외에 '책', '책(1)' 오브젝트를 추가하고, 기존 이야기 뒤에, 수업이 시작되어 책을 펴는 이야기가 이어지도록 만들어봅시다.

오브젝트	알고리즘
선생님	1. 앞의 장면에서 학생들이 "네~"라고 대답한 후 다음 장면을 시작합니다. 2. 교실 장면이 시작되면 "자~ 이제 수업시간이에요!", "자리에 앉으세요!"를 차례로 말합니다. 3. 남자아이와 여자아이가 각각 한 마디씩 하고 나면 "국어책 꺼내세요~"라고 말합니다.
남자 아이	1. 선생님이 자리에 앉으라고 말하면 "아~ 아쉽다"라고 말합니다. 2. 선생님이 책을 꺼내라고 말하면 "네!"라고 대답합니다.
여자 아이	1. 남자 아이가 아쉬워한 후에 "힝... 벌써?"라고 말합니다. 2. 선생님이 책을 꺼내라고 말하면 남자 아이와 동시에 "네!"라고 대답합니다.
책 책(1)	1. 남자아이와 여자아이의 대답이 끝나면 숨겨져있던 책이 등장합니다.

핵심블록

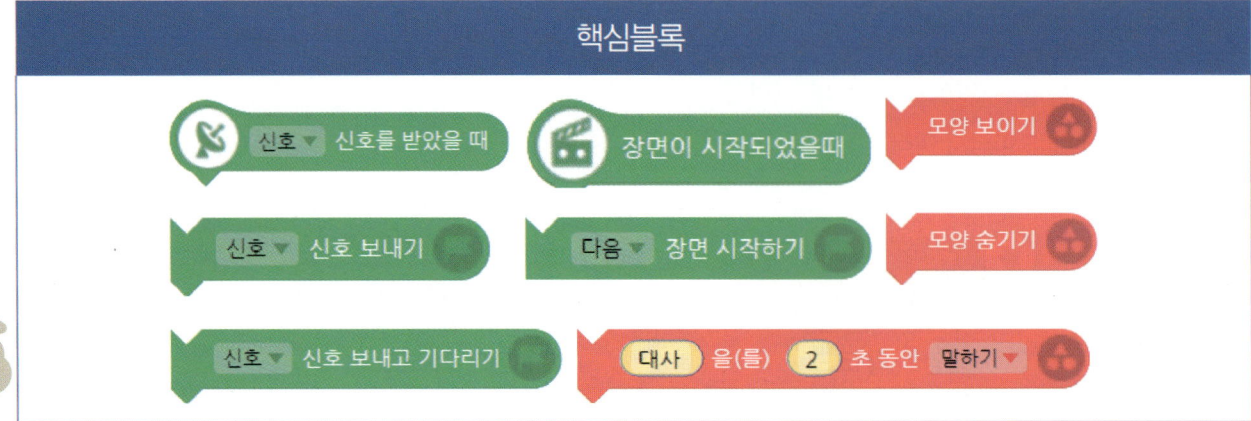

주사위 놀이

학습목표 화면 속의 주사위를 클릭해 던져봅시다. 주사위가 왼쪽에 있을 때는 오른쪽으로, 오른쪽에 있을 때에는 왼쪽으로 던져집니다. 화면에 주사위가 나온 눈이 표시되고, 지금까지 나온 주사위의 결과를 누적하여 점수를 보여줍니다. 컴퓨터는 주사위의 눈, 누적 점수를 어떻게 저장할까요? 그리고 주사위의 눈은 어떻게 무작위로 뽑혀져 나왔을까요? 주사위 놀이를 만들며 알아봅시다.

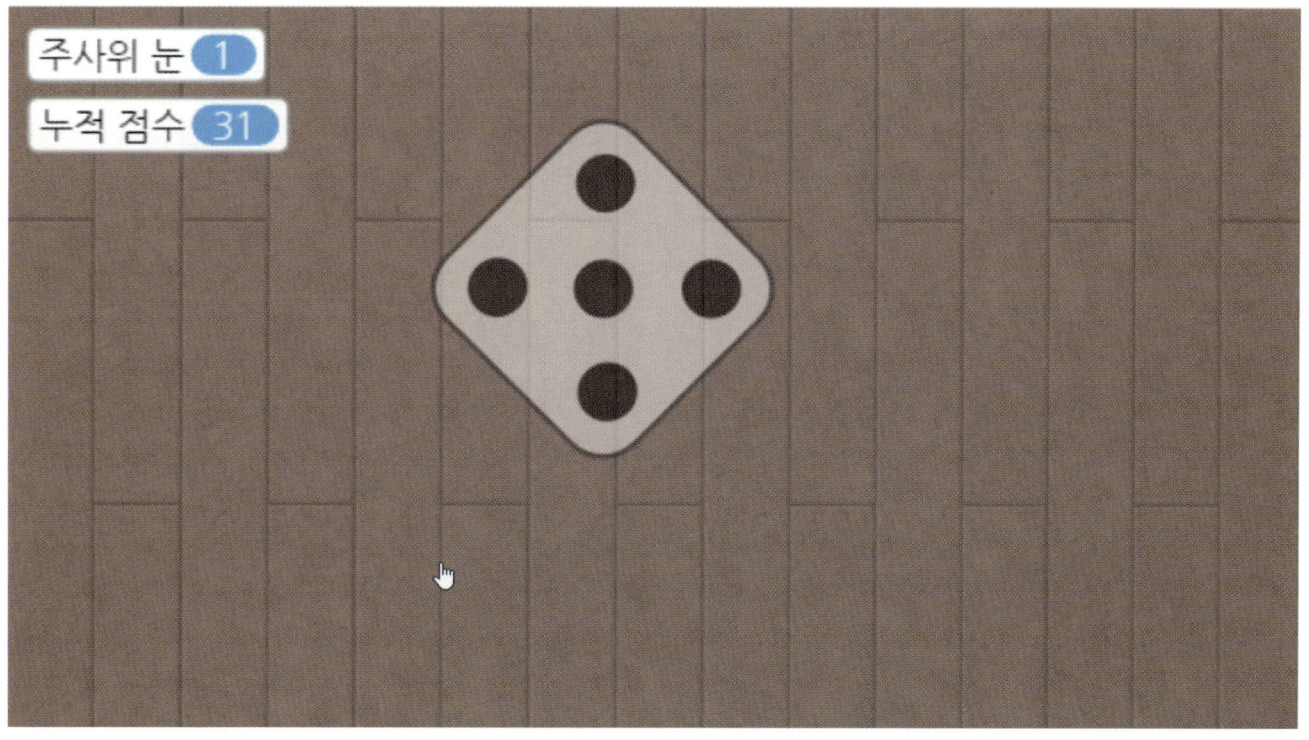

작품 주소: https://goo.gl/ihbCWu
강의 주소: https://goo.gl/8Sk4dY

무엇을 배울까?

01 프로그램에 필요한 정보를 변수에 저장해 활용해봅시다.

02 무작위 수를 뽑아 활용해봅시다.

03 실행화면의 좌표를 활용해봅시다.

개념 콕콕

1 프로그램에 필요한 정보 저장하기

게임에서의 '점수', 전화번호부에서 '이름'과 같은 정보들은 어디에 저장될까요? '변수'는 프로그램에 필요한 정보들을 저장하는 상자와 같은 기억 공간입니다. 우리는 변수를 만들어 이름을 붙이고 그 안에 필요한 정보를 저장해 두는데, 이렇게 변수에 저장된 값을 '변수값'이라고 합니다.

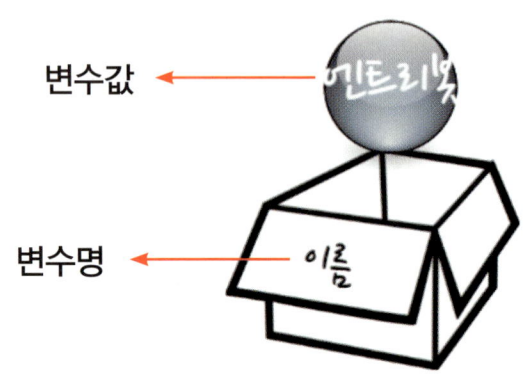

[속성] 탭에서 '변수'를 추가할 수 있습니다. 변수를 추가하면 실행화면에 '변수창'이 생성됩니다. 처음 생성된 변수에는 기본값으로 '0'이 저장되어 있습니다. 변수에 저장된 변수값은 변수 이름의 블록으로부터 꺼내 쓸 수 있습니다. ✏️를 누르면 변수의 이름을 변경하거나, 실행화면의 변수창을 숨기거나, 기본값을 0이 아닌 다른 값으로 설정할 수 있습니다.

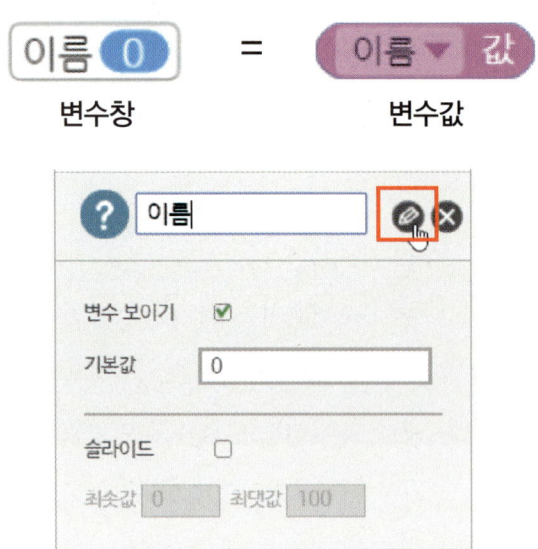

변수에는 '문자' 또는 '숫자'를 저장할 수 있는데, 아래 코드를 통해 프로그램 실행 중에 값을 변경할 수 있습니다. 또 변수에 저장된 값이 숫자인 경우 지정한 수만큼 더하거나 뺄 수 있습니다.

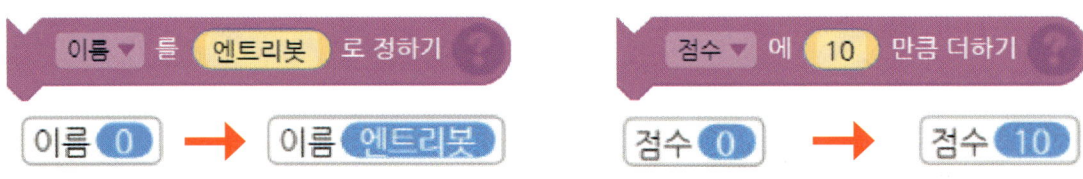

❷ 무작위 수 활용하기

컴퓨터는 마치 주사위를 던지듯 같은 확률로 일정 범위 내에서 '무작위 수'를 뽑아 낼 수 있습니다. 컴퓨터가 뽑아내는 것은 '무작위 수'지만, 이것을 활용하면 문장, 음악, 모양, 소리 등도 무작위로 뽑아낼 수 있습니다. 따라서 무작위 수를 사용하면 예측할 수 없는 결과가 나타나는 재미있는 작품들을 만들 수 있습니다.

'~부터 ~사이의 무작위 수' 블록을 사용하면 지정한 범위 사이의 무작위 수를 뽑아냅니다. 이 범위를 자연수(정수)로 지정하면 자연수(정수)만을 뽑아내고, 소수로 지정하면 소수(소수 둘째자리까지)로 뽑아냅니다.

블록	뽑아내는 수
(1) 부터 (3) 사이의 무작위 수	1, 2, 3
(1.0) 부터 (3.0) 사이의 무작위 수	1.00, 1.23, 2.14, 2.82 … 등

[모양] 탭이나 [소리] 탭의 목록에 있는 숫자를 활용하면 무작위 수 블록을 통해 오브젝트의 모양 또는 소리를 무작위로 뽑을 수도 있습니다.

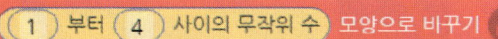

Chapter1
엔트리 블록 프로그래밍 기초

따라하며 배우기

01 '주사위' 오브젝트를 추가하고 실행화면에 적절한 크기와 위치로 배치해봅시다.

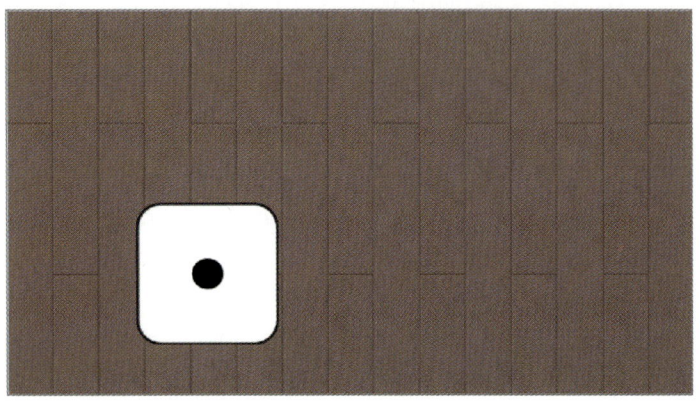

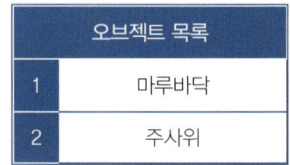

02 주사위를 클릭하면 1~6 사이의 수 중 하나를 뽑아 말하도록 코드를 만들어봅시다. [계산]의 '0부터 10 사이의 무작위 수' 블록을 가져와 숫자 부분을 각각 1과 6으로 바꾸어줍니다.

03 일단 [시작하기]를 누르고 결과를 확인해봅시다. 주사위를 누를 때마다 새로운 숫자를 무작위로 뽑아 보여줍니다.

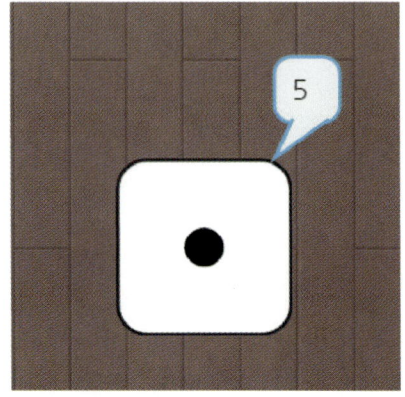

5 주사위 놀이

04 주사위가 숫자를 말하는 것이 아니라 뽑은 모양으로 바뀌도록 만들어봅시다. [모양] 탭을 보면 주사위가 여섯 가지의 모양을 가지고 있는 것을 볼 수 있습니다. 그리고 각 모양 옆에는 1~6까지 번호가 붙어 있습니다. [생김새]에서 '주사위_1 모양으로 바꾸기' 블록을 가져오고 '주사위_1' 부분의 둥근 블록을 버립니다. 이 곳에 아까 만들어놓은 1~6 사이의 무작위 수 블록을 복사해 끼워 넣어줍니다.

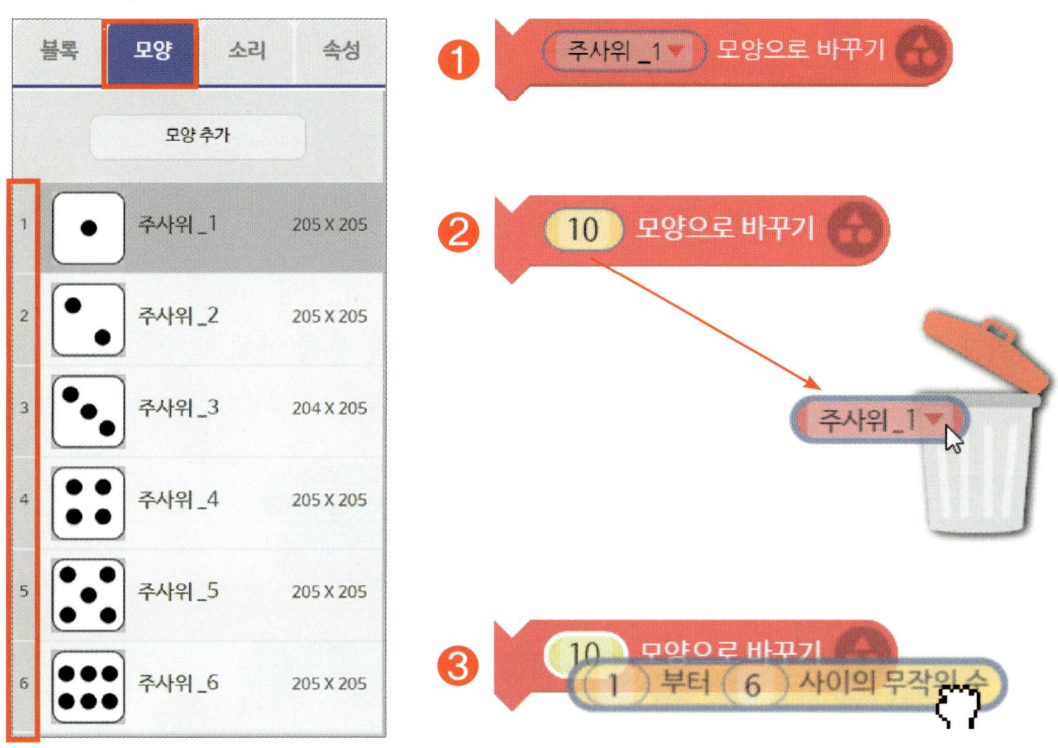

05 뽑은 숫자를 말해주는 코드에서 뽑은 숫자의 모양으로 바꾸는 코드로 변경하고 [시작하기]를 눌러 결과를 확인해봅시다.

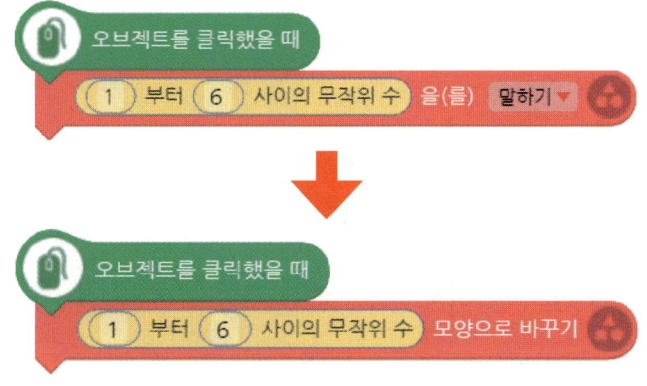

Chapter1
엔트리 블록 프로그래밍 기초

06 클릭하자마자 바로 결과가 보여지니 긴장감이 없습니다. 0.1초 간격으로 10번 모양을 바꾸어 마지막에 보여지는 모양이 최종 모양이 되도록 코드를 추가해봅시다.

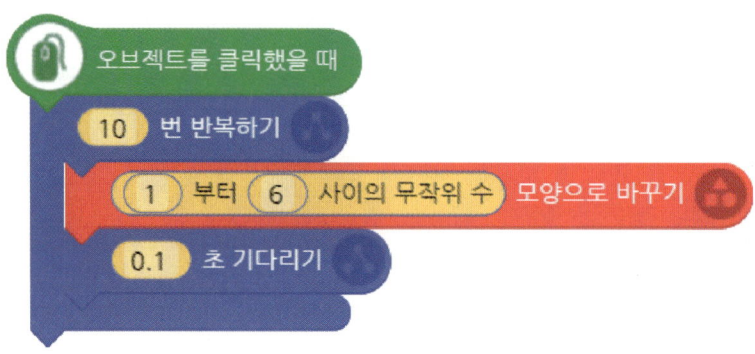

07 주사위가 굴려지는 것처럼 보이도록 만들어봅시다. 반복 블록 안에 '방향을 90도 만큼 회전하기' 블록을 추가하고 숫자 부분은 45도로 변경합니다.

08 주사위가 돌아가며 위치도 이동하도록 만들어봅시다. 먼저 오브젝트 목록에서 ✏️를 눌러 주사위의 위치를 정확히 x: -100, y: -50으로 옮깁니다.

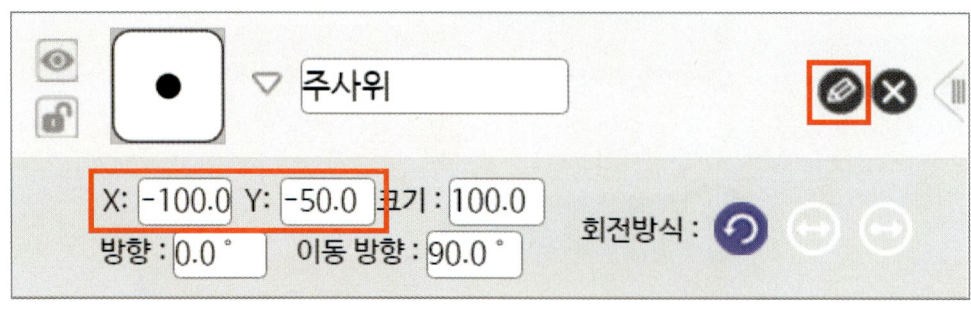

5 주사위 놀이

09 '오브젝트를 클릭했을 때' 블록을 하나 더 가져오고 0.5초 동안 x좌표를 100만큼, y좌표를 100만큼 움직이도록 합니다. 그러면 주사위가 오른쪽 대각선 위 방향으로 움직이게 됩니다. 다시 0.5초 동안 x좌표를 100만큼, y좌표를 -100만큼 이동하도록 해 봅시다. 그러면 주사위가 오른쪽 대각선 아래 방향으로 떨어지는 것을 표현할 수 있습니다.

10 주사위를 여러 번 클릭하면 계속해서 오른쪽으로 이동해 화면 밖으로 나가버립니다. 주사위가 왼쪽에 있을 때에는 오른쪽으로, 오른쪽에 있을 때에는 왼쪽으로 던져지도록 만들어봅시다. 주사위의 좌-우 위치는 x좌표와 관련이 있습니다. 현재 위치 x: -100에서 오른쪽으로 던지면 200만큼을 이동하게 되므로, 주사위의 x좌표가 0보다 큰지를 판단하면 주사위가 어느 쪽에 있는지를 판단할 수 있습니다. 아래와 같이 주사위의 x좌푯값이 0보다 큰지 판단하는 코드를 만듭니다.

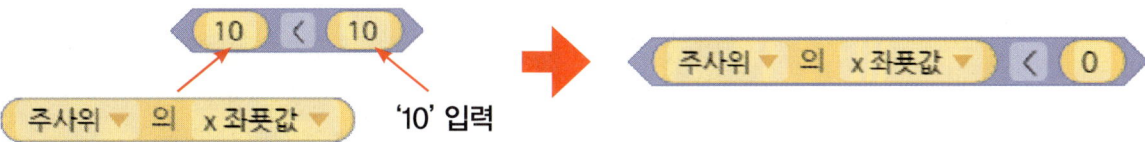

'10' 입력

11 위에서 만든 판단 코드를 '만일 ~라면, 아니면~' 블록 안에 끼워 넣습니다. 기존에 주사위를 오른쪽으로 움직이던 코드를 '만일 ~' 아래에 넣고, 왼쪽으로 이동하기 위한 코드를 '아니면~' 아래에 넣습니다. '아니면~' 아래 코드는 주사위가 왼쪽으로 이동하도록 x좌표의 숫자를 100에서 -100으로 변경합니다.

12 주사위가 던져지는 동안 살짝 투명해보이도록 투명도 효과를 50만큼 주었다가 다시 원래대로 돌아가는 코드를 추가합니다.

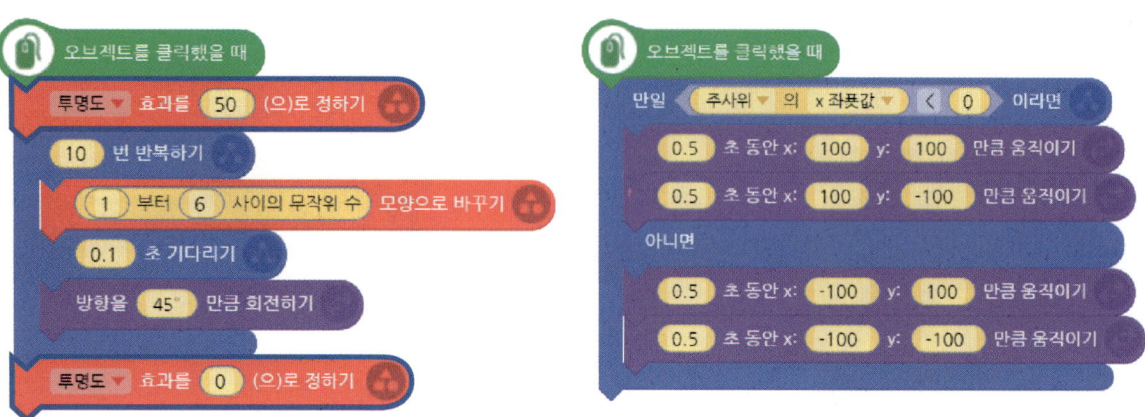

13 이제 주사위로부터 나온 수를 저장해 화면에 보이도록 만들어봅시다. [속성] 탭에서 '주사위 눈' 변수를 만듭니다. 실행화면에 변수창이 생성됩니다.

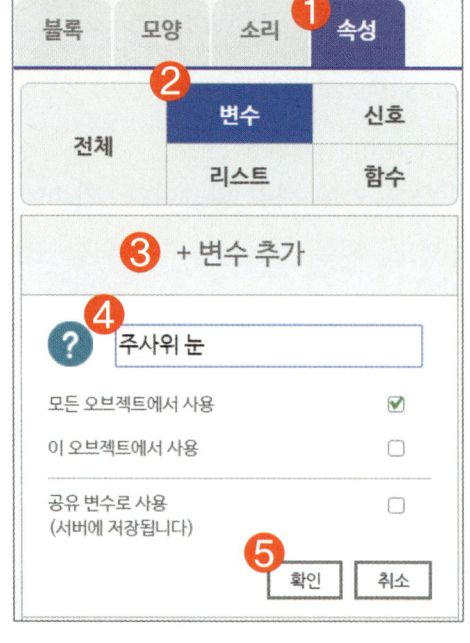

TIP

[블록] 탭 [자료]의 [변수만들기] 버튼을 통해서도 변수를 추가할 수 있습니다.

5 주사위 놀이

14 [자료]에 변수와 관련된 블록들이 새로 생겨났습니다. '주사위 눈' 변수에 1~6 사이의 새로운 무작위 수를 뽑아 저장해봅시다(①). 주사위 모양을 새로 뽑힌 수가 저장된 '주사위 눈' 변수값에 따라 바꿉니다(②). 이렇게 만든 코드를 '투명도 효과를 0으로 정하기' 코드 아래 연결합니다(③).

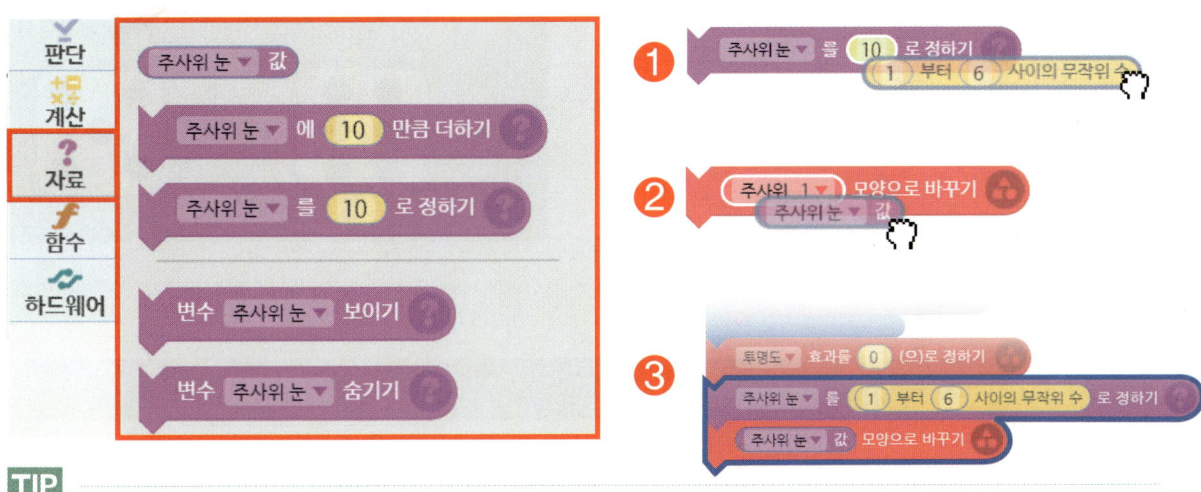

> **TIP**
> 블록 조립시 튕겨져 나오는 '주사위_1' 부분은 필요하지 않으므로 삭제합니다.

15 이번에는 주사위를 여러 번 던질 때 지금까지 나온 주사위 눈의 값들을 누적하여 점수를 보여줘 봅시다. 누적된 점수를 보여줄 '누적 점수' 변수를 생성합니다. 코드의 마지막에 '변수를 ~만큼 더하기' 블록을 가져와, 그 안에 '주사위 눈' 변수의 값을 끼워 넣으면 완성됩니다. [시작하기]를 눌러 주사위를 여러 번 던지며 '누적 점수' 변수에 점수가 계속 누적되는 것을 확인해봅시다.

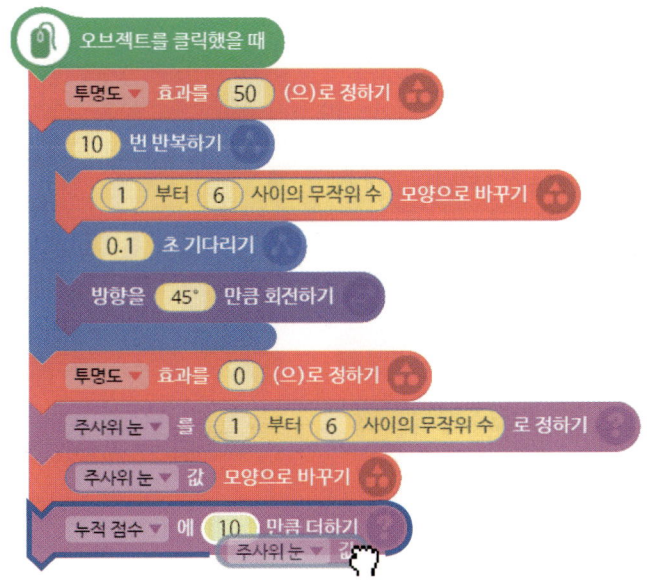

Chapter1
엔트리 블록 프로그래밍 기초

★★★ 스스로 해보기

작품 주소: https://goo.gl/uliwVl
강의 주소: https://goo.gl/fPABF7

주사위를 복제하여 2개로 만들어봅시다. '주사위 눈1'과 '주사위 눈2' 변수를 만들어 사용하고, 기존에 있던 '주사위 눈' 변수는 두 변수의 값을 합하여 보여주도록 합니다. '누적 점수'는 지금까지 나온 점수를 누적해서 보여줍니다.

TIP

[속성] 탭에서 변수의 👁 를 누르면, 실행화면에서 '주사위 눈1', '주사위 눈2' 변수창을 숨길 수 있습니다. 또한 두 주사위 중 한 주사위에서만 '주사위 눈'과 '누적 점수'를 계산하도록 합니다.

오브젝트	알고리즘
주사위1	1. 스페이스 키를 누를 때마다 주사위가 회전하면 던져집니다. 2. 주사위는 던져지는 동안 50만큼 투명해지며, 왼쪽의 주사위는 오른쪽으로, 오른쪽의 주사위는 왼쪽으로 던져집니다. 3. 변수 '주사위 눈'은 두 주사위 눈의 값을 더한 값을 보여줍니다. 4. 변수 '누적 점수'는 지금까지 나온 주사위 눈의 값을 모두 누적하여 보여줍니다
주사위2	1. 스페이스 키를 누를 때마다 주사위가 회전하면 던져집니다. 2. 주사위는 던져지는 동안 50만큼 투명해지며, 왼쪽의 주사위는 오른쪽으로, 오른쪽의 주사위는 왼쪽으로 던져집니다.

핵심블록

레스토랑 자동 주문기계 6

학습목표 레스토랑, 패스트푸드점에서 자동 주문기계를 본 적이 있나요? 원하는 메뉴를 선택하면 총 금액을 계산해 결제까지 도와줍니다. 이러한 기계들은 어떤 원리로 만들어지는 것일까요? 레스토랑 자동 주문기계 프로그램을 만들며 알아봅시다.

작품 주소: https://goo.gl/M3Lv0T
강의 주소: https://goo.gl/MK21a4

무엇을 배울까?

01 복잡한 계산을 하는 프로그램을 만들어봅시다.

02 글상자 오브젝트를 사용해봅시다.

03 변수값과 문자열을 합쳐 문장을 출력해봅시다.

04 여러 장면으로 이루어진 프로그램을 만들어봅시다.

Chapter 1
엔트리 블록 프로그래밍 기초

개념 콕콕

❶ 복잡한 계산식 만들기

우리는 복잡한 계산을 할 때 어떻게 하나요? 내가 구하려고 하는 것이 무엇인지 파악하고, 어떤 순서로 계산을 해야 하는지 생각합니다. 최초의 컴퓨터는 계산기로부터 비롯되었습니다. 그만큼 정확하고 빠르게 계산하는 것은 컴퓨터가 가장 잘 하는 일 중 하나입니다. 그러나 컴퓨터에게 효과적으로 계산을 시키기 위해서는 언제, 어떤 순서로, 어떤 계산을 시킬지 잘 계획해야 합니다.

엔트리에는 덧셈, 뺄셈, 곱셈, 나눗셈을 해주는 블록이 있습니다. 이 네 개의 블록으로 얼마든지 복잡한 계산식을 만들어 사용할 수 있습니다. 또한 엔트리에서는 몫과 나머지, 제곱, 루트, 사인값, 반올림값 등 다양한 계산을 자동으로 해주는 블록이 있어 더 복잡한 계산을 편리하게 할 수 있습니다.

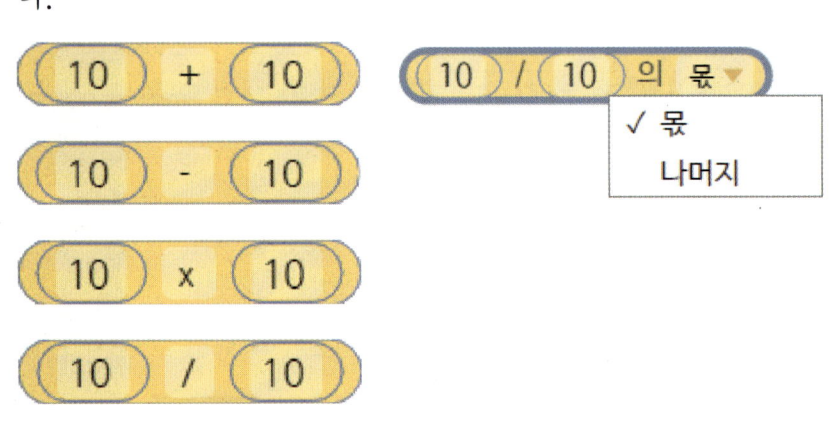

6 레스토랑 자동 주문기계

　엔트리의 '사칙연산' 블록은 두 수의 연산만 할 수 있도록 되어 있습니다. 이 블록들로 복잡한 계산식을 만들기 위해서는 블록 안에 블록을 넣어 중첩해서 사용해야 하는데, 이 때 블록의 포함관계에 유의해야 합니다. 즉, 어느 연산을 가장 먼저 해야하는지 파악해서 해당 블록을 먼저 만들어 주어야 합니다. 아래 두 예시는 비슷해 보이지만 괄호의 유무에 따라 연산의 순서다 달라집니다. 엔트리 블록으로 각 예시에 해당하는 식을 만드는 방법을 알아봅시다.

	일반 연산	엔트리에서의 연산
예시1	(5+8)×9	① 5 + 8 블록을 만든다. ② 만든 블록을 곱셈 블록의 앞 영역에 끼워 넣는다. ③ 곱셈 블록에 9를 입력해 계산식을 완성한다.
예시2	5+8×9	① 8 × 9 블록을 만든다. ② 만든 블록을 덧셈 블록의 뒷 영역에 끼워 넣는다. ③ 덧셈 블록에 5를 입력해 계산식을 완성한다.

◆ 2 서로 다른 자료 유형 합치기

　"콜라의 가격은 500원입니다."와 같은 문장을 떠올려봅시다. 콜라의 가격이 오르더라도 이 문장을 그대로 활용하려면 '500' 부분을 변수로 만들어두는 것이 좋습니다. '콜라금액' 변수를 만들어두고 여기에 500을 저장해 두면, 나중에 변수 값만 700으로 바꾸어 500이라고 적혀있는 모든 문장을 자동으로 700으로 바꿀 수 있습니다. 이렇게 문장에서 변하는 부분과 변하지 않는 부분을 구분하면 다음과 같이 세 부분으로 나눌 수 있습니다. 자료를 나눌 때에는 띄어쓰기까지 포함해서 나누어야 합니다.

Chapter 1
엔트리 블록 프로그래밍 기초

콜라의 가격은v/500/원 입니다.

엔트리에서 이렇게 서로 다른 자료 유형을 합치기 위해서는 '~와 ~를 합치기' 블록을 사용합니다. 이 블록도 두 개의 자료만 합칠 수 있도록 되어있지만, 중첩해서 사용하면 여러 자료를 합칠 수 있습니다. 아래 문장을 만드는 방법을 보며 서로 다른 유형을 합치는 방법에 대해 알아봅시다.

① '~와 ~를 합치기' 블록의 앞 영역에 "콜라의 가격은 "을 입력한다. 이 때, '은' 뒤에 띄어쓰기까지 함께 입력한다.

② 블록의 뒷 영역에 '~와 ~를 합치기' 블록을 한 번 더 끼워 넣는다.

③ 새로 끼워 넣은 블록의 앞 영역에 '콜라금액' 변수값을 끼워넣는다.

④ 블록의 뒷 영역에 "원입니다."를 입력한다.

6 레스토랑 자동 주문기계

따라하며 배우기

01 필요한 오브젝트들을 추가하고, 실행화면에 아래와 같이 적절한 크기와 위치로 배치해봅시다.

 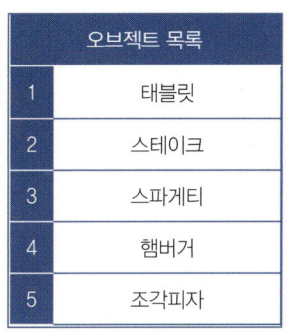

	오브젝트 목록
1	태블릿
2	스테이크
3	스파게티
4	햄버거
5	조각피자

TIP

'태블릿' 오브젝트는 배경처럼 사용할 수 있도록 실행화면에 맞추어 크기를 늘려줍니다.

02 주문 방법을 안내할 글상자 오브젝트를 추가해봅시다. [+오브젝트 추가하기]를 다시 한 번 누르고, [글상자] 탭을 선택하여 아래와 같이 글씨체는 '코딩고딕체'로 설정하고 내용은 "안내"라고 입력합니다.

Chapter 1
엔트리 블록 프로그래밍 기초

- **글상자는 어떻게 만들고 수정하나요?**

[+오브젝트 추가하기]를 누르고 [글상자] 탭을 선택하면 글상자 오브젝트를 만들 수 있습니다. 서식과 내용, 모드를 선택하고 글상자를 만들어봅시다. 글상자 오브젝트에는 일반 오브젝트에서 제공되는 [붓] 블록 대신, [글상자] 블록들을 통해 프로그램 실행 중에 그 내용을 바꿀 수 있습니다.

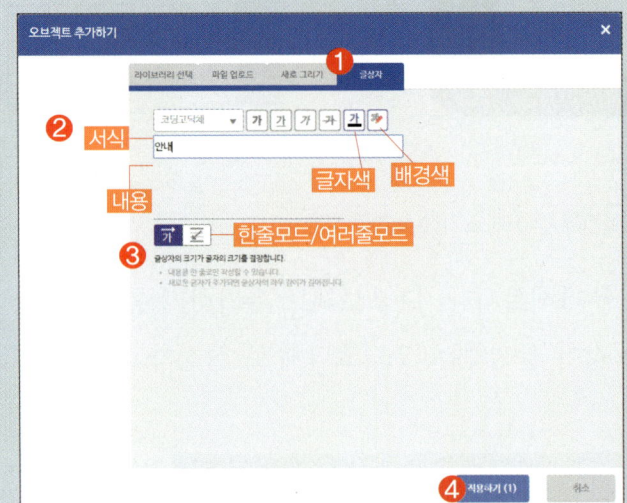
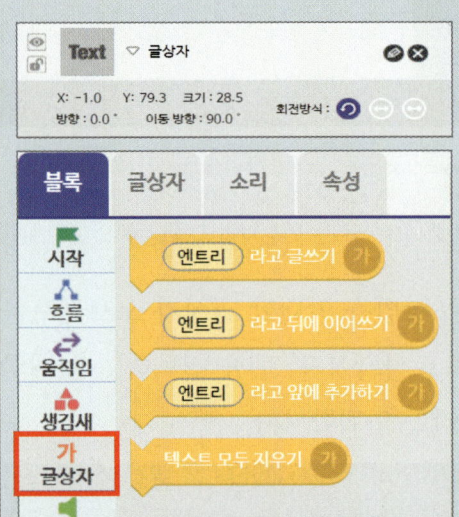

글상자 오브젝트를 선택하면 [글상자] 탭이 생성됩니다. 이 곳에서 글상자의 서식과 내용, 모드를 수정할 수 있습니다.

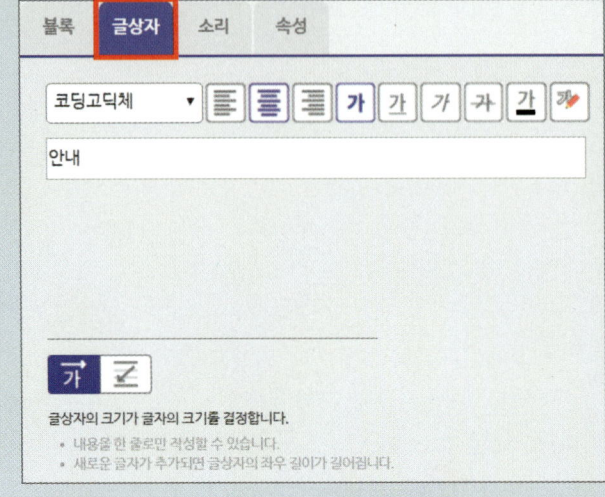

03 '안내' 글상자를 화면 상단에 배치하고, [글상자]의 블록들로 "주문하고 싶은 음식을 누르세요.", "모든 선택이 완료되면 [완료]를 누르세요."라고 2초 간격으로 쓰도록 만들어봅시다.

04 글상자 오브젝트를 다시 한 번 추가하여 스테이크의 가격을 적어봅시다. 글씨체는 '필기체'로 설정하고 내용은 "30,000원"이라고 입력합니다.

05 나머지 음식들의 가격을 적어봅시다. 새로 만드는 것보다 이전에 만든 글상자를 복제하면 편리합니다. 오브젝트 목록에서 마우스 오른쪽 버튼을 눌러 '복제'를 누르고, 복제된 오브젝트에서 [글상자] 탭으로 가 내용을 수정합니다. 스테이크, 햄버거, 조각피자의 가격이 각각 "16,000원", "3,000원", "2,500원"이 되도록 합니다.

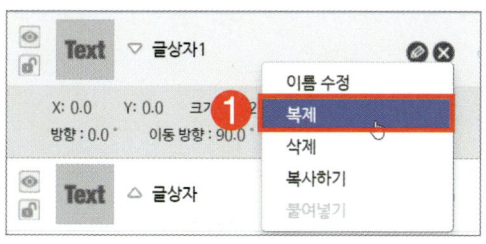
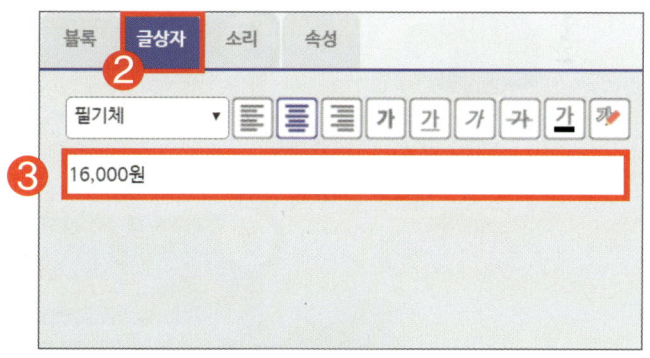

06 각각의 음식을 클릭한 횟수만큼 개수가 누적되도록 만들어봅시다. [속성]에서 [변수] - [변수 추가]를 눌러, '스테이크', '스파게티', '햄버거', '조각피자' 4개의 변수를 생성하고 화면에 변수창을 적절히 배치합니다.

07 각각의 음식 오브젝트를 클릭할 때마다 해당하는 변수가 1씩 증가하도록 코드를 만들어줍니다. 이 때, 스테이크의 코드만 만들고 이를 복사하여 다른 오브젝트들에 붙여 넣으면 편리합니다.

6 레스토랑 자동 주문기계

08 [취소]와 [완료] 버튼을 만들어봅시다. 글상자 오브젝트를 추가하여 내용을 "취소"와 "완료"로 입력합니다. 글씨체는 고딕체, 글자색을 흰색, 배경색을 검정색으로 설정합니다.

09 [취소] 버튼을 누르면 처음부터 다시 시작하는 코드를 만들어봅시다.

글상자

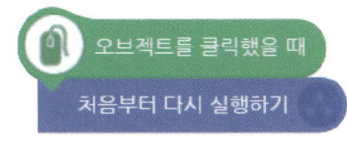

10 [완료] 버튼을 누르면 주문한 금액을 계산하는 코드를 만들어봅시다. 총 가격을 계산하기 위해서는 아래와 같은 계산을 해야 하며, 총 7번의 계산이 필요합니다.

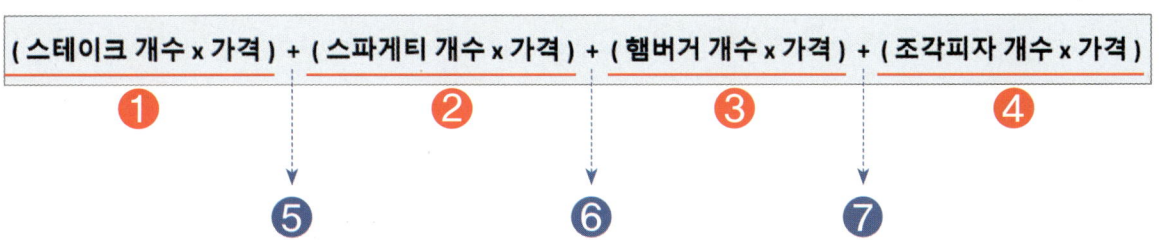

11 계산이 이루어지는 순서대로 코드를 만들어봅시다. 먼저 ❶ ~ ❹의 계산을 하기 위해 아래와 같이 코드를 만듭니다.

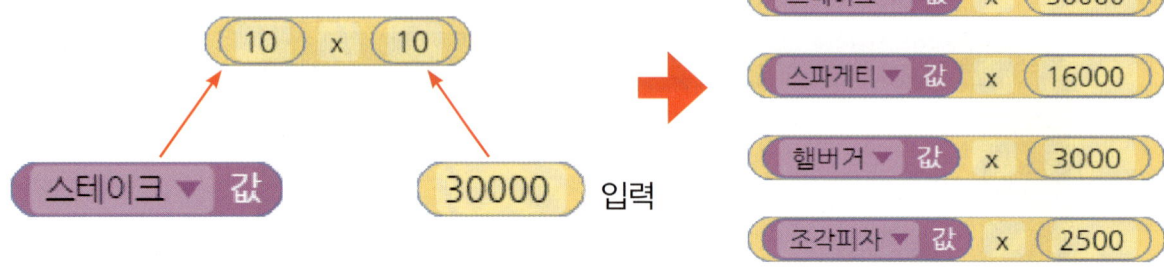

> **TIP**
> 블록을 끼워 넣을 때에는 끼워 넣는 블록의 왼쪽 끝을 넣으려는 곳으로 가져가 색이 변했을 때 놓아줍니다. 계산 블록을 옮길 때, 숫자 부분을 드래그하면 숫자 부분 블록이 빠져나와 버리므로, 부호가 있는 중앙을 잡고 옮기면 편리합니다.

12 이제 각 항목들의 금액을 더해봅시다. 4개의 값을 더해야 하므로 덧셈 블록 안에 덧셈 블록을 두 번 끼워 넣어 영역이 4개짜리인 덧셈 블록을 만듭니다. 그리고 이전에 만든 네 개의 계산식을 각각의 영역에 끼워 넣습니다.

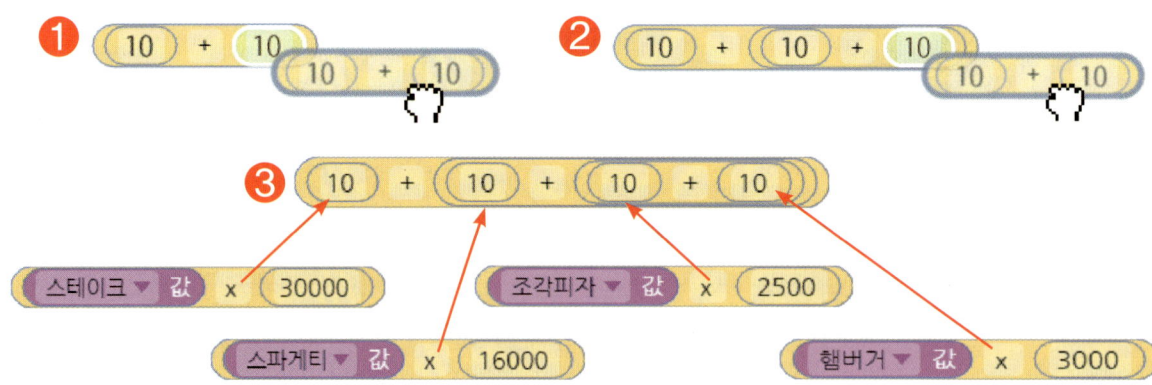

13 [속성] – [변수] – [변수추가]를 눌러 '주문 금액' 변수를 추가합니다. [완료] 버튼을 눌렀을 때 '주문 금액' 변수에 계산한 값을 넣어주는 코드를 완성합니다.

14 [시작하기]를 눌러 내가 선택한 음식에 따라 정확한 값이 계산되어 '주문 금액' 변수에 들어가는지 확인합니다. 정상적으로 계산되는 것을 확인했다면, '태블릿'에 시작하기 버튼을 눌렀을 때 '주문 금액' 변수창을 숨기는 코드를 만들어줍니다.

태블릿

15 이제 주문한 총 금액을 보여주는 〈결제〉 장면을 만들어봅시다. 현재 장면의 이름을 〈주문〉으로 바꾸고, 장면 이름 위에 마우스 오른쪽 버튼을 클릭하여 '복제하기'를 선택합니다. 이전 장면의 오브젝트와 코드까지 모두 복제됩니다. 복제된 장면의 이름을 "결제"로 바꿉니다.

16 〈결제〉 장면에 필요하지 않은 '스테이크', '스파게티', '햄버거', '조각피자' 오브젝트는 삭제하고, [완료] 버튼의 내용도 수정하여 [결제] 버튼으로 바꿉니다.

 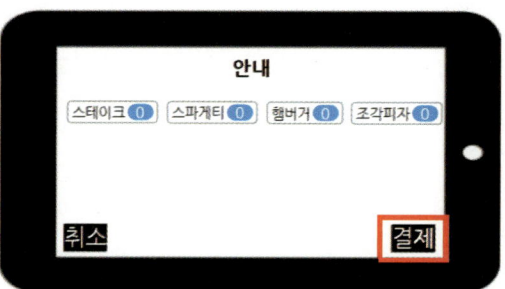

〈주문〉 장면 　　　　　　　　　　〈결제〉 장면

17 〈주문〉 장면으로 돌아가 [완료] 버튼을 누르면 〈결제〉 장면으로 이동하도록 만들어봅시다. [완료] 버튼에 '결제 시작하기' 블록을 추가합니다.

18 〈결제〉 장면에서 '안내' 글상자가 "총 (주문금액)원입니다."라고 쓰도록 만들어봅시다. 이 문장은 아래와 같이 세 부분으로 나눌 수 있습니다. 세 부분을 합칠 수 있도록 '~와 ~를 합치기' 블록 안에 똑같은 블록을 넣어 세 개의 영역을 갖도록 합니다. 그리고 각 영역에 필요한 문자열을 적어넣거나 변수 블록을 넣습니다.

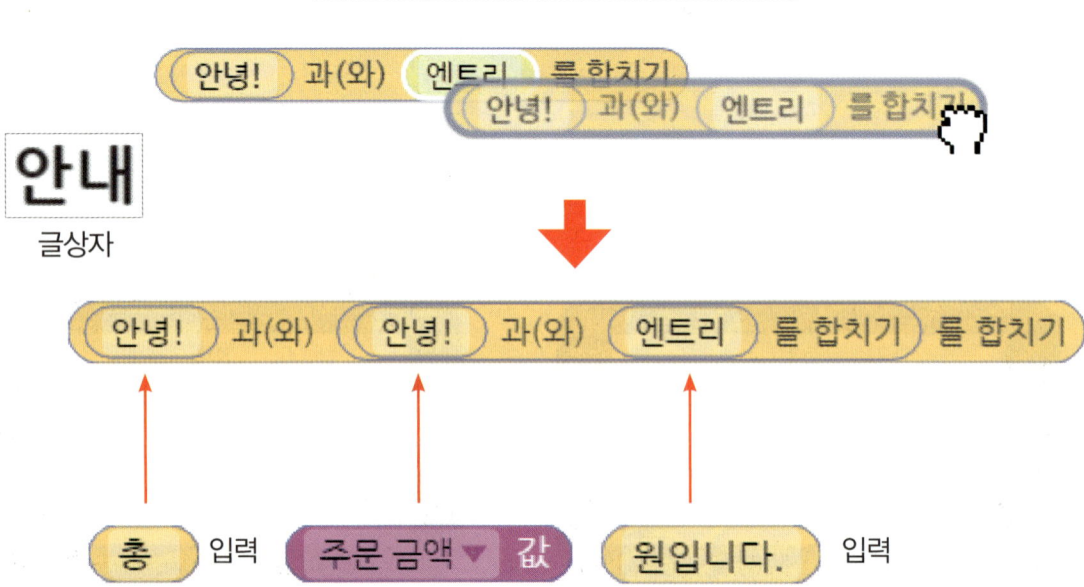

6 레스토랑 자동 주문기계

19 두 번째 장면부터는 '시작하기 버튼을 클릭했을 때' 대신 '장면이 시작되었을 때'를 사용해야 합니다. 첫 번째 문장은 현재 쓰여 있는 '안내' 글자 대신 쓰여 져야 하므로 '~라고 글쓰기' 블록으로, 두 번째 문장은 앞 문장에 이어 써져야 하므로 '~라도 뒤에 이어쓰기' 블록을 사용하여 아래와 같이 코드를 완성합니다. 기존에 있던 코드는 지워줍니다.

20 이번에는 〈결제〉 버튼을 클릭하면 〈완료〉 장면으로 넘어가도록 만들어봅시다. 먼저, '결제' 장면을 복제하여 〈완료〉 장면을 만듭니다. 그 후, 〈결제〉 장면의 '결제' 버튼을 클릭했을 때 〈완료〉 장면으로 넘어가도록 만들어봅시다.

글상자

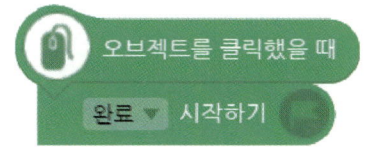

21 〈완료〉 장면에서 [취소] 버튼과 [결제] 버튼 오브젝트는 삭제하고, '엔트리봇 표정' 오브젝트를 추가해 중앙에 배치해봅시다.

〈결제〉 장면

〈완료〉 장면

Chapter 1
엔트리 블록 프로그래밍 기초

22 〈완료〉 장면이 시작되면 모든 변수창이 보이지 않도록 하고, '안내' 글상자가 "결제가 완료되었습니다. 감사합니다!"라고 쓰도록 만들어봅시다. 기존에 있던 코드는 지워줍니다.

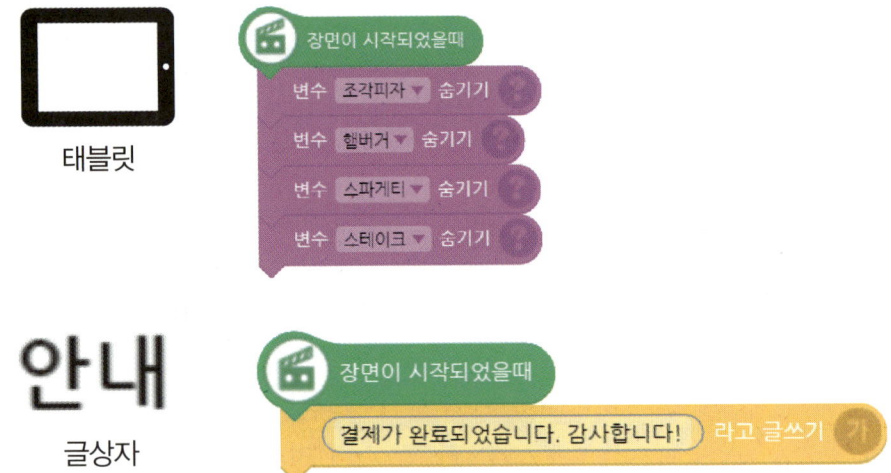

★★★ 스스로 해보기

작품 주소: https://goo.gl/wjh5Vf
강의 주소: https://goo.gl/Tsilsp

'주문'과 '결제' 장면 사이에 '할인' 장면을 추가해봅시다. [20% DC] 버튼을 만들어 클릭하면 할인된 금액을 보여주도록 만들어봅시다. 할인을 적용하지 않고 [다음]을 누르면 '결제' 장면에서 할인되지 않은 총 금액을, 할인을 적용하고 [다음]을 누르면 '결제' 장면에서 할인된 금액을 보여주도록 만들어봅시다.

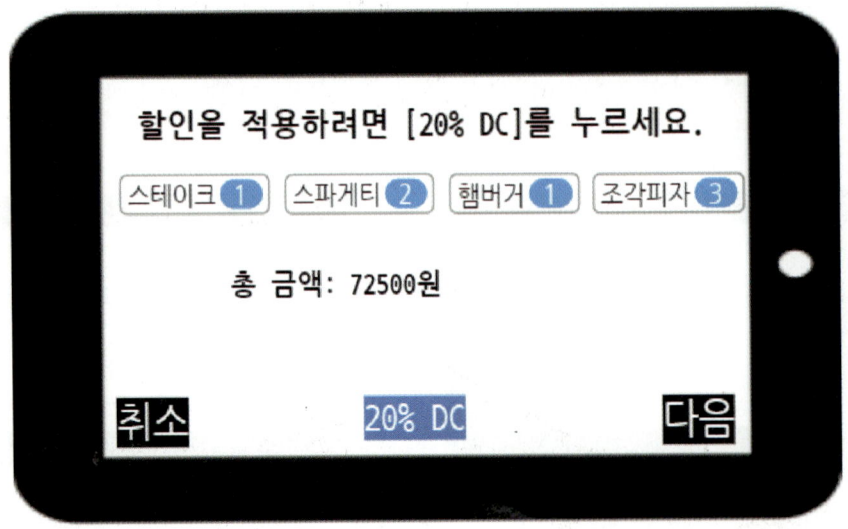

6 레스토랑 자동 주문기계

오브젝트	알고리즘
〈할인〉 장면	
안내 글상자	1. 장면이 시작되면 "할인을 적용하려면 [20% DC]를 누르세요"를 씁니다. 2. [20% DC] 버튼을 누르면 "할인이 적용되었습니다.", "[다음]을 누르세요."를 2초 간격으로 씁니다.
총 금액: 글상자	1. 장면이 시작되면 "총 금액: (주문 금액)원"이라고 씁니다.
20% DC 글상자	1. 클릭하면 '할인 금액' 변수에 원래 금액의 20%를 할인한 값을 계산하여 넣습니다. 2. '할인 적용 금액' 글상자에 '할인' 신호를 보내고 모양을 숨깁니다.
할인 적용 금액: 글상자	1. [20% DC] 버튼을 누르면 '할인' 신호를 받습니다. 2. "총 금액:" 아래에 "할인 적용 금액:" 글상자를 보여줍니다. 3. "할인 적용 금액: (할인 금액)원"이라고 씁니다.
다음 글상자	1. 오브젝트를 클릭하면 '결제' 장면을 시작합니다.
〈결제〉 장면	
안내 글상자	1. 할인을 적용하지 않았으면 할인되지 않은 총 금액을, 할인을 적용하였으면 할인된 금액으로 "총 (금액)원입니다. 결제하시겠습니까?"라고 씁니다.

핵심블록

7 두근두근 제비뽑기

학습목표

제비뽑기를 해 봅시다. 키보드로 입력해 여러 종류의 제비를 만들어 넣고, 무작위로 뽑아냅니다. 제비를 자유롭게 추가할 수도 있고, 잘못된 제비는 수정하거나 삭제할 수도 있습니다. 우리가 입력한 데이터를 프로그램에서 활용하려면 어떻게 해야 할까요? 또 여러 개의 제비를 효율적으로 관리하려면 어떻게 해야 할까요? 어떤 제비가 얼마나 들어있는지 한 눈에 확인하고 무작위로 뽑을 수 있는 두근두근 제비뽑기 프로그램을 만들며 알아봅시다.

작품 주소: https://goo.gl/flWJKw
강의 주소: https://goo.gl/R0Hk1B

무엇을 배울까?

01 키보드로 데이터를 입력받고 처리해봅시다.

02 리스트를 활용하여 많은 데이터를 관리해봅시다.

03 공유 변수와 공유 리스트 기능에 대해 알아봅시다.

7 두근두근 제비뽑기

개념 콕콕

❶ 자료를 입력받고 결과를 출력하기

 인터넷에서 정보를 찾거나 컴퓨터에서 필요한 파일을 찾을 때, 키보드로 단어를 입력하면 컴퓨터는 원하는 자료를 찾아 결과를 보여줍니다. 프로그램에서는 이렇게 외부에서 데이터를 입력받고, 그것을 처리합니다. 우리는 컴퓨터가 어떻게 자료를 찾는지 그 처리 과정은 볼 수 없지만, 컴퓨터는 처리된 결과를 사람이 알 수 있는 모습으로 출력하여 보여줍니다.

 엔트리에서도 키보드로 프로그램에 필요한 데이터를 입력받고, 이것을 처리하여 결과를 출력할 수 있습니다. [자료]의 '안녕!을(를) 묻고 대답 기다리기' 블록이 바로 데이터를 입력받는 코드입니다. 이 코드를 블록조립소로 가져오면 자동으로 실행화면에 '대답창'이 생성되고, 이를 실행시키면 데이터를 입력받을 수 있는 '입력창'이 생성됩니다.

 입력창을 통해 입력받은 내용은 `대답` 블록에 저장됩니다. `대답` 블록은 변수가 가지고 있는 속성과 같이 한 번에 한 가지 값만 저장할 수 있습니다. 따라서 여러 번 데이터를 입력받을 때에는 반드시 변수를 만들어 그 안에 입력받은 값을 저장하는 것이 좋습니다.

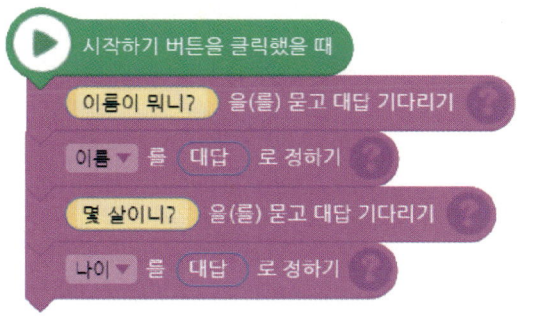

 입력받은 데이터를 처리하여 결과를 출력해봅시다. "내 이름은 엔트리봇", "나이는 10"을 차례로 말하도록 할 수 있습니다.

Chapter1
엔트리 블록 프로그래밍 기초

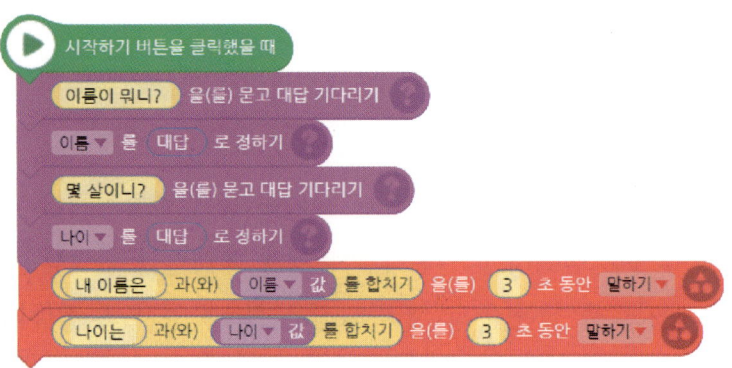

2 많은 자료를 목록으로 관리하기

출석부를 떠올려봅시다. 우리 반 학생 30명의 이름이 1번부터 30번까지 번호를 달고 차례로 정리되어있습니다. 이처럼 학생들의 이름을 목록으로 만들고 번호를 붙이면 어떤 점이 편리할까요? 선생님께서는 학생들의 이름을 일일이 부르지 않아도, '1번부터 5번까지는 교실청소를 하세요!'와 같이 학생을 쉽게 부르거나 그룹 지을 수 있습니다. 또한 '어제 당번이 몇 번이었지? 그럼 오늘은 23번이 당번이네!'처럼 '이전'과 '다음'의 개념이 생겨 쉽게 학생들을 관리할 수 있습니다.

데이터를 저장하기 위해 '변수'라는 공간을 만들어 사용했습니다. 그러나 학생 100명의 이름을 저장하기 위해 100개의 변수를 만든다면 어떨까요? 변수를 만드는 과정도 어렵지만, 나중에 필요한 데이터가 어떤 변수에 저장되어 있는지 찾는 과정도 어려울 것입니다. 이렇게 많은 데이터를 다룰 때는 비슷한 성격의 데이터들을 묶어 목록으로 관리하는 것이 편리합니다. 이렇게 많은 데이터를 목록으로 만들어 저장하는 공간을 리스트, 그 안에 들어있는 데이터를 리스트 항목 값이라고 합니다.

[속성] 탭에서 리스트를 만들 수 있습니다. 리스트를 만들면 실행화면에 리스트창이 나타납니다. 리스트창은 원하는 위치와 크기로 자유롭게 조정할 수 있습니다.

7 두근두근 제비뽑기

생성된 리스트에서 ✏를 누르면 리스트의 항목 수를 직접 입력하거나 − / + 버튼으로 조정할 수 있습니다. 추가된 항목에 직접 리스트 항목 값들을 입력해봅시다. 다음 항목을 입력할 때 Tab 키를 누르면 편리합니다. 추가한 항목을 삭제하려면 ✕를 누릅니다.

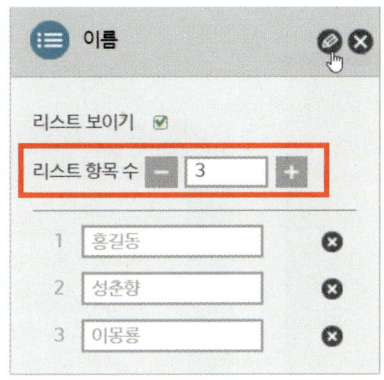

코드를 통해 리스트에 항목을 추가하거나 삽입할 수 있습니다. 항목을 추가하는 경우에는 리스트의 맨 마지막 항목으로 추가되며, 삽입하는 경우에는 해당 위치 이후의 항목들을 하나씩 밀어내고 중간에 삽입됩니다.

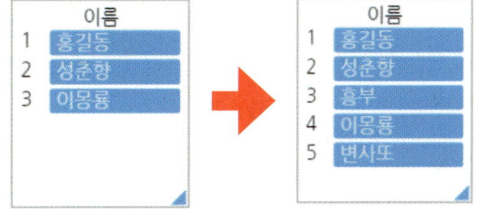

코드를 통해 리스트의 항목을 삭제하거나 수정할 수도 있습니다. 엔트리에서는 리스트의 중간 항목이 비면 뒤에 있는 항목들이 하나씩 내려와 빈 곳을 채우도록 되어있습니다.

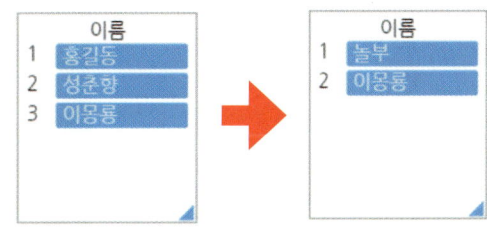

'리스트의 ~번째 항목' 블록을 사용하면 리스트의 항목 값을 사용할 수 있습니다.

Chapter 1
엔트리 블록 프로그래밍 기초

따라하며 배우기

01 필요한 오브젝트들을 추가하고, 실행화면에 적절한 크기와 위치로 배치해봅시다. '뽑기', '추가', '수정', '삭제'는 글상자 오브젝트로 추가합니다.

오브젝트 목록	
1	책 배경
2	투표용지
3	글상자(추가)
4	글상자(수정)
5	글상자(삭제)
6	글상자(뽑기)

02 [속성] 탭에서 제비뽑기 항목들을 담아둘 '제비뽑기' 리스트를 만들어봅시다. 프로그램이 정지되어도 이미 뽑힌 제비들이 다시 뽑히지 않도록 '공유 리스트로 사용'을 선택합니다. 화면에 생성된 리스트창의 크기를 조절하여 배치합니다.

TIP

[블록] 탭 [자료]의 리스트 만들기 버튼을 통해서도 리스트를 추가할 수 있습니다.

7 두근두근 제비뽑기

- **공유 변수와 공유 리스트 알아보기**

  엔트리에서는 프로그램을 정지시키면 모든 변수와 리스트 값이 [속성] 탭에서 정해준 초깃값으로 되돌아갑니다.

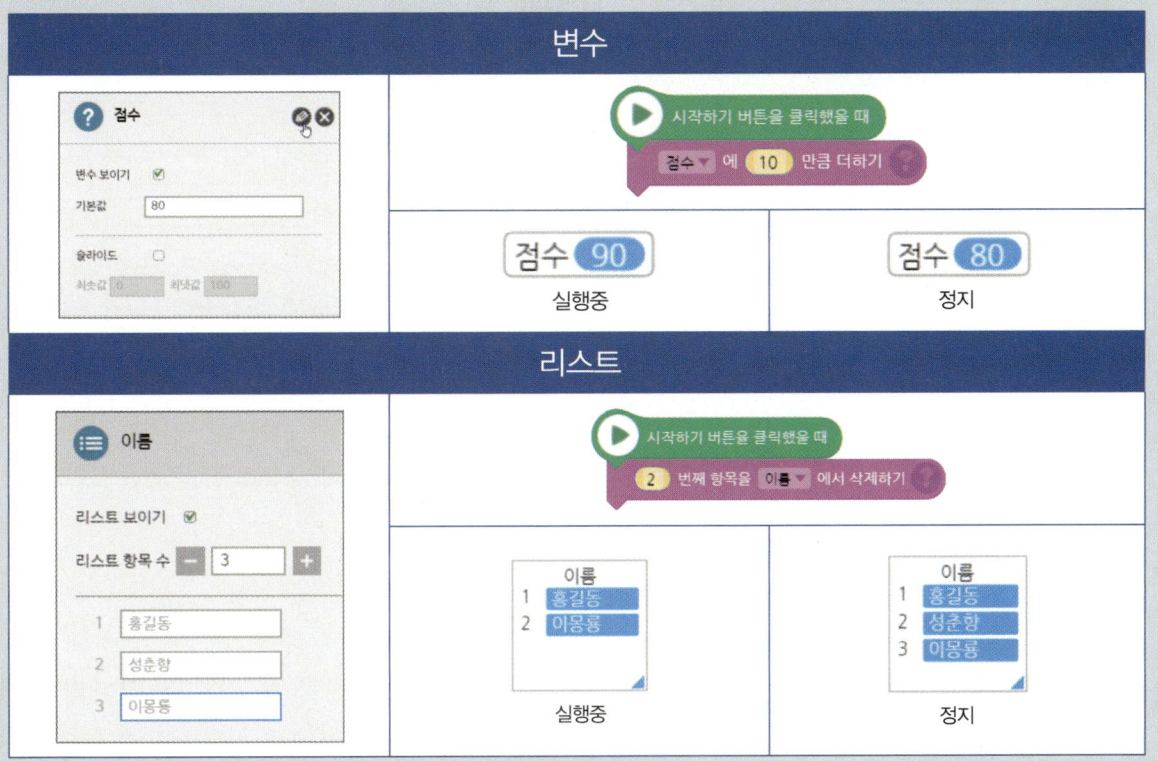

프로그램 종료시 초깃값으로 되돌아가는 것이 편리할 때도 있지만, 프로그램 정지 시 저장된 값을 계속 저장해 두고 나중에 다시 사용해야 하는 경우도 있습니다. 이럴 때에는 변수 또는 리스트를 만들 때 '공유 변수/리스트로 사용'에 체크하면 됩니다. 공유 변수/리스트는 일반 변수/리스트와는 다르게 아이콘에 구름 모양이 떠 있습니다. 공유 기능을 사용할 것인지는 반드시 생성할 때에 결정해야 하며, 추후에 변경할 수 없습니다.

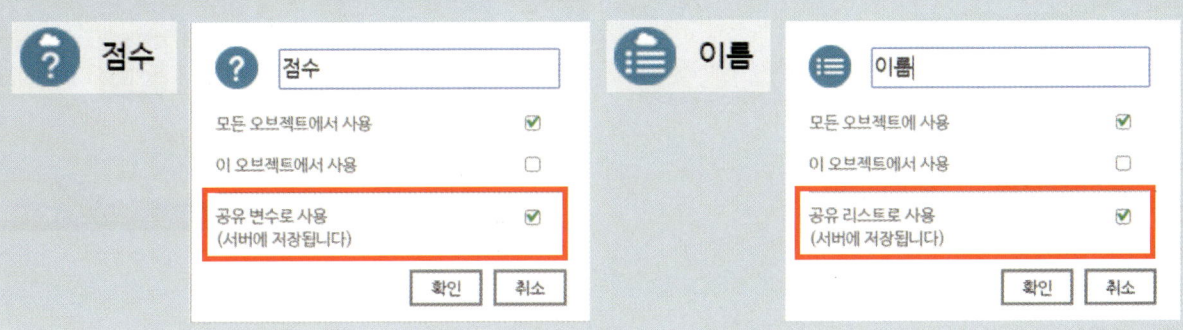

Chapter1
엔트리 블록 프로그래밍 기초

03 🖉버튼을 눌러 리스트에 항목을 입력해봅시다. 리스트 항목 수에 직접 숫자를 입력하거나, ➕버튼을 눌러 항목 수를 늘립니다. 제비뽑기에 들어갈 항목들을 입력합니다.

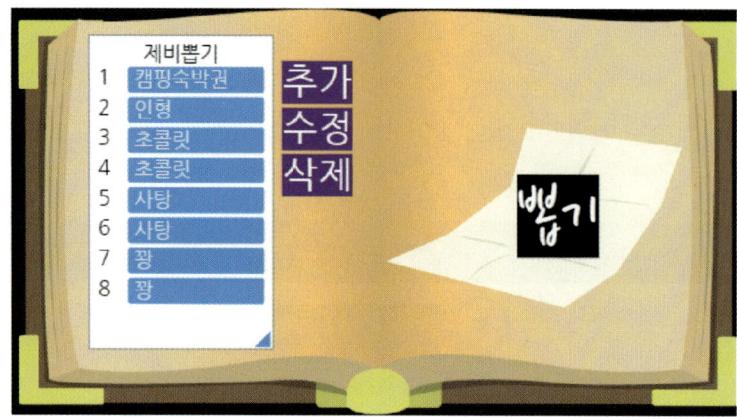
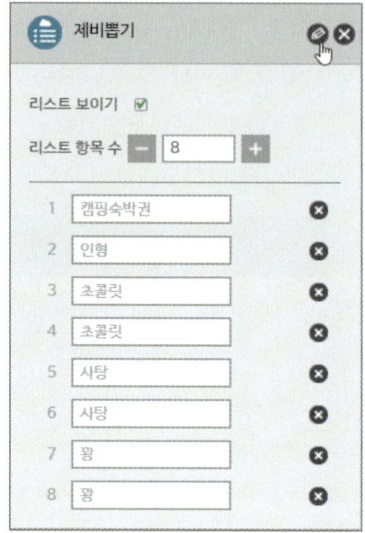

> **TIP**
>
> 다음 항목을 입력할 때 'Tab' 키를, 이전 항목으로 돌아갈 때 'Shift + Tab' 키를 누르면 더 빠르게 입력할 수 있어요!

04 [추가] 버튼을 누르면 추가할 항목을 입력받도록 해봅시다. '~를 묻고 대답 기다리기' 블록을 사용하면 실행화면에 '대답창'이 생성됩니다. 코드를 실행시키면 "추가할 항목을 입력하세요."라고 묻고 키보드로 대답을 입력할 수 있는 창이 생성됩니다. 여기에 입력한 값은 '대답' 블록에 저장되며, 변수처럼 사용할 수 있습니다.

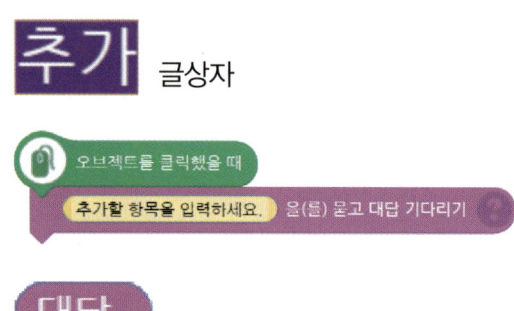
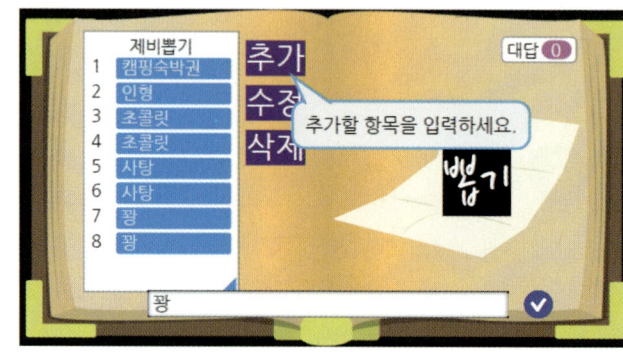

7 두근두근 제비뽑기

05 입력받은 값을 '제비뽑기' 리스트에 추가하도록 만들고, [시작하기]를 눌러 원하는 항목들을 추가해봅시다. 입력한 값은 리스트의 가장 마지막 항목으로 추가됩니다.

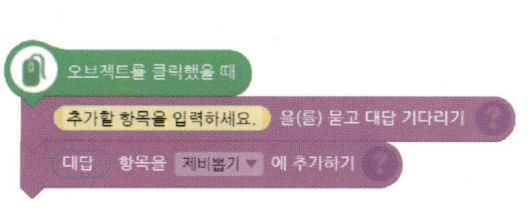
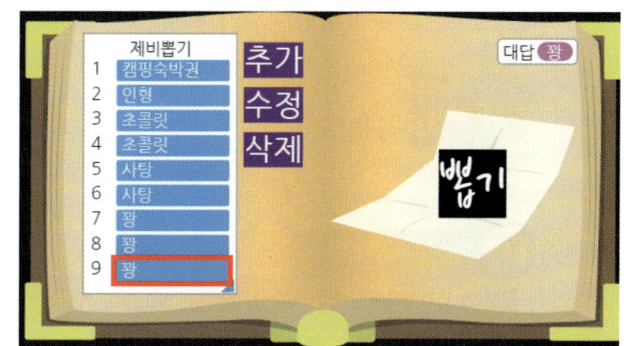

06 이번에는 리스트의 값을 수정해봅시다. 리스트의 값을 수정하려면, 몇 번째 항목을 무엇으로 바꿀 것인지 두 가지를 입력받아야 합니다. '대답'에는 한 번에 한 가지 값만 저장되기 때문에, 첫 번째로 입력받은 값은 변수를 만들어 저장해두어야 합니다. [속성] 탭에서 '수정번호'라는 변수를 만들고, 수정하고 싶은 항목의 번호를 입력받아 여기에 저장해봅시다.

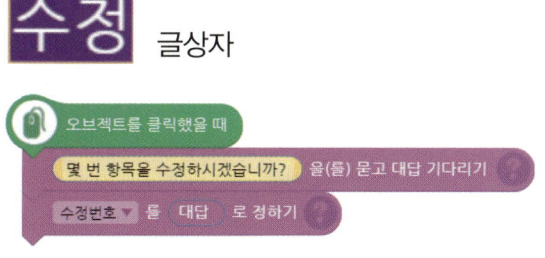
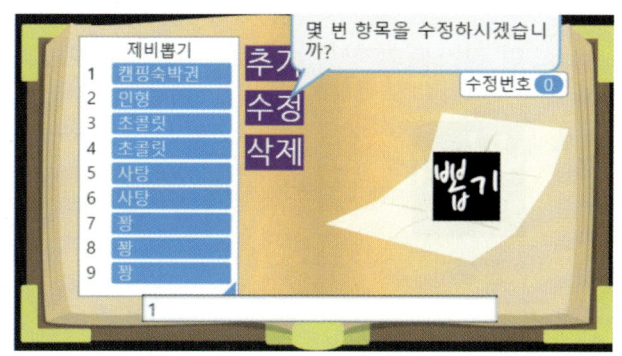

07 두 번째로 무엇으로 수정할 것인지 묻고, '제비뽑기의 ~번째 항목을 ~로 바꾸기' 블록을 가져와봅시다. '~번째 항목' 영역에는 아까 입력받은 값이 저장된 '수정번호' 변수값을, '~로 바꾸기' 영역에는 이번에 입력받은 '대답' 값을 넣어줍니다. [시작하기]를 누르고 '캠핑숙박권'을 '제주도여행권'으로 바꾸어봅시다.

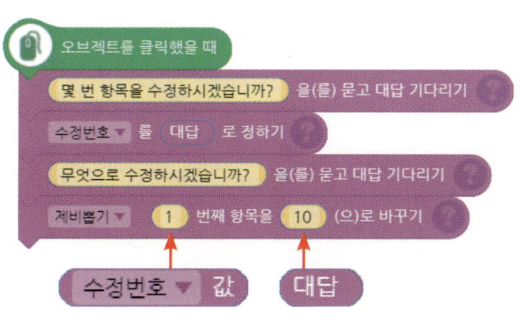
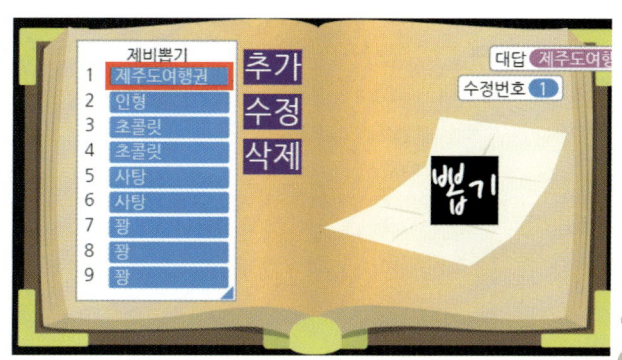

Chapter 1
엔트리 블록 프로그래밍 기초

08 항목을 삭제하는 기능을 만들어봅시다. "몇 번째 항목을 삭제하시겠습니까?"를 묻고 입력받은 번호의 항목값을 삭제하도록 합니다. [시작하기]를 눌러 2번의 '인형'을 삭제해봅시다. 중간 항목이 삭제되면 그 이후의 항목들이 하나씩 내려와 빈 목록을 채우게 됩니다.

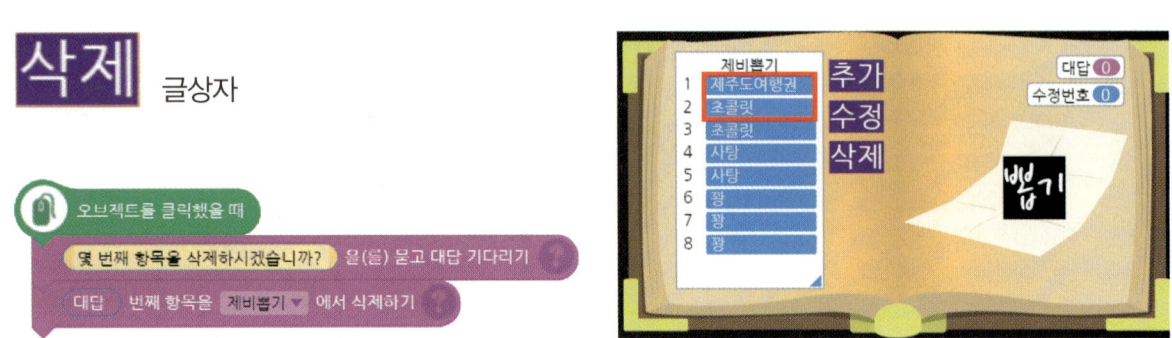

09 이제 [뽑기] 버튼을 눌러 제비를 뽑아봅시다. 리스트의 항목을 뽑기 위해서는 '무작위 수'를 사용해야 합니다. [속성] 탭에서 '추첨번호' 변수를 만들고, [뽑기] 버튼을 누르면 리스트의 번호에 해당하는 숫자를 무작위로 뽑도록 만들어봅시다. '제비뽑기 항목 수' 블록을 사용하면 리스트의 항목 수가 계속 바뀌어도 그에 맞게 적절한 수를 뽑아낼 수 있습니다.

10 이렇게 뽑힌 번호의 항목을 글상자에 적어주고, 중복해서 뽑히지 않도록 '제비뽑기' 리스트에서 삭제해봅시다.

11 [시작하기]를 누르고 제비를 뽑아봅시다. '뽑기' 글상자에 제비가 하나씩 뽑혀 나옵니다. 그런데, 제비를 모두 뽑으면 프로그램이 에러가 나며 실행이 멈춥니다. 더 이상 뽑을 항목이 없는데, 항목을 뽑아오려고 했기 때문입니다.

12 이렇게 에러가 나는 상황을 막기 위해서 제비뽑기의 항목 수가 0보다 큰 경우에만 뽑는 코드를 실행하고, 그렇지 않은 경우 "제비가 없습니다."라는 문구를 1초간 보여준 후 다시 "뽑기"라고 쓰여지도록 해 봅시다. [시작하기]를 눌러 완성된 프로그램을 사용해봅시다.

TIP
모든 제비를 다 뽑고 나면, 리스트에는 아무 것도 남지 않습니다.

Chapter 1
엔트리 블록 프로그래밍 기초

★★★ 스스로 해보기

작품 주소: http://goo.gl/0ovb13
강의 주소: https://goo.gl/FOAgST

제비뽑기 프로그램에서 기능을 추가해봅시다. [추가]를 누르면 한 항목씩 추가되는 대신 '종료'를 입력할 때까지 계속 추가할 항목을 입력받도록 만들어봅시다. 또, 모든 항목을 삭제하는 기능도 만들어봅시다.

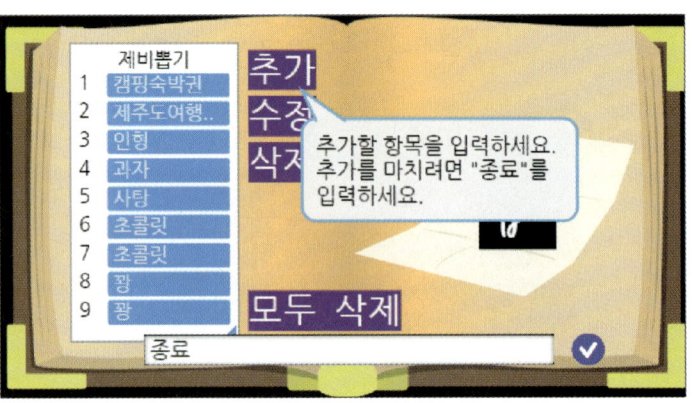

오브젝트	알고리즘
추가 글상자	1. 버튼을 클릭하면, "추가할 항목을 입력하세요. 추가를 마치려면 "종료"를 입력하세요."라고 안내합니다. 2. 계속해서 입력을 받으며 입력한 항목을 '제비뽑기' 리스트에 추가합니다. 3. '종료'를 입력하면 입력을 종료합니다.
모두 삭제 글상자	1. 버튼을 클릭하면 모든 항목을 삭제합니다. 2. 리스트의 1번 항목을 전체 항목 수만큼 삭제하면 모든 항목이 삭제됩니다.

핵심블록

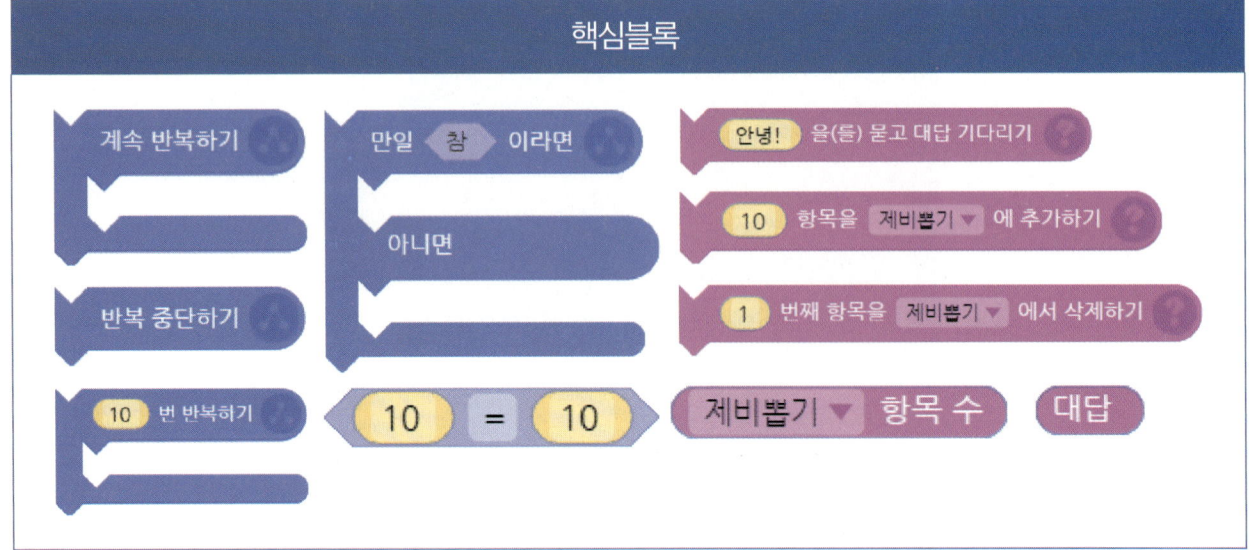

교통 신호 시스템 8

학습목표
파란불이 켜졌습니다. 빨간 자동차는 키보드 1번 키를 누르면 출발하고, 하얀 자동차는 키보드 2번 키를 누르면 출발합니다. 오른쪽 끝으로 사라진 자동차는 다시 왼쪽에서 나타나 끊임없이 움직입니다. 빨간불이 켜지자 두 자동차가 정지합니다. 빨간불일 때, 앞으로 가려고 하면 "빨간불이야!"라고 말합니다. 빨간 자동차의 속도가 조금 더 빠르지만 두 자동차가 비슷하게 움직이네요! 이렇게 비슷한 명령을 좀 더 쉽게 하는 방법은 없을까요? 교통 신호 시스템을 만들며 알아봅시다.

작품 주소: https://goo.gl/PeB9ZQ
강의 주소: https://goo.gl/loW4GS

무엇을 배울까?

01 자주 쓰는 명령을 함수로 묶어봅시다.

02 함수에 필요한 수를 전달하는 매개변수에 대해 알아봅시다.

03 함수에 필요한 조건을 전달하는 매개변수에 대해 알아봅시다.

Chapter 1
엔트리 블록 프로그래밍 기초

개념 콕콕

1 함수

라면을 처음 끓여보는 친구에게는 라면을 끓이는 방법을 자세히 설명해 주어야 합니다.

> "냄비에 물을 반 넣고, 가스불을 세게 켜고,
> 물이 끓으면 면과 스프를 넣고, 5분 뒤에 불을 꺼."

그러나 라면 끓이는 방법을 아는 친구에게는 한 마디만 하면 됩니다.

> "라면 끓여와!"

이렇게 긴 명령을 줄여 한마디로 표현할 수 있는데, 컴퓨터에서는 이것을 **함수**라고 합니다.

그런데 라면을 끓일 때 항상 상황이 똑같은 것은 아닙니다. 어떤 사람은 좀 더 꼬들꼬들한 라면을, 어떤 사람은 푹 퍼진 라면을 좋아합니다. 그런 경우를 고려하여 '5분' 부분을 변수로 만들어 비워둘 수 있습니다.

> "물을 냄비에 반 넣고, 가스불을 세게 켜고,
> 물이 끓으면 면과 스프를 넣고, (x)분 뒤에 불을 꺼."

그리고, 그때 그때 필요한 값을 입력받아 그에 맞게 명령을 실행할 수 있습니다.

> "라면 끓여와! (5분)" : 꼬들꼬들한 라면을 원할 때
> "라면 끓여와! (8분)" : 푹 퍼진 라면을 원할 때

이렇게 함수 내부에서 상황에 따라 변해야 하는 부분은 변수로 만들 수 있는데, 이를 **매개변수**라고 합니다.

엔트리에서는 자주 쓰는 명령을 묶어 함수로 만들 수 있습니다. 아래 코드는 오른쪽 위 대각선 방향으로 0.5초 동안 이동했다가 다시 오른쪽 아래 대각선 방향으로 0.5초 이동해서 점프를 하는 것처럼 만든 코드입니다.

`[0.5] 초 동안 x: [50] y: [100] 만큼 움직이기`
`[0.5] 초 동안 x: [50] y: [-100] 만큼 움직이기`

8 교통 신호 시스템

이 코드를 함수로 만들어봅시다. [속성] 탭에서 함수를 추가하면 블록조립소 영역이 어두워지며 함수 코드를 만드는 영역이 됩니다. 이 영역에 함수로 만들 코드를 만들고 `함수` 블록 안에 함수의 이름을 입력한 후, [확인]을 누르면 함수가 완성됩니다. 함수는 오브젝트와 상관없이 만들고 쓸 수 있습니다.

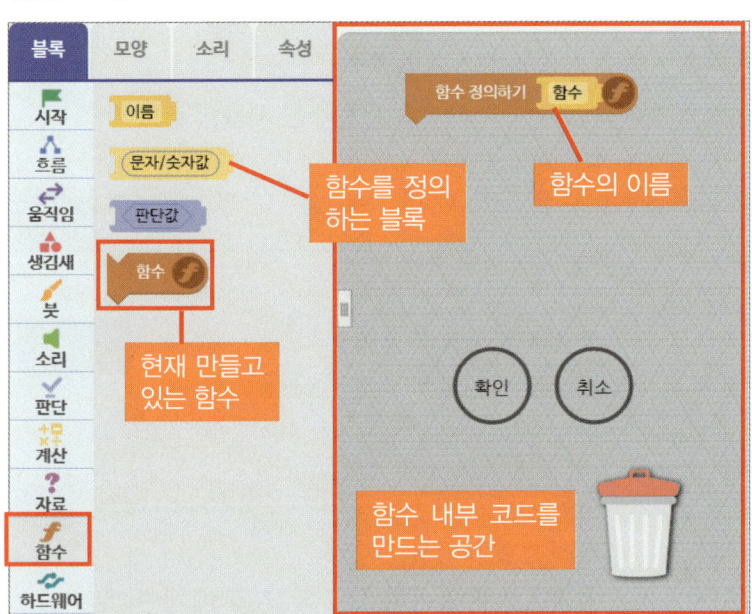

TIP

[블록]의 [함수]에서도 '함수 만들기' 버튼을 통해 함수를 만들 수 있습니다.

• 함수를 만드는 블록들

자주 쓰이는 코드를 `함수 정의하기 함수` 이 블록 아래에 조립하여 함수를 만듭니다. '함수 정의하기' 블록 내부의 `함수` 블록을 통해 함수의 이름을 정할 수 있습니다. 또, 함수를 실행하는데 입력값이 필요한 경우 '함수 정의하기' 블록 내부에 `문자/숫자값` , `판단값` 을 추가로 조립하여 매개변수로 사용합니다. 함수를 정의하는 블록들은 필요한 만큼 여러 개 조립하여 사용할 수 있습니다.

블록	설명
`이름`	'이름' 부분을 원하는 값으로 바꾸어 함수의 이름을 정해줍니다.
`문자/숫자값`	함수를 실행하는데 문자/숫자 값이 필요한 경우 사용합니다. 이 블록 내부의 `문자/숫자값` 을 분리하여 함수를 구성하는 코드 중 필요한 부분에 넣어 사용합니다.
`판단값`	함수를 실행하는 데 참 또는 거짓의 판단이 필요한 경우 사용합니다. 이 블록 내부의 `판단값` 을 분리하여 함수를 구성하는 코드 중 필요한 부분에 넣어 사용합니다.

만든 함수를 사용하면 왼쪽 코드를 오른쪽과 같이 바꿀 수 있습니다. 이렇게 함수를 사용하면 긴 명령어를 짧게 줄여 효율적으로 코드를 만들 수 있을 뿐만 아니라, 이 코드가 무엇을 의미하는지 더 명료하게 표현할 수 있어 코드의 가독성이 높아집니다.

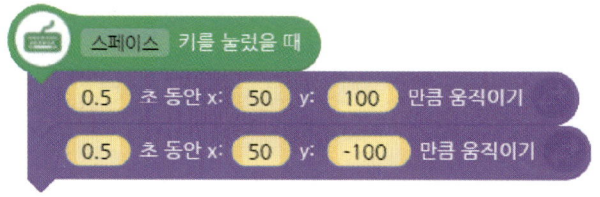

일반 코드

함수를 사용한 코드

똑같은 함수를 사용하여 점프하는 높이를 다르게 할 수 있도록 매개변수를 사용해봅시다. [속성]에서 ✎를 누르거나, 만든 함수 블록을 더블클릭하면 함수를 수정할 수 있습니다.

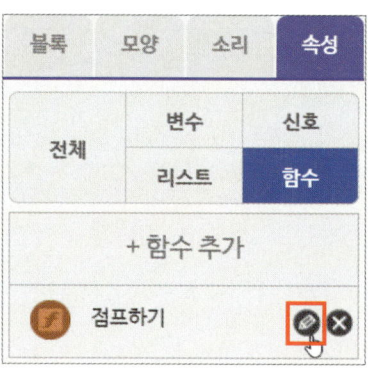

점프하는 높이에 해당하는 부분은 'y: 100', 'y: -100' 부분입니다. 이 부분을 매개변수로 설정해 봅시다. [함수]에서 문자/숫자값 블록을 하나 가져와 함수를 정의하는 부분에 끼워 넣고, 끼워 넣은 블록 내부에서 문자/숫자값 블록을 두 번 꺼내 아래와 같이 코드를 만들어줍니다. 올라갈 때에는 문자/숫자값 만큼, 내려올 때에는 올라간 높이에 '-1'을 곱해 반대 방향이 되도록 -1 x 문자/숫자값 만큼 움직이도록 합니다.

이렇게 함수 블록을 만들면 함수에 입력할 수 있는 영역이 생깁니다. 이 영역에 입력한 숫자에 따라 점프하는 높이가 달라지는 것을 확인해봅시다.

따라하며 배우기

01 필요한 오브젝트들을 추가하고, 실행화면에 적절한 크기와 위치로 배치해봅시다.

오브젝트 목록	
1	도시(2)
2	신호등(2)
3	빨간 자동차
4	흰 자동차

02 '빨간 자동차' 오브젝트가 계속 오른쪽으로 가도록 코드를 만들어봅시다.

03 '빨간 자동차'가 오른쪽 화면 밖으로 사라지면 왼쪽 화면으로 돌아와 계속해서 움직이도록 만들어봅시다. 엔트리 화면은 가로 방향 x좌표가 −240~240으로 이루어져 있습니다. 이는 자동차의 중심점을 기준으로 하기 때문에 자동차가 x: 270정도 되는 위치로 가야 완전히 화면을 벗어나게 됩니다. 따라서 자동차가 오른쪽으로 이동하다가 x좌표가 270을 넘어서게 되면 왼쪽 화면 끝인 −270으로 이동하는 코드를 만들어줍니다.

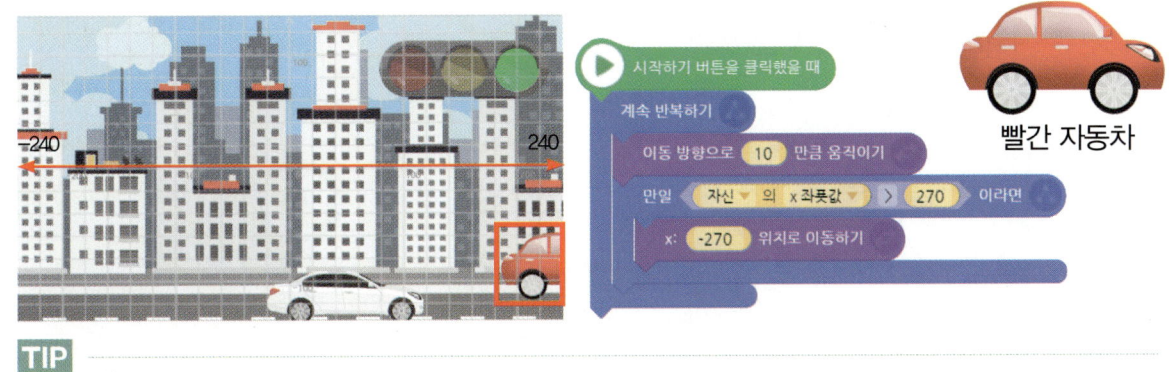

TIP
이 코드가 어떤 오브젝트에서도 동일하게 사용될 수 있도록 선택 목록에서 빨간 자동차 대신 자신 을 사용하도록 합니다.

Chapter1
엔트리 블록 프로그래밍 기초

04 다른 자동차들을 여러 개 추가하여 빨간 자동차처럼 똑같이 움직이게 하려면 지금 만든 코드를 함수로 만들어 두는 것이 좋습니다. '이동 방향으로 10만큼 움직이기' 블록 위에서 마우스 오른쪽 버튼을 눌러 코드를 복사하고, [속성] 탭에서 함수 추가 모드로 들어갑니다.

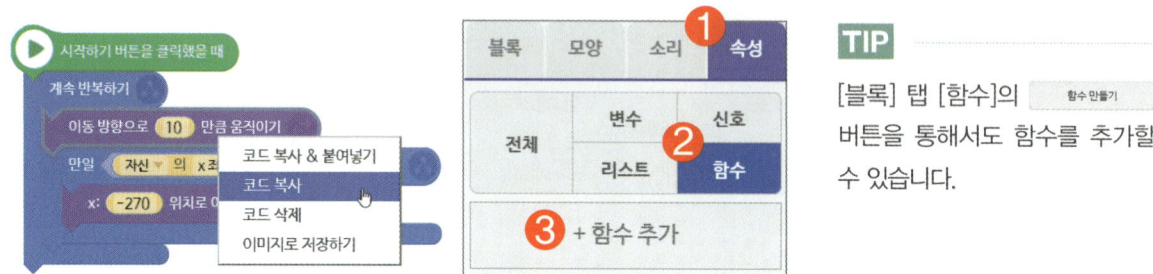

TIP [블록] 탭 [함수]의 함수 만들기 버튼을 통해서도 함수를 추가할 수 있습니다.

05 함수 추가 모드에서 마우스 오른쪽 버튼을 눌러 복사한 코드를 붙여 넣고 '함수 정의하기' 블록 아래에 조립합니다. 그리고 '함수' 부분에 함수 이름이 될 '자동차이동'을 입력합니다. [확인]을 눌러봅시다.

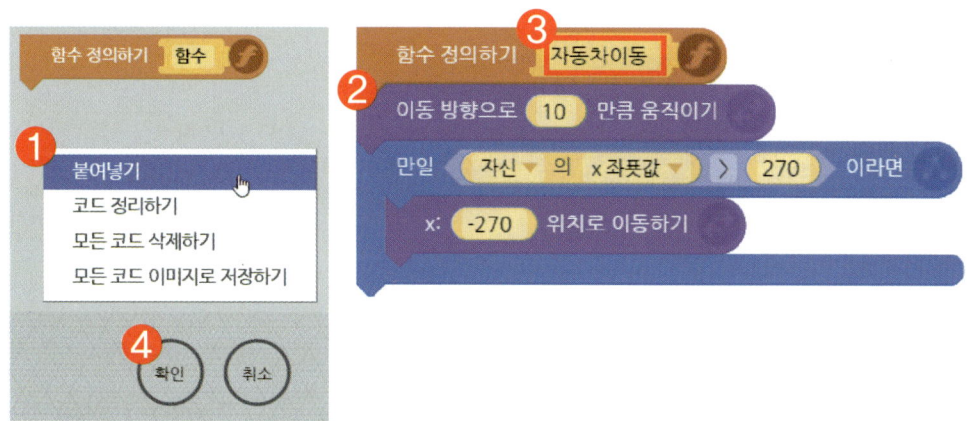

06 [함수]에 '자동차이동' 블록이 생겼습니다. 이제 왼쪽과 같은 코드를 오른쪽과 같이 고쳐 쓸 수 있습니다.

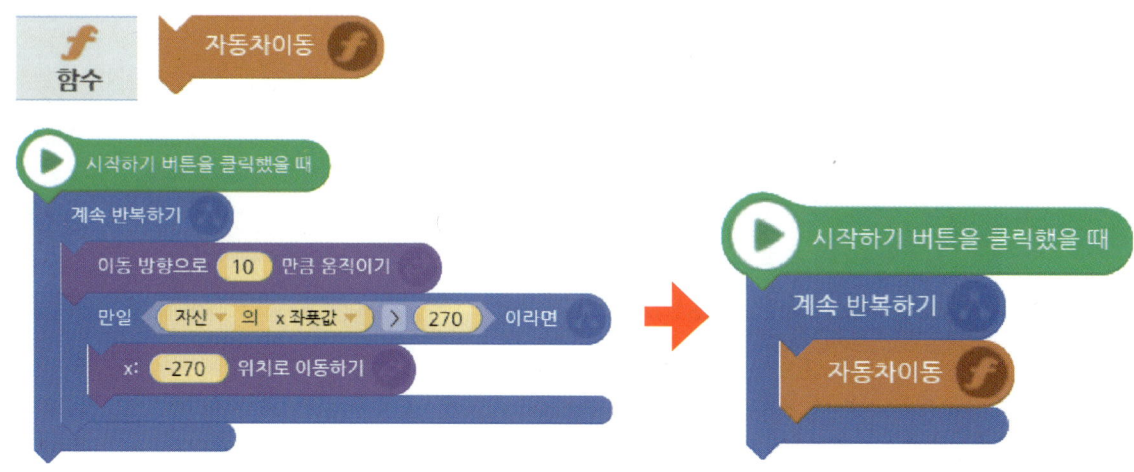

07 만든 함수 블록으로 빨간 자동차와 흰 자동차를 똑같이 움직여봅시다.

08 두 자동차의 속도를 다르게 만들어 봅시다. [속성] 탭의 [함수]에서 ✏를 누르거나, [블록] 탭의 [함수]에서 만든 함수 블록을 더블클릭하여 함수 수정모드로 들어갑니다. 문자/숫자값 블록을 함수 이름 '자동차이동' 블록 오른쪽에 끼워 넣습니다.

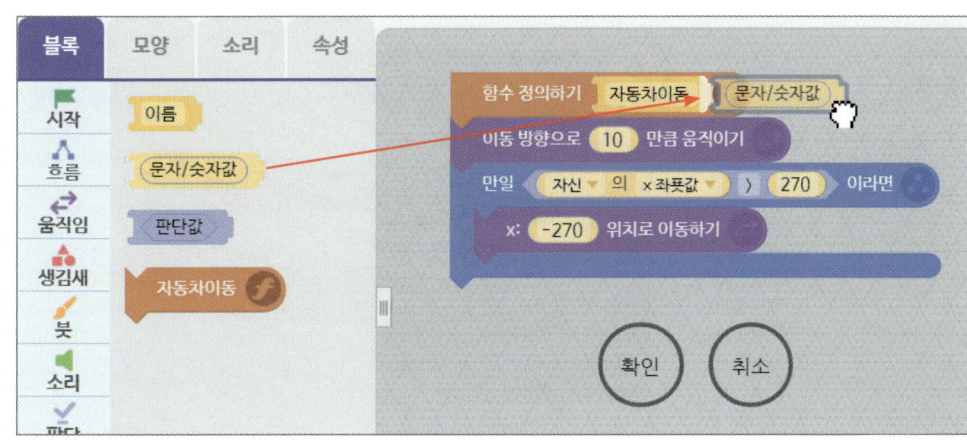

TIP
함수 정의 블록을 사용할 때에는 블록의 왼쪽 끝을 넣으려는 곳으로 가져가 색이 변했을 때 놓아줍니다.

09 '이동 방향으로 10만큼 움직이기' 블록의 '10' 부분이 자동차의 속도를 결정하는 부분입니다. 조립한 블록에서 문자/숫자값 을 꺼내 '10' 부분에 넣어줍니다. 함수의 이름도 어떤 매개변수를 가지고 있는지 보여주도록 '자동차이동_속도'로 변경합니다. [함수]의 블록이 '자동차이동_속도 (10)'이라는 블록으로 바뀝니다.

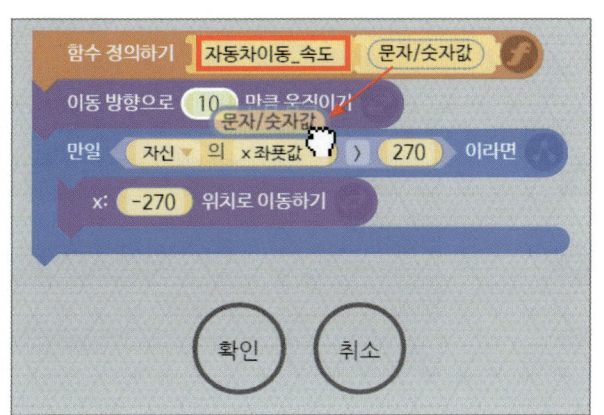

Chapter1
엔트리 블록 프로그래밍 기초

10 빨간 자동차는 7의 속도로, 흰 자동차를 5의 속도로 움직이도록 코드를 바꾸고 [시작하기]를 눌러 결과를 확인해봅시다.

11 이번에는 신호등이 파란불일 때만 자동차들이 움직이도록 만들어봅시다. 먼저, 신호등이 2초 간격으로 파란불 - 빨간불을 번갈아 보여주도록 코드를 만듭니다. 이 때, 파란불은 모양 번호 1번, 빨간 불은 모양 번호 3번임을 기억합니다.

12 '자동차이동_속도' 함수의 매개변수 값이 0이 되면 자동차가 움직이지 않습니다. 신호등의 모양이 파란불 즉, 모양 번호 1번일 때만 자동차가 움직이도록 아래와 같이 간단하게 코드를 만들 수 있습니다. [시작하기]를 눌러 결과를 확인합니다.

13 신호등의 상태에 따라 앞으로 가거나 멈추는 코드를 또 다른 함수로 만들어봅시다. 먼저 '만일 ~라면' 블록 위에서 마우스 오른쪽 버튼을 눌러 코드를 복사합니다. 그리고 새로운 함수 만들기 모드로 들어갑니다.

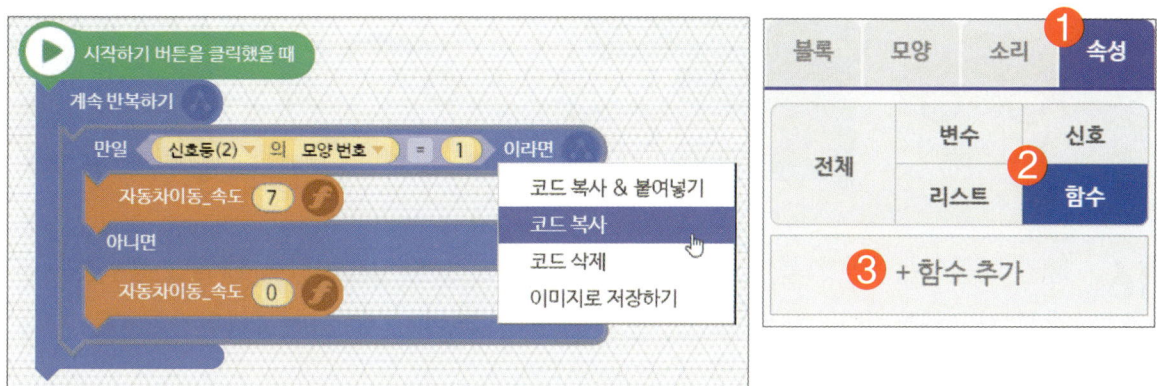

14 신호등 상태에 따라 움직이는 함수이므로 이름을 '자동차이동_신호등'이라고 정합니다. 복사한 코드를 붙여 넣습니다. 그리고 자동차의 속도를 조절할 수 있도록 하기 위해, 문자/숫자값 블록을 사용하여 매개변수를 자동차이동_속도 7 의 7 부분에 넣어줍니다. 이제 [함수]에는 두 개의 함수가 생겼습니다.

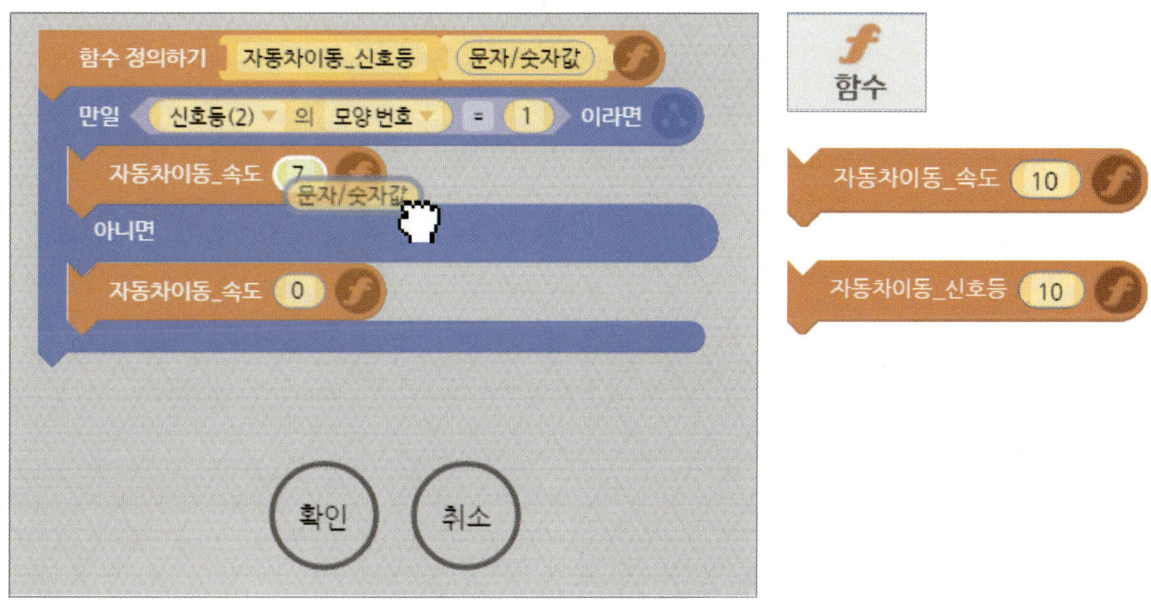

TIP

'자동차이동_신호등' 함수 안에는 '자동차이동_속도' 함수가 쓰이고 있습니다. 이렇게 함수를 만들 때, 함수 안에 또 다른 함수를 넣을 수 있습니다.

15 아까 만들었던 코드(12번)를 새로운 함수를 활용해 더 간단히 줄여봅시다. 빨간 자동차는 신호등이 파란불일 때 7의 속도로 이동하고, 흰 자동차는 신호등이 파란불일 때 5의 속도로 이동하는 코드가 아주 간단하게 표현되었습니다.

16 빨간 자동차는 1번 키를 눌렀을 때, 흰 자동차는 2번 키를 눌렀을 때에만 움직이도록 매개변수를 사용해봅시다. '자동차이동_신호등' 함수 수정모드로 들어갑니다. 판단값 블록을 함수 정의 부분에 끼워 넣습니다.

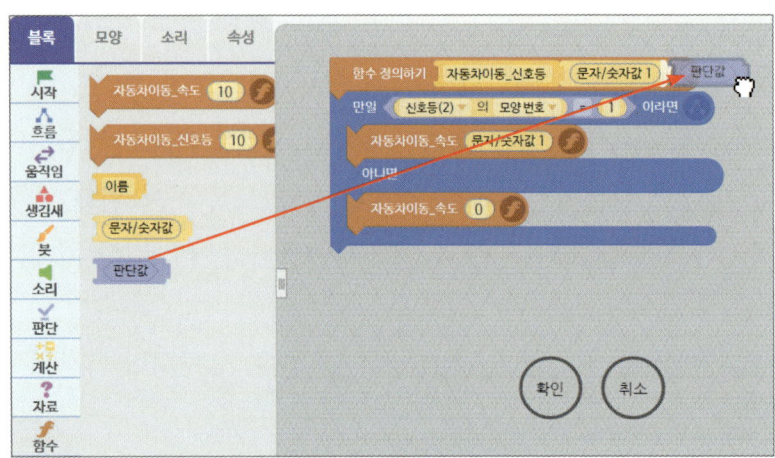

17 자동차를 움직이는 코드는 키보드 키를 눌렀을 때 실행되어야 합니다. 따라서 함수의 전체 코드를 '만약 〈참〉이라면' 블록으로 감쌉니다. 그리고 〈참〉 부분에 판단값 블록을 끼워 넣습니다. 함수에 새로운 매개변수가 추가되어 [판단]의 블록들을 끼워넣을 수 있게 되었습니다.

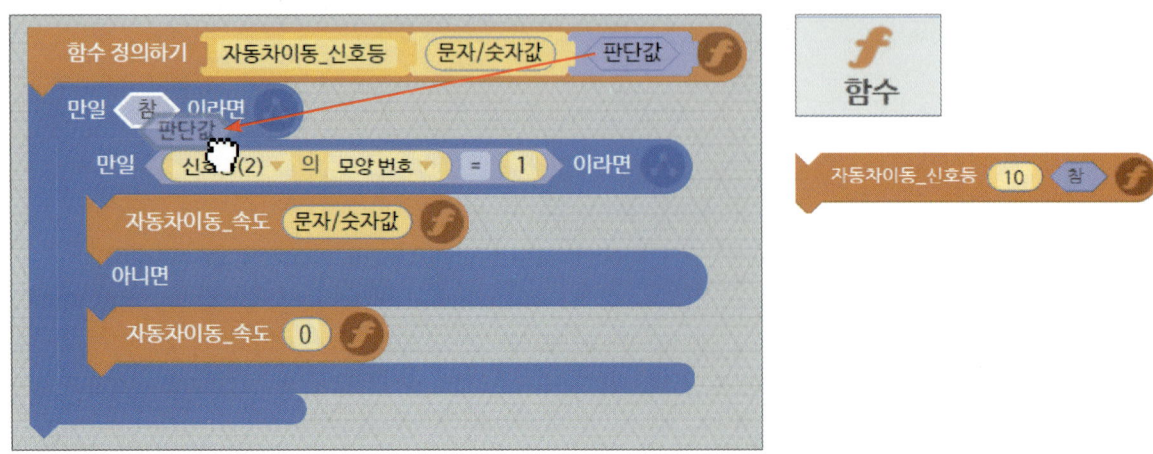

8 교통 신호 시스템

18 키보드 키를 눌렀을 때, 신호등이 파란불이라면 앞으로 가지만, 빨간불이라면 '빨간불이야!'라고 말하고 움직이지 않도록 만들어봅시다. 자동차가 움직이는 부분의 코드에는 〔말하기 지우기〕 블록을, 멈추는 부분의 코드에는 〔빨간불이야! 을(를) 말하기〕 블록을 넣어주면 됩니다.

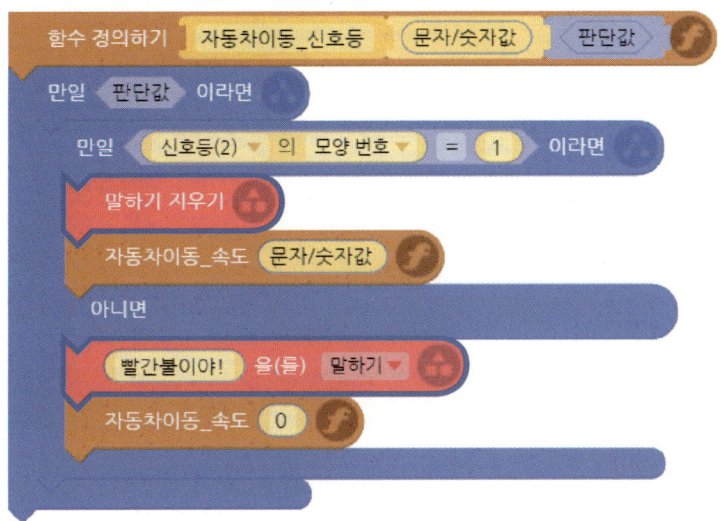

19 수정된 함수 블록에 빨간 자동차는 1번 키로, 흰 자동차는 2번 키로 움직일 수 있도록 아래와 같이 코드를 만들고 [시작하기]를 눌러 결과를 확인해봅시다. 1, 2번 키를 동시에 길게 눌러보기도 하고, 파란불, 빨간불일 때 각각 키를 누르기도 해 보며 실행 결과를 확인해봅시다.

109

Chapter1
엔트리 블록 프로그래밍 기초

★★★ 스스로 해보기

작품 주소: https://goo.gl/X1ivwF
강의 주소: https://goo.gl/luyffQ

함수에 매개변수를 하나 더 추가하여 자동차가 노란불일 때 천천히 달리는 기능을 추가해봅시다. '신호등'은 초록-노랑-빨간불을 2초 간격으로 반복하도록 합니다.

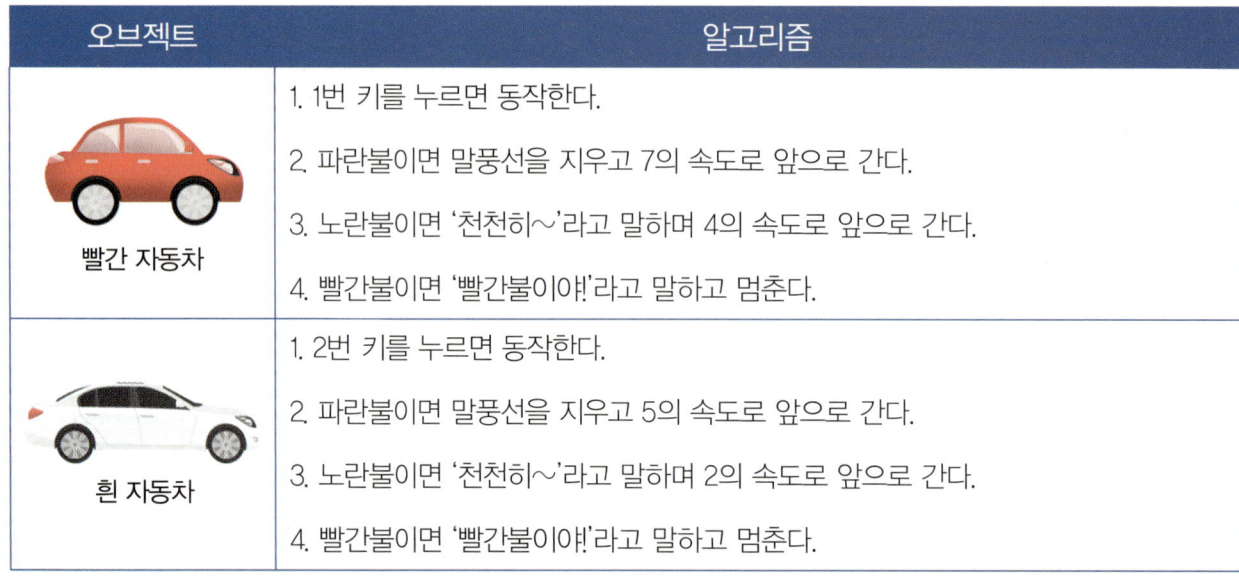

오브젝트	알고리즘
빨간 자동차	1. 1번 키를 누르면 동작한다. 2. 파란불이면 말풍선을 지우고 7의 속도로 앞으로 간다. 3. 노란불이면 '천천히~'라고 말하며 4의 속도로 앞으로 간다. 4. 빨간불이면 '빨간불이야!'라고 말하고 멈춘다.
흰 자동차	1. 2번 키를 누르면 동작한다. 2. 파란불이면 말풍선을 지우고 5의 속도로 앞으로 간다. 3. 노란불이면 '천천히~'라고 말하며 2의 속도로 앞으로 간다. 4. 빨간불이면 '빨간불이야!'라고 말하고 멈춘다.

핵심블록

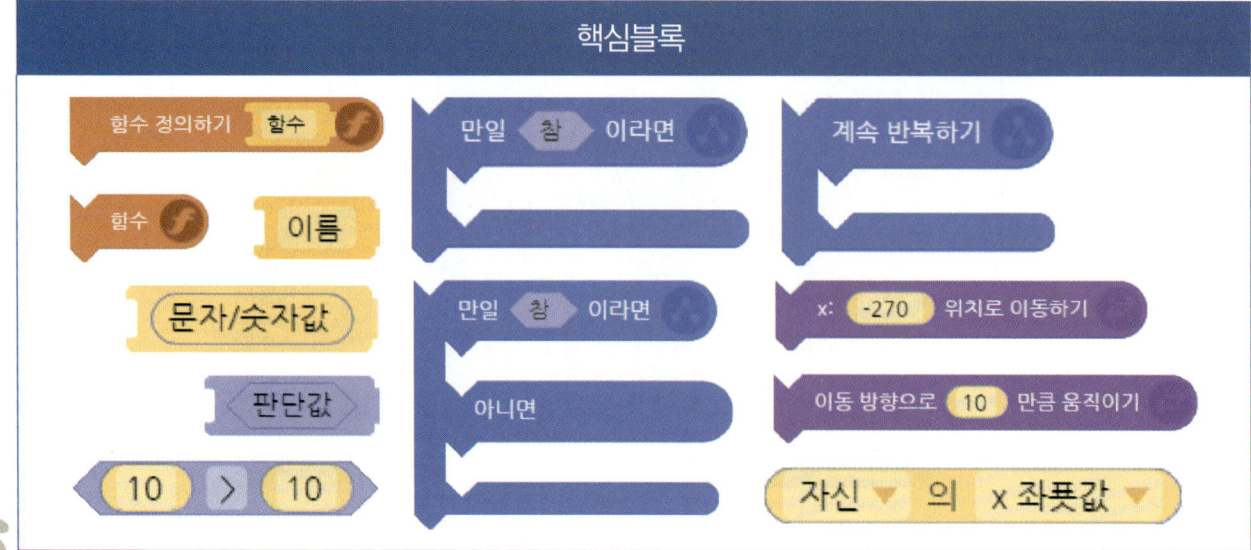

Chapter 2

실전! 엔트리 작품 만들기

동물원 만들기

학습목표
1. 회전방식을 이용하여 잠자리가 좌우로 하늘을 날아다니도록 만들어 봅시다.
2. 키보드 이벤트와 실행화면의 좌표를 통해 방향키로 사자를 움직여 봅시다.
3. 스페이스 키를 누르면 소리를 내고 사자의 모양을 변화시켜 사자가 짖도록 만들어 봅시다.
4. 오리가 마우스포인터를 바라보고 속도를 조절하며 따라오도록 만들어 봅시다.

무엇을 만들까?

작품 주소: http://goo.gl/6UCiGt
강의 주소: https://goo.gl/eXMvop

01 동물원에 잠자리, 사자, 오리가 있습니다.

02 잠자리는 하늘을 날아다닙니다.

03 사자는 키보드 방향키로 움직이고 스페이스 키를 누르면 울음소리를 냅니다.

04 오리는 마우스포인터를 졸졸 따라다닙니다.

⭐⭐ 계획 하기

◆ 필요한 오브젝트와 역할을 생각해봅시다.

Q1. 프로그램에 사용할 신호/변수/리스트/함수가 있나요?

반드시 필요한 요소는 없습니다.

Q2. 어떤 점에 유의해야 하나요?

- 동물들이 각각 독립적으로 움직여야 합니다.
- 동물들이 이동하는 방향을 바라봐야 합니다.
- 잠자리는 화면을 벗어나지 않아야 합니다.

만들기

STEP 1 잠자리가 하늘을 날아다녀요

01 그림과 같이 오브젝트를 추가하고 실행화면에 적절한 크기와 위치로 배치합니다.

	오브젝트 목록
1	초원(2)
2	고추잠자리
3	사자
4	오리

- **일반 오브젝트와 배경 오브젝트의 차이**

  오브젝트 목록을 보면 일반 오브젝트는 자물쇠가 열려 있고, 배경 오브젝트는 잠겨 있는 것을 볼 수 있습니다. 배경 오브젝트는 추가한 순서와 상관없이 항상 일반 오브젝트보다 아래쪽에 자물쇠가 잠긴 상태로 추가됩니다. 이 자물쇠를 열면 일반 오브젝트와 마찬가지로 크기를 조절하거나 위치를 옮길 수 있습니다.

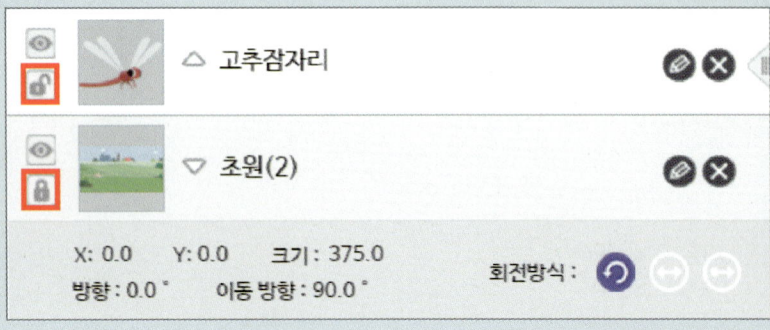

1 동물원 만들기

02 먼저, 잠자리가 하늘을 계속해서 날아다니도록 만들어봅시다. '잠자리'가 화면 밖으로 나가게 하지 않으려면 '화면 끝에 닿으면 튕기기' 블록을 사용합니다. '이동 방향으로 10만큼 움직이기' 블록의 숫자 부분을 바꾸어 잠자리의 속도를 조절할 수 있습니다. [시작하기]를 누르면 잠자리가 벽에 튕겨질 때 상하좌우가 모두 뒤집어지는 것을 볼 수 있습니다.

03 오브젝트 목록에서 잠자리의 회전 방식을 좌우방향 회전(↔)으로 바꾸고, 다시 [시작하기]를 누르면 잠자리가 벽에 튕겨질 때 좌우로만 뒤집어져 진행방향을 바라보고 움직이게 됩니다.

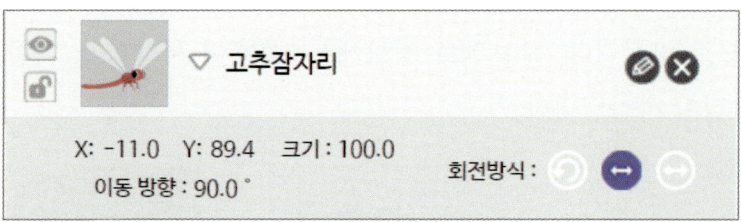

Chapter 2
실전! 엔트리 작품 만들기

STEP 2 키보드로 사자를 움직여요

01 방향키로 사자를 움직여봅시다. 먼저, 위/아래 방향키로 사자를 움직여봅시다. 세로 방향으로 움직이려면 y축 좌표를 바꾸어야 합니다. 위쪽 화살표키를 눌렀을 때에는 y좌표를 10만큼, 아래쪽 화살표키를 눌렀을 때에는 y좌표를 -10만큼 바꾸도록 합니다.

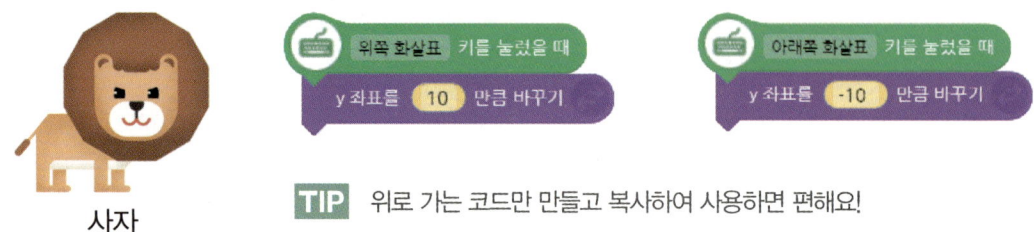

TIP 위로 가는 코드만 만들고 복사하여 사용하면 편해요!

02 이번에는 사자를 좌우로 움직여봅시다. 가로 방향으로 움직이려면 x축 좌표를 바꾸어야 합니다. 오른쪽 화살표키를 눌렀을 때에는 x좌표를 10만큼, 왼쪽 화살표키를 눌렀을 때에는 x좌표를 -10만큼 바꾸도록 합니다.

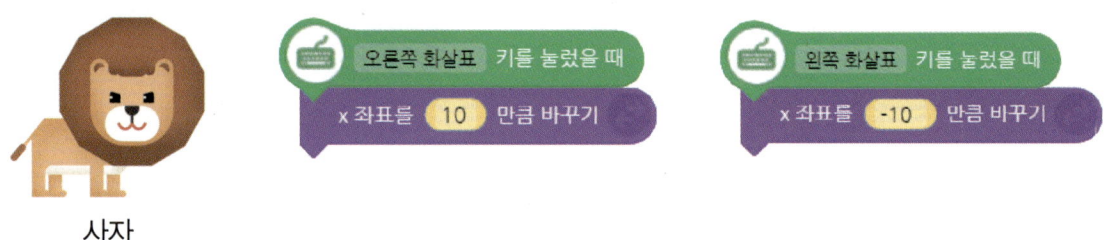

03 사자가 이동하는 방향을 바라보고 움직이도록 해 봅시다. 오브젝트 목록에서 사자의 회전방식을 좌우방향 회전(↔)으로 바꿉니다. 오브젝트 정보에서 '방향'이 사라지고 '이동방향'만 남으며, 핸들러에서도 방향점이 사라집니다.

04 사자가 움직이는 방향을 바라보도록, 오른쪽 화살표키를 눌렀을 때에는 이동방향을 90°로, 왼쪽 화살표키를 눌렀을 때에는 이동방향을 270°로 정합니다. [시작하기]를 누르고, 좌우 방향키로 사자를 움직여봅시다.

> **TIP**
> 회전 방식이 좌우방향 회전(↔)인 상태에서는 '이동방향'을 통해 오브젝트를 좌우 반전 시킬 수 있습니다. 사자 오브젝트의 이동방향 화살표를 돌려보면 화살표가 오른쪽(0~180도)을 향할 때에는 오른쪽을, 왼쪽(180~360도)을 향할 때에는 왼쪽을 바라보는 것을 알 수 있습니다. 따라서 이동방향을 90도, 270도로 정하면 사자가 각각 오른쪽, 왼쪽을 바라보게 됩니다. 만약, 오브젝트가 원래 왼쪽을 바라보는 모습이었다면 이 방향은 반대가 됩니다.

05 스페이스 키를 눌러 사자가 울음소리를 내도록 만들어봅시다. [모양] 탭의 '사자_4' 모양을 사용할 것입니다. [소리] 탭에서 [소리 추가]를 눌러 '사자 울음소리'를 추가합니다. 스페이스 키를 누르면 '사자_4' 모양으로 바뀌고 울음소리를 낸 후, 다시 '사자_1' 모양으로 돌아오도록 합니다. 이때, '소리 재생하고 기다리기' 블록을 써야 울음소리의 재생이 끝날 때까지 사자가 우는 모양을 유지하게 됩니다.

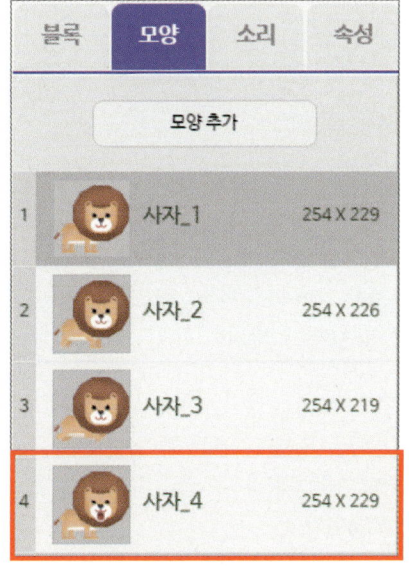

Chapter 2
실전! 엔트리 작품 만들기

- **오브젝트의 회전방식**

  오브젝트는 '모든 방향 회전', '좌우 방향 회전', '회전 없음'의 세 가지 '회전방식'을 가지고 있습니다. 각각의 방식에 '화면 끝에 닿으면 튕기기' 블록을 사용할 때 오브젝트의 모습이 달라집니다.

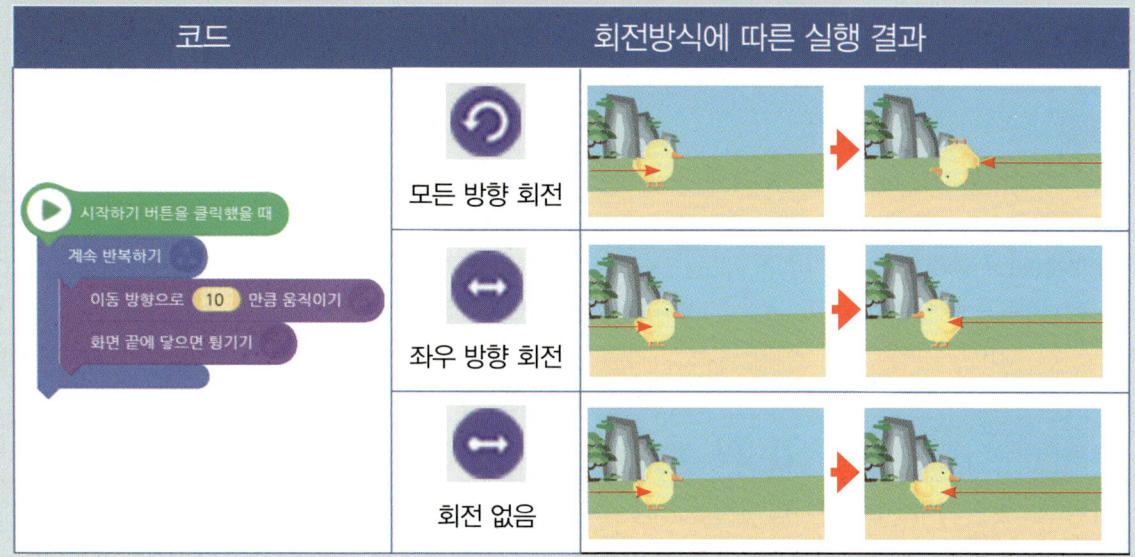

오브젝트의 회전방식이 바뀌면 오브젝트의 '방향'과 '이동방향'의 개념이 바뀝니다. 아래 설명을 보고 회전방식에 대해 더 알아봅시다.

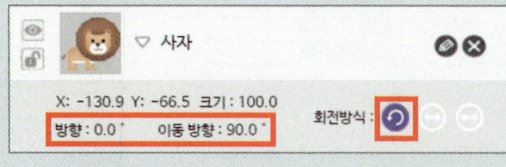

모든 방향 회전
방향과 이동방향이 모두 존재하며, 방향에 따라 오브젝트를 자유롭게 기울일 수 있습니다.

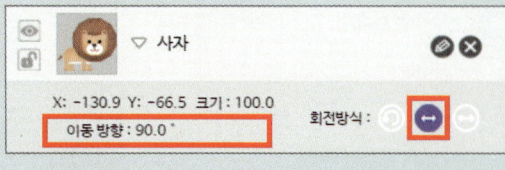

좌우 방향 회전
방향은 없고 이동방향만 존재하기 때문에 오브젝트를 기울일 수 없습니다. 단, 이동방향이 0~180°인 경우 현재모습, 180~0°인 경우 좌우가 뒤집힌 모습으로 바뀝니다.

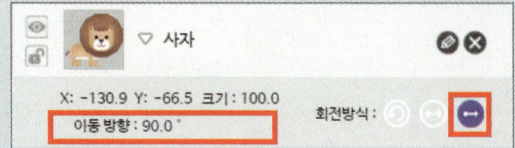

회전 없음
방향은 없고 이동방향만 존재하기 때문에 오브젝트를 기울일 수 없습니다. 방향, 이동방향과 상관없이 오브젝트의 모습이 항상 고정되어 있습니다.

STEP 3   오리가 마우스를 졸졸 따라다녀요

01 마우스를 따라다니는 오리를 만들어봅시다. 먼저, 오리가 마우스포인터 쪽을 계속해서 바라보도록 아래와 같이 코드를 만듭니다. [시작하기]를 누르고 마우스포인터를 움직여보면, 오리가 마우스포인터쪽을 바라보려고 빙글빙글 도는 것을 볼 수 있습니다.

02 오리가 바라보고 있는 방향으로 움직이도록 해 봅시다.

TIP

오리가 회전한다는 것은 '방향'이 바뀌는 것입니다. '이동방향'은 아무리 바뀌어도 우리가 보는 오브젝트 모습이 바뀌지는 않습니다. '마우스포인터 쪽 바라보기'는 오리의 이동방향 화살표가 마우스포인터 쪽을 향하도록 오브젝트의 방향을 바꾸어주는 블록입니다.

- **왜 오리가 마우스포인터에 닿으면 마구 흔들리나요?**

  오리가 10만큼씩 움직이며 마우스포인터에 점점 가까워집니다. 마침내 마우스포인터와 매우 가까워지고 10만큼을 이동하고 나니, 이번에는 마우스포인터가 반대쪽에 있게 됩니다(①). 오리는 다시 마우스포인터쪽을 바라보도록 몸의 방향을 돌려 10만큼 이동합니다(②). 우리 눈에는 자세히 보이지 않지만, 이런 과정이 계속 반복되다보니 오리가 마구 흔들리는 것처럼 보이는 것입니다.

Chapter 2
실전! 엔트리 작품 만들기

03 오리가 마우스포인터에 닿아도 흔들리지 않도록 하기 위해, 마우스포인터에 가까워질수록 점점 속도를 줄이다가 마우스포인터에 닿으면 0이 되도록 만들어봅시다. 오리와 마우스포인터 사이의 거리를 이용해야 하므로 [계산]에서 '마우스포인터 까지의 거리' 블록을 가져옵니다. 마우스포인터까지의 거리를 한 번에 이동하지 않고 조금씩 나누어 이동하도록 10으로 나누어봅시다.

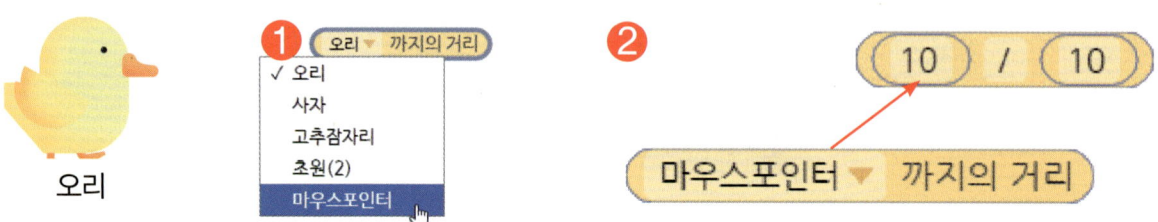

04 이렇게 만든 블록을 '이동방향으로 10만큼 움직이기' 블록의 '10' 부분에 끼워 넣어줍니다. [시작하기]를 누르고 마우스포인터를 움직여봅시다. 오리의 속도가 마우스포인터와 거리가 멀 때에는 빨랐다가 가까워질수록 점점 느려집니다. 마우스포인터에 닿으면 속도가 0이 되어 아까처럼 흔들리는 현상 없이 멈추게 됩니다.

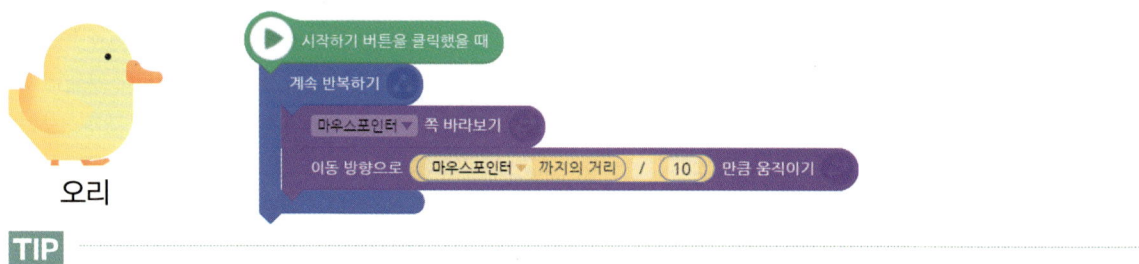

TIP

오리와 마우스포인터까지의 거리가 '100'이었다면 오리는 이것을 10으로 나누어 '10'만큼 움직입니다. 이렇게 거리가 '90'으로 좁혀지면 오리는 이것을 10으로 나누어 '9'만큼 움직이게 되어 거리가 다시 81로 좁혀집니다. 이렇게 오리와 마우스포인터 사이의 거리가 좁혀질수록 오리가 한 번에 움직이는 속도는 계속 줄어들게 되고, 마침내 마우스포인터와 닿는 순간 거리가 0이 되어 오리가 멈추게 되는 것입니다.

05 오리의 속도를 줄여봅시다. 10으로 나누었던 것을 20으로 나누도록 변경하고, [시작하기]를 눌러 오리의 속도 변화를 확인해 봅시다.

TIP

오리와 마우스포인터까지의 거리가 '100'이었다면 이것을 10으로 나누면 오리가 10의 속도로 이동하고, 20으로 나누면 5의 속도로 이동하게 됩니다. 즉, 오리의 속도를 줄이려면 나누는 수를 더 크게 해야 합니다.

1 동물원 만들기

도전하기

바닷속 이야기

나만의 '바닷속 이야기' 게임을 만들어 봅시다.

작품 주소: https://goo.gl/oOlsoC
강의 주소: https://goo.gl/0tCDvv

	오브젝트 목록
1	바닷속(2)
2	상어(1)
3	아기 돌고래
4	파란 복어
5	주황 물고기

Mission 01 좌우로 움직이는 상어
상어는 바다를 유유히 헤엄칩니다. 화면을 벗어나지 않고, 이동하는 방향을 바라보며 좌우로 움직이도록 해보세요!

Mission 02 방향키로 움직이는 돌고래
돌고래는 좌우 방향키로 움직입니다. 물론, 이동하는 방향을 바라봐야겠죠? 스페이스 키를 누르면 재롱을 부리듯 모양을 바꾸며 '바위에 부딪치는 파도' 소리를 내도록 해보세요!

Mission 03 마우스를 졸졸 따라다니는 물고기 떼
물고기 여러 마리가 일렬로 줄지어 마우스를 따라다니도록 만들어봅시다. 첫 번째 물고기는 마우스포인터를 따라다니고, 두 번째 물고기는 첫 번째 물고기를 따라다니고, 세 번째 물고기는 두 번째 물고기를 따라다니고 … 이렇게 물고기 여러 마리를 추가하여 마우스를 졸졸 따라다니는 물고기 떼를 만들어보세요!

Mission 04 닿으면 색깔이 변하는 복어
바위 속에 숨어있는 복어는 마우스포인터에 닿으면 울그락 푸르락 색깔이 변하도록 만들어보세요!

2 사진 꾸미기 프로그램

학습목표
1. 원하는 이미지 파일을 오브젝트로 추가하고, 이벤트를 통해 밝기를 조절해 봅시다.
2. 신호를 통해 여러가지 색의 펜으로 그림을 그려봅시다.
3. 다양한 모양의 스티커를 추가하고 키보드 좌우 방향키로 원하는 스티커를 골라 붙여봅시다.
4. 변수를 활용하여 펜과 스티커 모드를 변환해 봅시다.

무엇을 만들까?

작품 주소: http://goo.gl/lZ9Aj5
강의 주소: https://goo.gl/aElA5q

01 원본 사진입니다. 실제로 내가 찍은 사진을 가지고 프로그램을 만들어보세요!

02 사진의 밝기를 조절할 수 있어요.

03 네 가지 색의 펜으로 사진을 꾸밀 수 있어요.

04 여러가지 모양의 스티커를 붙여 사진을 꾸밀 수 있어요.

계획 하기

◆ 필요한 오브젝트와 역할을 생각해봅시다.

Q1. 프로그램에 사용 될 신호/변수/리스트/함수가 있나요?

 신호	• 빨강: 물감을 클릭하면 펜의 색을 빨간색으로 바꾸도록 신호를 보냅니다. • 노랑: 물감을 클릭하면 펜의 색을 노란색으로 바꾸도록 신호를 보냅니다. • 파랑: 물감을 클릭하면 펜의 색을 파란색으로 바꾸도록 신호를 보냅니다. • 검정: 물감을 클릭하면 펜의 색을 검은색으로 바꾸도록 신호를 보냅니다.
 변수	• 모드: 펜 모드와 스티커 모드를 구분할 때 사용합니다. 펜 모드를 1, 스티커 모드를 2로 정하고, 모드가 1일 때에만 펜이 동작하도록 합니다.

Q2. 어떤 점에 유의해야 하나요?

- 모드 변경에 따라 어떤 오브젝트를 화면에 보이고, 숨길지 고려해야 합니다.
- 도장을 찍는데 펜이 함께 동작하지 않도록 해야 합니다.

Chapter 2
실전! 엔트리 작품 만들기

★★★ 만들기

STEP 1 사진의 밝기를 조절해요

01 내가 찍은 사진을 오브젝트로 추가해봅시다. [오브젝트 추가하기]를 눌러 [파일 업로드] 탭을 선택하고 '파일추가' 버튼을 클릭합니다.

02 미리 준비해 둔 사진이나 그림을 선택하고, [적용하기]를 눌러 오브젝트를 추가합니다.

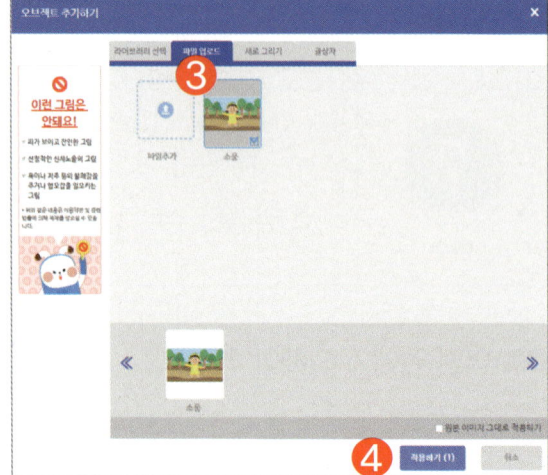

2 사진 꾸미기 프로그램

03 핸들러를 사용하여 사진이 실행화면에 가득 차도록 크기를 늘려줍니다. 사진의 위치와 크기가 고정되도록 오브젝트 목록에서 🔓를 클릭하여 잠금 상태로 만들어줍니다.

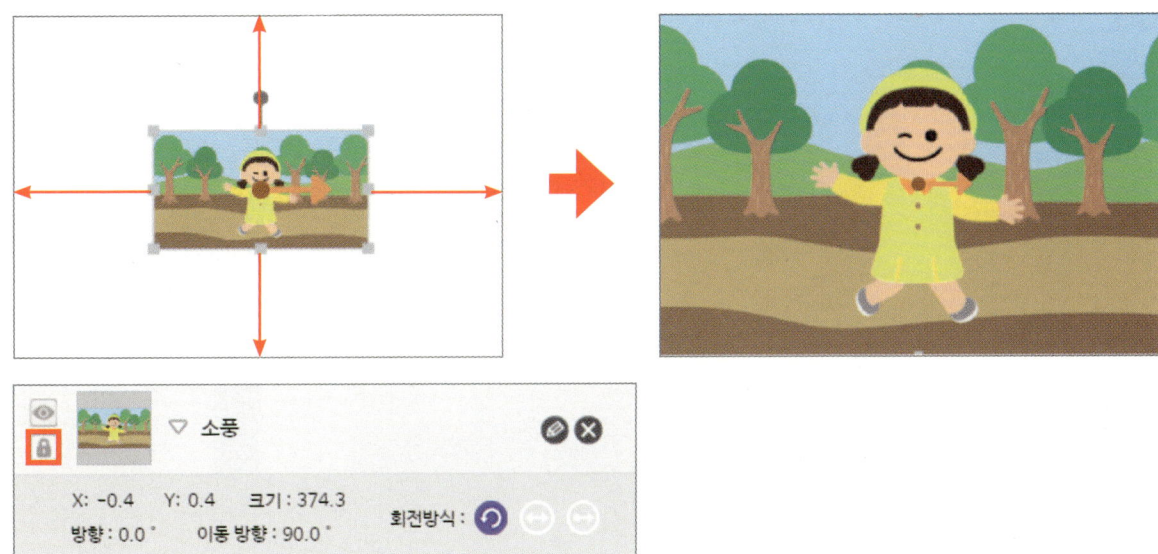

04 키보드 좌/우 방향키를 사용하여 사진의 밝기를 조절할 수 있도록 만들어봅시다. 오른쪽 화살표키를 눌렀을 때에는 밝기를 10만큼씩 바꾸어 밝아지고, 왼쪽 화살표키를 눌렀을 때에는 -10만큼 바꾸어 어두워지도록 합니다. [시작하기]를 누르고 사진의 밝기를 변화시켜봅시다.

사진

왼쪽 화살표키를 5번 눌렀을 때(밝기 -50)

오른쪽 화살표키를 5번 눌렀을 때(밝기 50)

TIP

밝기 효과는 -100~100 사이의 범위로 값이 커질수록 밝아집니다.

STEP 2 사진에 그림을 그려요

01 사진에 그림을 그리기 위해 '팔레트', '물감', '크레파스' 오브젝트를 추가해봅시다.

오브젝트 목록	
1	사진
2	팔레트
3	물감
4	크레파스

02 '크레파스' 오브젝트는 크기를 조절한 후 방향점을 돌려 비스듬히 기울입니다. 크레파스로 그림을 그릴 때 기준이 크레파스 끝부분이 될 수 있도록 중심점을 옮겨줍니다.

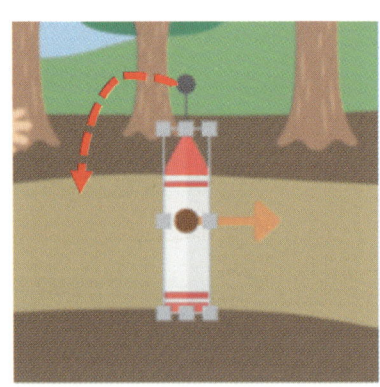 

03 크레파스가 마우스포인터를 따라다니도록 코드를 만들고 [시작하기]를 눌러 움직여봅시다.

크레파스

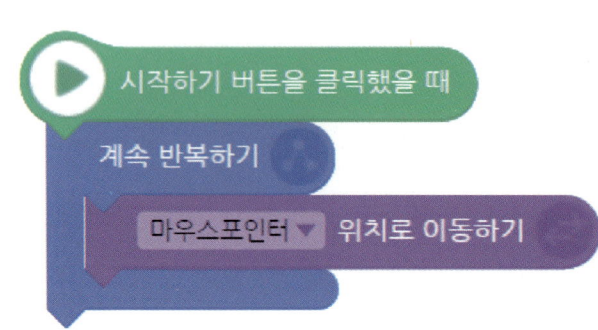

04 [붓] 카테고리의 블록들을 사용하여 마우스를 클릭했을 때 그림을 그리기 시작하고, 클릭을 해제하면 그리기를 멈추도록 합니다. [시작하기]를 누르고 마우스로 그림을 그려봅니다.

크레파스

05 다음은 물감을 여러 개 복제해봅시다. 그 전에 물감이 팔레트보다 위에 있을 수 있도록 레이어를 조절합니다.

TIP

물감을 클릭해 펜의 색을 바꾸어야 하는데, '크레파스' 오브젝트가 물감보다 위쪽 레이어에 있는 경우, 물감 대신 크레파스 오브젝트를 클릭하게 되어 동작하지 않을 수 있습니다.

06 '물감' 오브젝트의 [모양] 탭을 보면 네 가지 모양을 볼 수 있습니다. '물감' 오브젝트를 복제해 4개의 물감 오브젝트를 만들어줍니다.

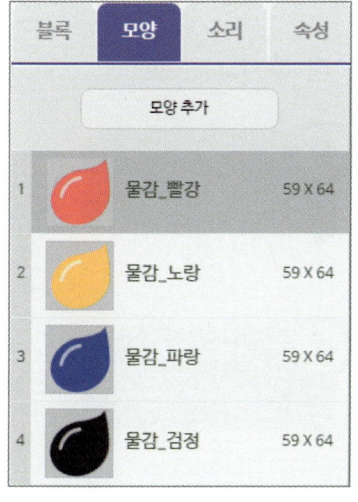 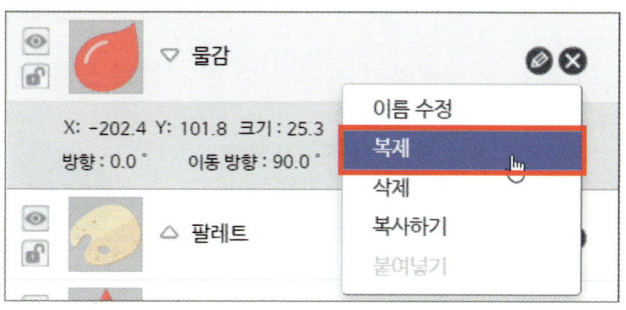

07 복제한 오브젝트를 각각 선택하고 [모양] 탭에서 4가지 색의 물감이 되도록 클릭하여 모양을 바꾸어줍니다.

 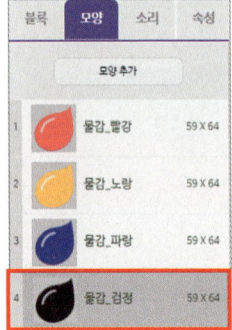

> **TIP**
> 각각의 물감 오브젝트 이름을 '빨간물감', '노란물감', '파란물감', '검은물감'으로 바꾸어주면 알아보기 쉽습니다.

08 복제되어 겹쳐져 있는 '물감' 오브젝트들을 팔레트 위에 적절히 배치합니다. 각각의 물감을 클릭하면 크레파스가 해당 색으로 바뀌어야 합니다. 그러기 위해 [속성] 탭에서 '빨강', '노랑', '파랑', '검정' 신호를 만듭니다.

09 각각의 물감을 클릭하면 해당 신호를 크레파스에 보내도록 해 봅시다.

 　　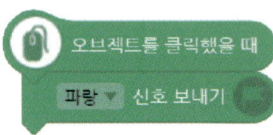

빨간물감　　　　　　　　　　　　　파란물감

 　　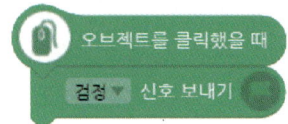

노란물감　　　　　　　　　　　　　검정물감

2 사진 꾸미기 프로그램

10 '크레파스' 오브젝트의 [모양] 탭을 보면, '크레파스'가 '물감'과 같은 색의 모양들을 가지고 있는 것을 볼 수 있습니다. 신호를 받으면, 그 색에 해당하는 모양으로 바꾸고, 실제 붓의 색도 바꾸도록 코드를 만들어 줍니다.

크레파스

TIP

'붓의 색을 ~로 정하기' 블록을 사용하면, '붓 그리기'를 통해 그려지는 색을 원하는 색으로 지정할 수 있습니다.

11 [시작하기]를 누르고 색을 바꾸어 가며 사진을 꾸며봅시다.

STEP 3 사진에 스티커를 붙여요

01 스티커로 사용할 오브젝트 하나를 추가하고, 오브젝트의 이름을 '스티커'로 바꾸어줍니다.

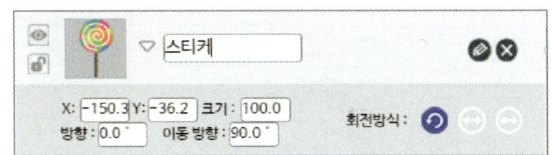

02 여러 가지 모양의 스티커를 추가해 봅시다. '스티커' 오브젝트의 [모양] 탭에서 스티커로 쓰고 싶은 모양을 여러 개 추가합니다. 그리고 스페이스 키를 누를 때마다 다른 스티커로 바뀌도록 코드를 만들어 줍니다.

스티커

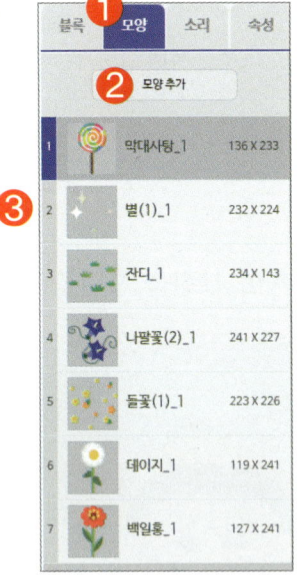

03 스티커가 마우스를 따라 움직이다가, 마우스를 클릭하면 현재 스티커가 화면에 도장처럼 찍히도록 만들어봅시다. [시작하기]를 눌러 화면에 여러 가지 모양의 스티커 도장을 찍어봅시다.

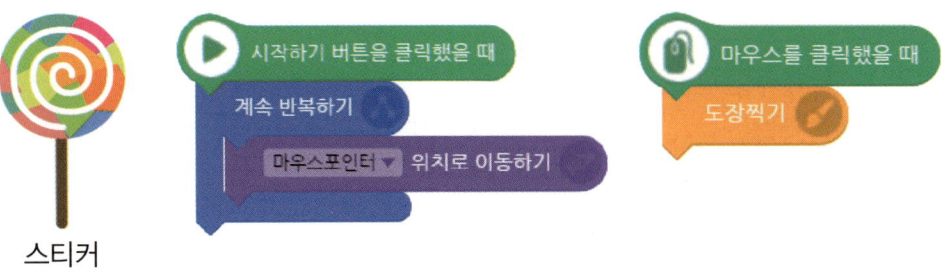

스티커

2 사진 꾸미기 프로그램

04 스티커와 펜이 동시에 움직여 스티커를 붙일 때도 펜을 쓸 때도 완벽하게 동작하지 않습니다. 이럴 때 '변수'를 사용하여 해결할 수 있습니다. 프로그램에서 '변수'는 사용자에게 필요한 정보를 저장하기 위해 사용되기도 하지만, 프로그램 내부에서 필요한 정보를 저장하기 위해서도 사용합니다. 여기서는 그리기 모드를 1로, 스티커 모드를 2로 정해 각각의 모드일 때 해당 기능만 작동하도록 할 것입니다. [속성]에서 '모드'라는 변수를 하나 만들고 이 변수는 화면에 보이지 않게 숨겨줍니다.

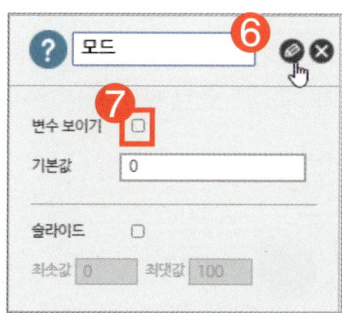

05 '크레파스'와 '스티커' 오브젝트를 모두 숨겨봅시다. 키보드의 1키를 눌렀을 때는 크레파스가 보이며 그리기 모드인 1이, 2 키를 눌렀을 때는 스티커가 보이며 스티커 모드인 2가 되도록 만들어봅시다. [시작하기]를 누르고 1, 2키를 눌러보면 각각 필요할 때만 해당 오브젝트가 나타납니다. 그러나 크레파스가 보이지 않는 상태에서도 마우스를 드래그하면 그림이 그려지는 것을 볼 수 있습니다. 아직까지 '모드' 변수가 한 역할은 없습니다.

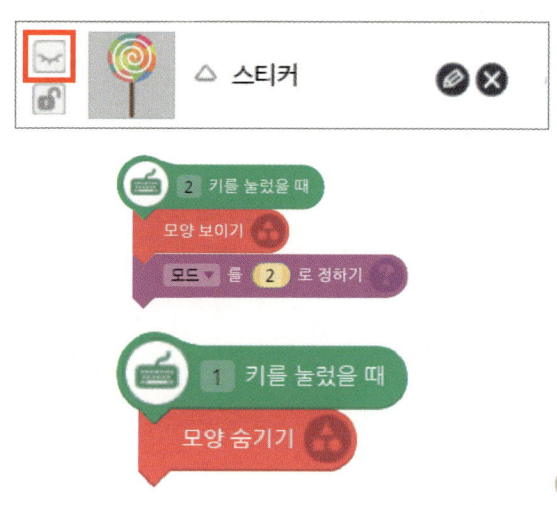

Chapter 2
실전! 엔트리 작품 만들기

06 마우스를 클릭했을 때, '크레파스'와 '스티커'가 각자 해당 모드일 때만 동작하도록 기존에 코드에 '만일 〈모드값 =1〉 이라면' 코드를 추가합니다. [시작하기]를 눌러보면 이제 크레파스와 스티커가 각자의 영향을 받지 않고 동작하는 것을 볼 수 있습니다.

TIP
'스티커'에 추가한 코드는 지금 반드시 필요한 것은 아니지만, 여러 기능을 확장할수록 필요할 수 있으니 바꾸어주는 것이 좋습니다.

07 '팔레트'와 '물감' 오브젝트들도 화면에서 숨겼다가 그리기 모드일 때에만 나타나도록 코드를 추가합니다.

08 위/아래 방향키로 '스티커'의 크기를 조절할 수 있도록 해 봅시다. 아래와 같이 코드를 만들고 [시작하기]를 눌러 다양한 모양과 크기의 스티커를 붙여봅시다.

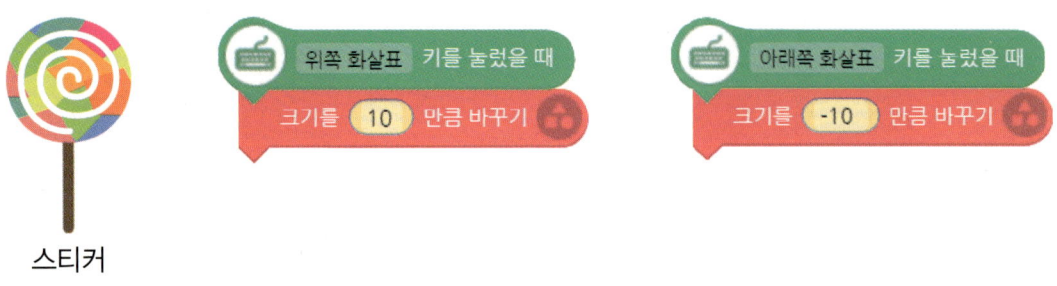

09 다양한 기능들로 사진을 꾸미고 결과물을 저장하려면 화면의 모든 툴들이 숨겨져야 합니다. 엔터 키를 누르면 모든 꾸미기 관련 툴들이 사라지도록 만들어봅시다.

| 크레파스 | 팔레트 | 물감 | 스티커 |

10 [시작하기]를 누르고 사진을 꾸며봅시다. 사진의 밝기도 조절하고 4가지 색의 펜으로 꾸미고, 다양한 스티커도 붙여봅시다.

11 사진꾸미기가 완료되면 엔터 키를 눌러 모든 꾸미기 관련 툴을 숨기고 실행화면에 마우스 오른쪽 버튼을 클릭하여 이미지로 저장합니다.

Chapter 2
실전! 엔트리 작품 만들기

도전하기

나만의 정원 꾸미기

'나만의 정원'을 꾸며 봅시다.

작품 주소: https://goo.gl/7GfPLN
강의 주소: https://goo.gl/C7wxZ5

	오브젝트 목록
1	들판(3)
2	식물 (모양 추가: 감나무, 귤나무, 나무, 백일홍, 해바라기, 수풀(3), 수풀(4) 등)
3	건축물 (모양 추가: 정원주택, 농장건물, 농장울타리, 수영장 등)
4	글상자(식물)
5	글상자(건축물)

Mission 01 정원에 사용될 스티커 만들기

정원에 사용될 식물들로 스티커를 만들어보세요. 키보드 좌우 방향키를 누르면 스티커의 모양이 바뀌고, 위아래 방향키를 누르면 크기를 조절하도록 해보세요!

Mission 02 '식물'과 '건축물' 두 카테고리의 스티커 만들기

스티커 오브젝트를 카테고리에 따라 두 개로 만들어보세요. [식물] 버튼을 클릭하면 식물 스티커가 등장하고, [건축물] 버튼을 클릭하면 건축물 스티커가 등장하도록 해보세요!

Mission 03 메뉴 버튼 모드 정하기

[식물], [건축물] 버튼은 엔터 키를 누르면 보이고, 또 엔터 키를 누르면 사라지도록 만들어보세요. '메뉴' 변수를 사용해 메뉴가 보이는 상태를 1, 보이지 않는 상태를 0으로 정할 수 있어요. 메뉴를 선택해 정원을 꾸미는 동안에도 메뉴는 숨겨주세요!

스마트폰 잠금패턴

🔆 **학습목표**
1. 복제본을 활용하여 똑같이 동작하는 스마트폰 버튼 9개를 만들어 봅시다.
2. '그리고', '또는', '~가 아니다'와 같은 논리연산을 통해 여러 조건을 동시에 판단해 봅시다.
3. 특정 오브젝트에서만 사용되는 지역변수를 활용해 봅시다.
4. 문자열을 합쳐 지나간 버튼에 따른 비밀패턴을 저장해 봅시다.

무엇을 만들까?

작품 주소: https://goo.gl/v998Be
강의 주소: https://goo.gl/vlgdXy

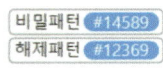

01 스마트폰의 잠금 화면입니다. 버튼이 9개 있습니다.

02 버튼을 연결하면 패턴이 그려집니다.

03 패턴을 잘못 입력하면 "올바르지 않은 패턴입니다."를 말합니다.

04 올바른 비밀패턴을 입력하면 "잠금이 해제되었습니다."를 말하고 잠금이 해제된 화면이 나옵니다.

Chapter2
실전! 엔트리 작품 만들기

계획 하기

◆ 필요한 오브젝트와 역할을 생각해봅시다.

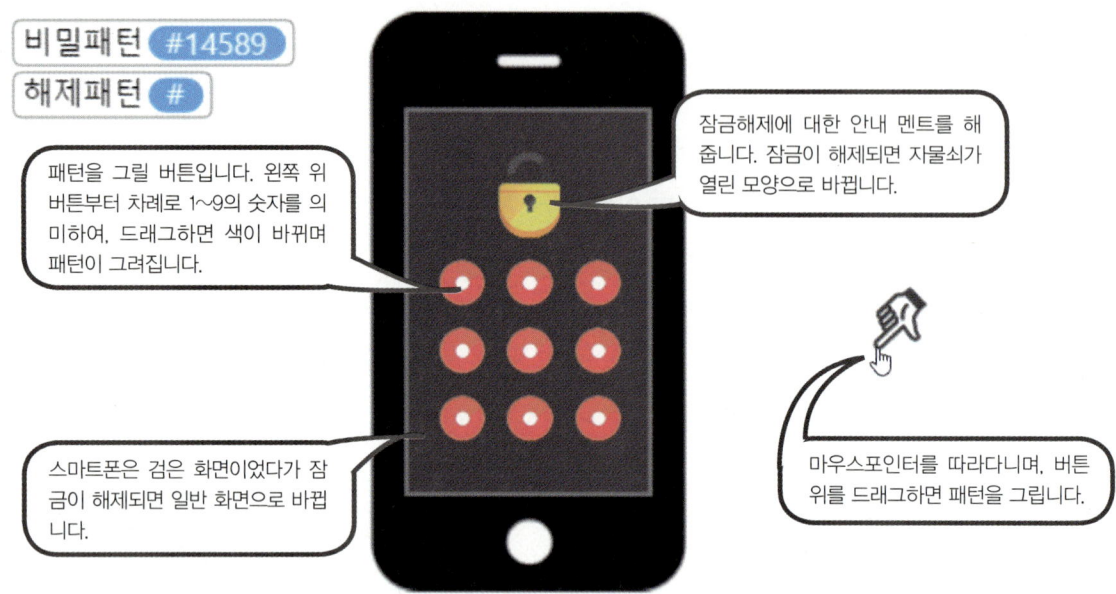

Q1. 프로그램에 사용 될 신호/변수/리스트/함수가 있나요?

신호	• 패턴입력: 자물쇠가 패턴을 입력하라고 안내한 후, 신호를 보내 9개의 버튼이 패턴을 입력받을 준비를 하도록 합니다. • 잠금해제: 자물쇠가 비밀패턴과 해제패턴이 일치한다고 판단하면, 신호를 보내 버튼들이 사라지고 스마트폰의 화면이 바뀌도록 합니다.
변수	• 비밀패턴: 패턴이 지나가는 버튼의 순서에 따라 비밀패턴을 '#숫자'로 저장해 두었다가, 해제패턴 입력 시 바르게 입력했는지 비교합니다. • 해제패턴: 마우스포인터가 드래그하며 지나간 버튼에 부여된 번호를 누적하여 '#숫자'로 저장합니다. • i (이 오브젝트에서 사용): 9개의 버튼에 1~9의 번호를 부여합니다.

Q2. 어떤 점에 유의해야 하나요?

• 똑같은 버튼이 여러 개 필요하므로, '복제본'을 사용합니다.
• 복제본마다 변수의 값을 다르게 저장해야 할 때에는 변수를 생성할 때 '이 오브젝트에서 사용'을 체크합니다.
• 패턴을 여러 번 입력할 경우, 이전 입력 때 실행 중이던 코드를 멈추어 주어야 합니다.

3 스마트폰 잠금패턴

만들기

STEP 1 버튼 9개를 만들어요

01 필요한 오브젝트들을 추가하고 적절한 크기와 위치에 배치해봅시다. '버튼'은 하나만 추가하고, 첫 번째 버튼의 위치에 배치합니다. 스마트폰은 [모양] 탭에서 화면이 어두운 색인 두 번째 모양을 선택하고, '손가락총(1)'은 방향을 돌리고 중심점을 손가락 끝으로 옮겨줍니다.

	오브젝트 목록
1	스마트폰
2	둥근 버튼(녹음)
3	자물쇠
4	손가락총(1)

02 스마트폰 화면에 행과 열을 맞춰 '버튼' 9개를 복제하려고 합니다. 현재 위치에 복제본을 만들고 x좌표를 30만큼 바꾸어 오른쪽으로 30만큼 이동하도록 코드를 만듭니다. [시작하기]를 누르면 버튼이 2개가 되는데, 처음 위치에 있는 것은 복제본, 오른쪽에 있는 것은 '원본' 입니다.

둥근 버튼
(녹음)

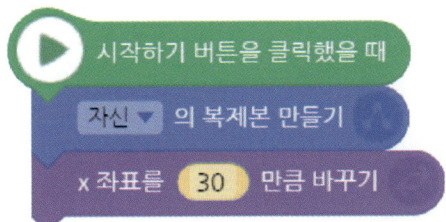

Chapter 2 실전! 엔트리 작품 만들기

03 '~번 반복하기' 블록을 사용하여 첫 번째 줄에 30 간격으로 복제본을 3개 만들어봅시다.

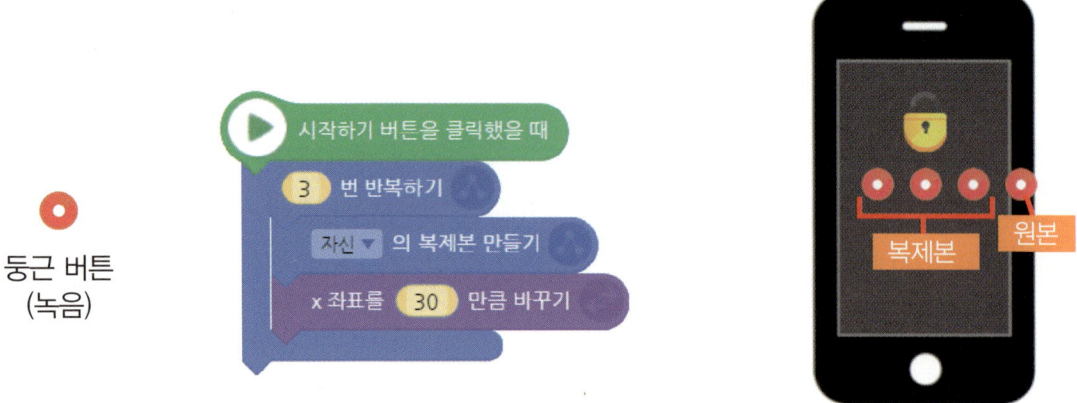

04 계속해서 4번째 버튼을 복제하기 위해 원본의 위치를 두 번째 줄로 이동해 봅시다. 원본은 처음 위치에서 x좌표를 30만큼 3번 바꾸었으므로, x좌표를 -30×3만큼 바꾸면 왼쪽으로 움직여 처음 위치로 돌아오게 됩니다. 그 다음 y좌표를 -30만큼 바꾸면, 아래로 움직여 두 번째 줄 첫 번째 위치에 도착합니다.

05 지금까지 만든 코드를 3번 반복하면 9개의 복제본이 생성되고 원본은 네 번째 줄 첫 번째 위치에 도착합니다. '모양 숨기기'로 원본은 숨겨주고 복제본 9개만 남기도록 합니다.

3 스마트폰 잠금패턴

STEP 2 패턴을 그려요

01 먼저, 손가락이 마우스포인터와 함께 움직이도록 만듭니다.

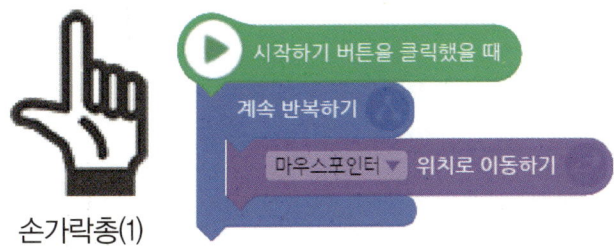

02 마우스를 드래그 하는 동안 패턴이 그려지도록, 마우스를 클릭했을 때 그리기를 시작하고 마우스 클릭을 해제했을 때 그리기를 멈춥니다. 그리기를 멈출 때에는 지금까지 그린 패턴이 지워지도록 합니다. 좀 더 패턴처럼 보이도록 붓의 색은 연두로, 굵기는 10으로, 투명도를 50으로 정하는 코드를 추가합니다.

03 마우스포인터가 지나간 버튼의 색도 바꾸어봅시다. 버튼의 입장에서 보면, 마우스포인터에 닿았을 때 마우스가 클릭되어 있는 상태라면, 마우스포인터가 자신을 드래그해서 지나간다고 판단할 수 있습니다. 즉, '마우스포인터에 닿았는가?'와 '마우스를 클릭했는가?' 가 모두 '참'이어야 합니다. 이렇게 두 가지 조건을 모두 만족시키는 조건을 만들고자 할 때, '~ 그리고 ~' 블록의 양쪽에 두 가지 조건을 넣어줍니다.

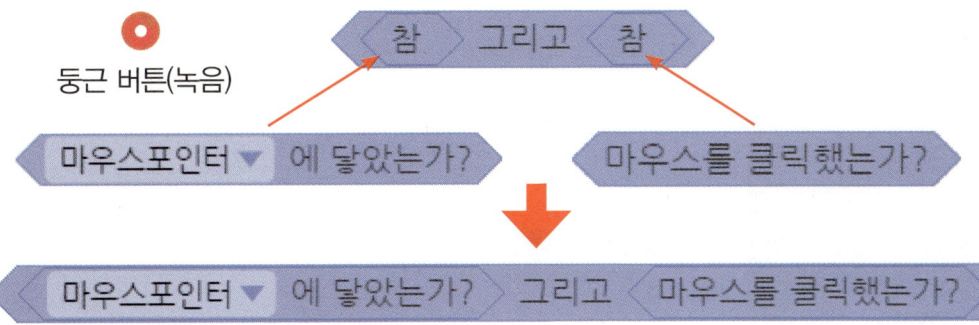

Chapter 2
실전! 엔트리 작품 만들기

- **복잡한 조건 판단하기**

프로그램에서 두 가지 이상의 조건을 동시에 판단해야 하는 경우 '그리고', '또는'의 명령을 사용합니다. A와 B 두 조건이 있다면, **A 그리고 B**는 두 조건을 모두 만족하는 C의 상황만을 '참'으로 판단합니다. **A 또는 B**는 두 조건 중 하나라도 만족하면 '참'으로 판단합니다. 따라서 A', B', C의 상황을 모두를 '참'으로 판단하게 됩니다. **A가 아니다**는 해당 조건을 만족하지 않는 반대의 경우(D) '참'으로 판단합니다. 이 블록들을 중첩하여 사용하면 3가지 이상의 복잡한 조건도 판단하도록 만들 수 있습니다.

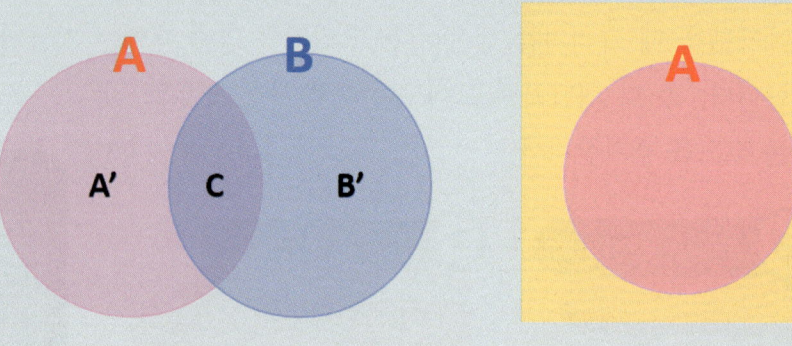

04 9개의 버튼 복제본들이 각각 코드를 실행할 수 있도록 '시작하기 버튼을 클릭했을 때' 대신 '복제본이 처음 생성되었을 때' 코드를 사용합니다. 복제본이 생성되면, 마우스포인터가 자신을 드래그해서 지나갈 때까지 기다렸다가 색깔 효과를 50으로 정하도록 합니다. [시작하기]를 누르고 패턴을 그려봅시다.

둥근 버튼(녹음)

> **TIP**
>
> 색깔 효과는 오브젝트의 처음 색깔에 따라 다르게 나타납니다. '둥근 버튼(녹음)' 오브젝트는 붉은색과 흰색으로 되어있는데, 색깔 효과를 50으로 정하면 흰 부분은 붓 그리기의 색과 비슷한 연두색으로, 붉은 부분은 검은색으로 바뀌게 됩니다. 코드를 통해 실행시켜 보면서 숫자부분을 조절하며 원하는 색깔 효과가 나타나는 수를 찾도록 합니다.

STEP 3 등록된 패턴과 비교해요

01 먼저, 비밀패턴을 변수에 저장해봅시다. 왼쪽 위 버튼부터 차례로 1~9의 번호가 부여되어 있다고 생각해봅시다. 그러면, 버튼을 지나간 순서에 따라 패턴을 숫자로 표현할 수 있게 됩니다. 예를 들어 아래와 같은 패턴을 그리면 '14589'가 될 것입니다. [속성] 탭에서 '비밀패턴' 변수를 만들고 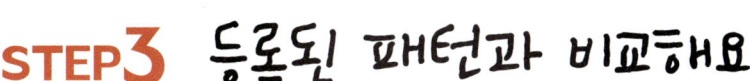를 눌러 기본값에 '#14589'와 같이 표기되도록 #과 함께 원하는 비밀패턴을 저장해 봅시다.

 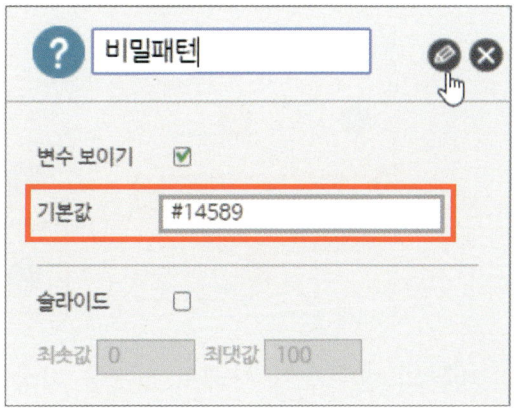

02 다시 한 번 [속성] 탭에서 '해제패턴' 변수를 만듭니다. '해제패턴'에는 '비밀패턴'에 저장한 것과 같은 규칙으로, 직접 마우스로 그린 패턴이 숫자의 형태로 저장되도록 할 것입니다. 먼저, '자물쇠' 오브젝트에 프로그램이 시작되면, '해제패턴'을 #으로 정하고, 닫힌 모양으로 바꾼 후 모양을 보이는 코드를 만들어 줍니다.

03 9개의 버튼에 1~9의 숫자를 저장해봅시다. '둥근 버튼(녹음)' 오브젝트를 선택한 상태에서 [속성] 탭에서 'i' 변수를 만듭니다. 변수 생성 시 '이 오브젝트에서 사용'에 체크하면, 아이콘 모양이 조금 다른 변수가 생성되며, 변수창의 이름도 '오브젝트 이름:변수 이름'과 같이 생성됩니다. 이렇게 만들어진 변수는 '둥근 버튼(녹음)' 오브젝트에서만 사용할 수 있으며, 복제본이 생성될 때 변수도 함께 복제되는 특징이 있습니다. 따라서 원래는 9개의 버튼을 위해 9개의 변수가 필요하지만, 복제본을 통해 9개의 버튼이 서로 다른 변수 'i'를 갖게 됩니다.

둥근 버튼
(녹음)

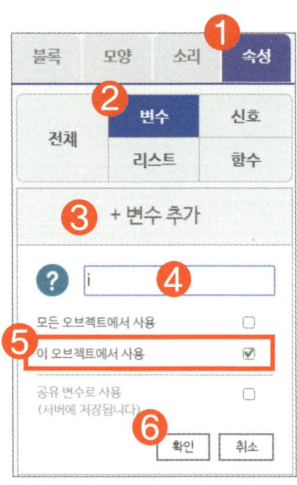 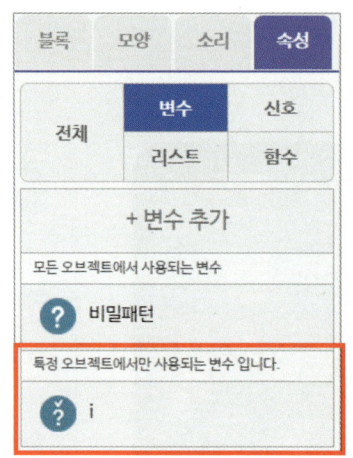

04 9개의 버튼의 변수 'i'가 차례로 1~9를 저장하도록 만들어봅시다. 원본의 i에 1을 저장하고 복제본을 만들면 첫 번째 버튼의 i는 1을 저장하게 됩니다. 그리고 원본의 i를 2로 바꾸고 복제본을 만들면 두 번째 버튼의 i는 2를 저장하게 됩니다. 이렇게 원본의 i에 1씩 더해주면서 복제본을 만들면 9개의 버튼이 각자 자신의 변수 'i'에 1, 2, 3, …, 9를 저장하게 됩니다. 버튼을 복제하는 코드에 아래와 같이 코드를 추가합니다.

> **TIP**
>
> [시작하기]를 눌러 실행하면 변수창의 i는 1에서 10까지 증가하는 것을 볼 수 있습니다. 그러나 화면에는 원본의 변수만 표기되기 때문에 각각의 버튼의 변수 'i'에 저장된 숫자를 볼 수는 없습니다. 각각의 버튼의 변수 'i'가 저장하고 있는 값을 확인하고 싶다면 각각의 복제본이 생성되었을 때 i값을 말하는 코드를 만들어 실행해보도록 합니다.

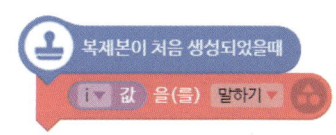

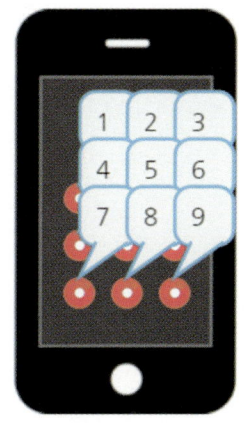

05 패턴을 그리면 지나간 버튼의 번호를 누적하여 저장하도록 해 봅시다. 버튼을 드래그하여 지나갈 때 이전까지 저장된 '해제패턴'에 새로 지나간 버튼의 'i'값을 합쳐 저장해주면 됩니다. **STEP 2**의 코드에 아래와 같이 코드를 추가합니다. [시작하기]를 눌러 'ㄱ'자로 패턴을 그리면, '#1 → #12 → #123 → #1236 → #12369'로 해제패턴이 저장되는 것을 볼 수 있습니다.

06 '자물쇠'의 안내가 끝난 후 패턴을 입력할 수 있도록 하기 위해, [속성] 탭에서 '패턴입력' 신호를 만들고 자물쇠의 안내가 끝난 후 신호를 보내도록 합니다.

07 버튼의 코드를 '복제본이 처음 생성되었을 때' 대신 '패턴입력 신호를 받았을 때'로 바꿉니다.

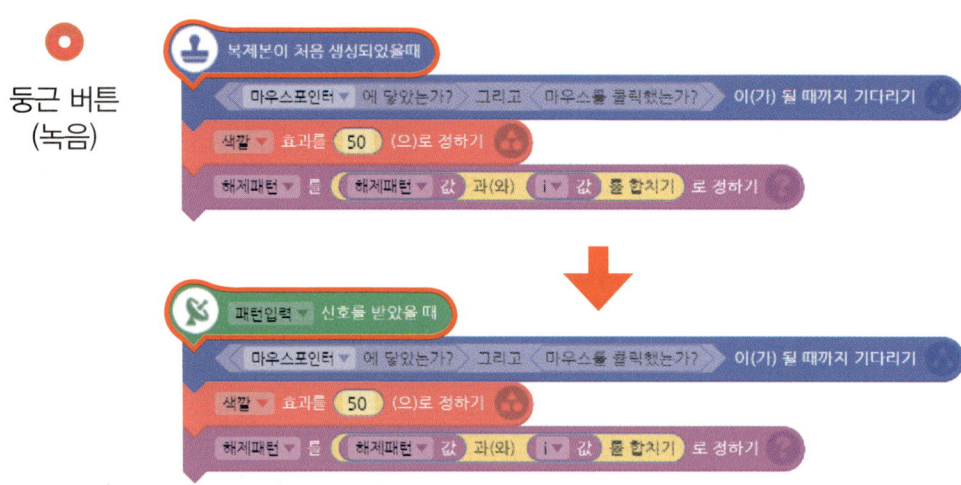

08 마우스 클릭을 해제하여 패턴입력이 끝났을 때, 비밀패턴과 해제패턴을 비교해봅시다. 아래와 같이 '만일 ~, 아니면~' 블록을 사용하여 패턴이 일치하는 경우와 아닌 경우 서로 다른 코드를 실행하도록 만들어봅시다.

09 패턴이 일치하는 경우, 자물쇠 모양을 열린 모양으로 바꾸고, "잠금이 해제되었습니다."를 2초간 말한 후, 모양을 숨겨봅시다. [속성] 탭에서 '잠금 해제' 신호를 만들어 보내줍니다. 이 신호를 받으면 9개의 버튼이 숨겨지고, 스마트폰이 켜진 모양이 되도록 합니다.

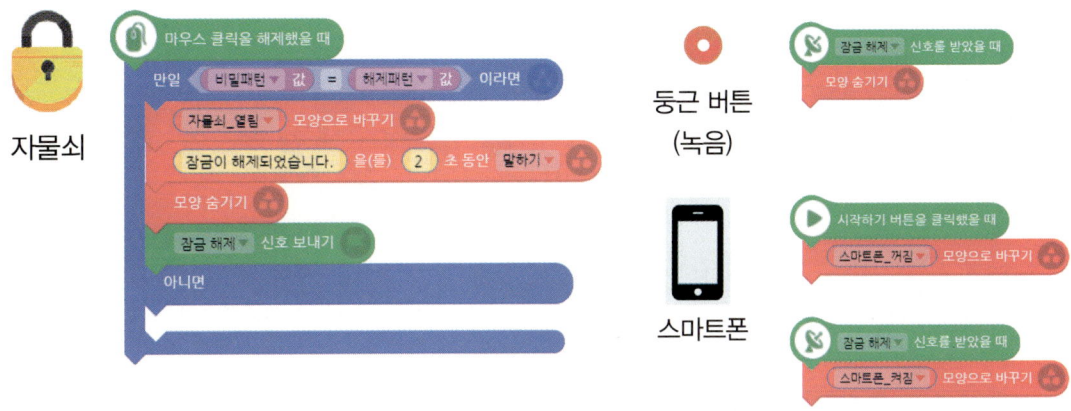

10 패턴이 일치하지 않는 경우 '해제패턴' 변수를 #으로 초기화시키고 "올바르지 않은 패턴입니다."와 "다시 입력하세요."를 1초씩 말하도록 합니다. 그리고 '패턴입력' 신호를 다시 보냅니다.

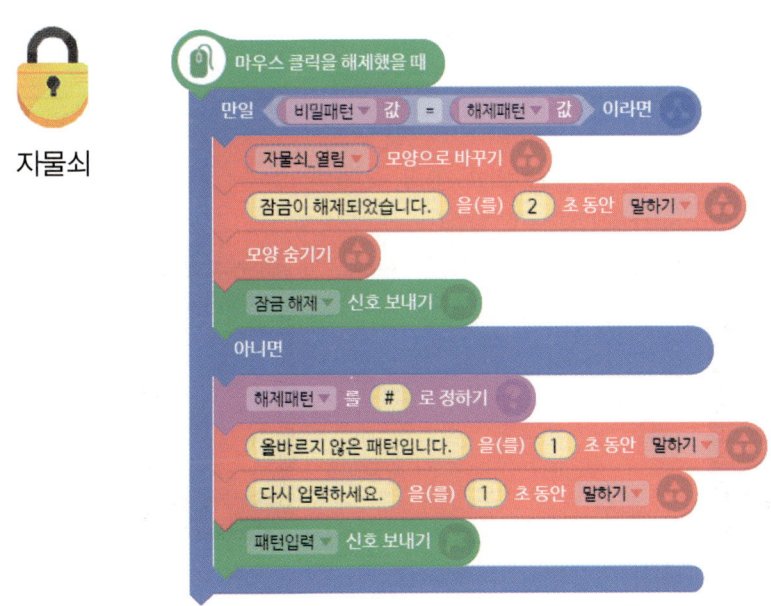

Chapter2
실전! 엔트리 작품 만들기

11 [시작하기]를 눌러 패턴을 잘못 입력해보면 다시 입력할 때 두 가지 문제가 생깁니다. 첫 번째는 한번 지나간 버튼의 색이 다시 입력할 때에도 돌아오지 않은 것이고, 두 번째는 아까 지나가지 않았던 번호를 지나갈 때 해제패턴에 번호가 두 번씩 누적되는 것입니다. 이는 첫 번째로 받았던 '패턴입력' 신호의 코드가 계속 실행 중이다가, 해당 버튼을 지나갈 때 두 번째로 받은 '패턴입력' 신호와 함께 실행되기 때문입니다. 따라서 '패턴입력' 신호를 받으면 버튼에 입혀진 색깔 효과를 지우고, 이전에 받았던 신호가 계속 실행되고 있다면 멈추도록 '자신의 다른 코드 멈추기' 코드를 넣어줍니다.

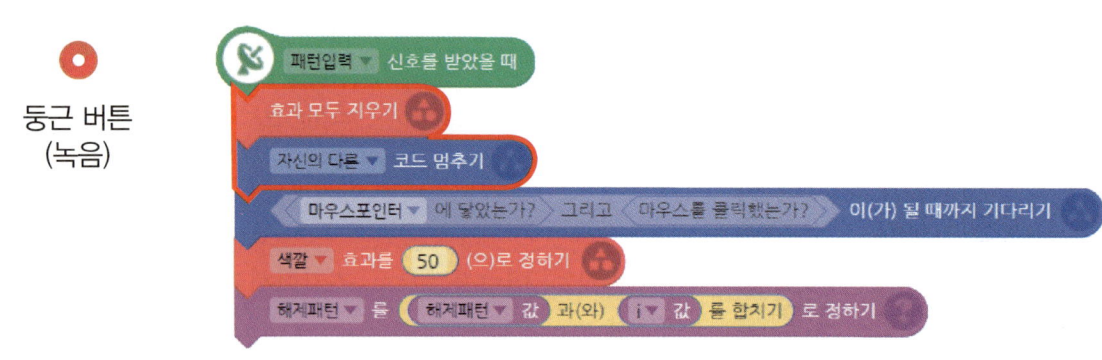

12 [시작하기]를 눌러 패턴을 여러 번 잘못 입력해봅시다. 제대로 입력할 때까지 몇 번이고 계속해서 패턴을 입력할 수 있습니다. 패턴을 바르게 입력하면 스마트폰의 화면이 켜집니다.

도전하기

풍선 로또 게임

작품 주소: https://goo.gl/WxRNy4
강의 주소: https://goo.gl/YQl4u3

'풍선 로또 게임'을 만들어봅시다.

	오브젝트 목록
1	풍선
2	사랑의 총알 엔트리봇
3	글상자(Balloon Lotto)

Mission 01 풍선을 21개 복제하기
풍선 하나를 복제하여 7개씩 3줄의 풍선을 만들어봅시다. 풍선마다 다양한 색깔과 다양한 표정의 모양(터진 모양 제외)을 하도록 합니다. 풍선을 클릭하면 '빵' 소리를 내며 1초간 터진 모양을 하고 사라지도록 만듭니다. 이때, 이미 터진 모양의 풍선은 다시 클릭할 수 없도록 하는 것이 좋습니다.

Mission 02 풍선마다 무작위로 당첨금 정하기
'당첨금 목록' 리스트를 만들어 당첨 금액들을 다양하게 추가해 봅시다. 100, 3000, -700, -2500과 같이 원하는 만큼 입력합니다. '풍선' 오브젝트에서 '풍선 당첨금' 변수를 '이 오브젝트에서 사용'으로 만듭니다. 풍선 복제본이 만들어질 때 이 변수에 '당첨금 목록'에 있는 항목 중 무작위 항목을 뽑아와 저장하도록 합니다.

Mission 03 풍선마다 무작위로 당첨금 정하기
풍선을 터뜨릴 때마다 해당 풍선이 저장하고 있는 '풍선 당첨금'을 말하며 해당 값만큼 얻거나 잃도록 합니다. '당첨금' 변수를 만들어 당첨 금액을 누적하여 저장합니다. '터뜨린 개수' 변수를 만들어 풍선은 총 5개만 터뜨릴 수 있도록 하고, 5개를 모두 터뜨리면 모든 풍선이 숨겨지도록 합니다. '사랑의 총알 엔트리봇' 오브젝트가 전체적으로 게임 방법과 당첨금을 안내하는 코드를 추가하여 완성합니다. 엔트리봇은 게임의 처음과 끝에만 등장하도록 합니다.

4 롤플레잉 게임 만들기

 학습목표

1. 함수를 활용하여 주인공이 걷는 모습을 표현해 봅시다.
2. 투명한 오브젝트를 통해 장면 간을 이동해 봅시다.
3. 입출력을 통해 아이템을 구입하는 장면을 만들어 봅시다.
4. 복제본을 통해 동굴 속 몬스터와의 결투 장면을 만들어 봅시다.

무엇을 만들까?

작품 주소: https://goo.gl/Cc9ov6
강의 주소: https://goo.gl/9B2XGj

01 주인공, 몬스터, 천막이 있습니다. 주인공은 마을을 걸어서 돌아다닙니다.

02 천막으로 들어가면 금화를 내고 아이템을 구입할 수 있습니다.

03 체력이 30보다 클 때, 몬스터에게 가면 결투가 시작됩니다.

04 30초 동안 체력을 유지하며 몬스터의 돌을 피하면 금화를 얻을 수 있습니다.

계획 하기

◆ 필요한 오브젝트와 역할을 생각해봅시다.

Chapter 2
실전! 엔트리 작품 만들기

Q1. 프로그램에 사용 될 신호/변수/리스트/함수가 있나요?

신호	• 장애물: 마을에서 주인공이 지나갈 수 없는 장애물들은 주인공에 닿으면 주인공에게 신호를 보내 물러서도록 합니다. • 빵: 상점에서 빵을 클릭하면 상점 주인이 말을 하도록 신호를 보냅니다. • 물약: 상점에서 물약을 클릭하면 상점 주인이 말을 하도록 신호를 보냅니다. • 공격: 결투에서 몬스터가 점프를 하면 동굴이 흔들리고 돌이 무더기로 떨어지도록 신호를 보냅니다.
변수	• 금화: 주인공이 획득하거나 소모하는 금화를 저장합니다. • 체력: 주인공이 획득하거나 소모하는 체력을 저장합니다.
함수	• 한걸음(문자/숫자값): 주인공을 걷게 하는 코드 중 반복되는 부분을 함수로 묶습니다. 입력한 숫자에 따라 주인공이 상/하/좌/우로 한 걸음 걷도록 하는 함수를 만듭니다. • 방향키로 걷기: 주인공이 여러 장면에서 계속 걸어다녀야 하므로, '한걸음' 함수로 주인공이 방향키로 걷게 하는 부분을 한꺼번에 묶어 '방향키로 걷기' 함수로 만듭니다.

Q2. 어떤 점에 유의해야 하나요?

① 주인공이 장애물들을 통과해서 지나가지 못하도록 합니다. 장애물이 추가될 때마다 주인공의 코드를 고치는 것보다는 각 장애물들이 주인공을 튕겨내는 코드를 가지고 있는 것이 좋습니다.

② 주인공이 천막의 입구 부분으로만 들어갈 수 있도록 입구 부분에 오브젝트를 추가하고 투명도를 100으로 만들어 보이지 않는 입구로 만들어줍니다.

③ 반복되는 코드를 함수로 줄여 두면 코드를 이해하기 쉽고 다른 장면에서도 쉽게 사용할 수 있습니다.

④ 여러 장면으로 이루어진 작품을 만들 때에는 '시작하기 버튼을 클릭했을 때' 블록 대신 '장면이 시작되었을 때' 블록을 사용하고, 각 장면을 테스트하기 위해서는 시작하기 버튼을 클릭했을 때, 현재 장면이 시작될 수 있는 코드를 추가하여 사용합니다.

⑤ 돌과 같이 똑같은 오브젝트가 여러 개 필요할 때에는 복제본을 만들어 사용합니다.

★★★ 만들기

STEP 1 주인공이 되어 여러 장면을 돌아다녀요

01 필요한 오브젝트들을 추가하고 적절한 크기로 배치합니다. '동그란 버튼' 오브젝트는 상점으로 사용될 '인디언 초막(2)'의 입구 부분에 살짝 튀어나오도록 배치하고, 이 오브젝트 이름을 '상점 입구'로 바꿉니다. 또, '도깨비(2)'는 '몬스터'로, '미니남'은 '주인공'으로 오브젝트의 이름을 바꾸어 줍니다.

오브젝트 목록	
원래이름	바꾼이름
흙	
인디언 초막(2)	
동그란 버튼	상점 입구
울타리	
울타리1	
도깨비(2)	몬스터
미니남	주인공

Chapter 2
실전! 엔트리 작품 만들기

02 키보드 방향키로 주인공을 움직여봅시다. 먼저, 주인공을 네 방향으로 움직이기 위해서 '이동방향'을 어떻게 바꾸어야 하는지 생각해봅시다.

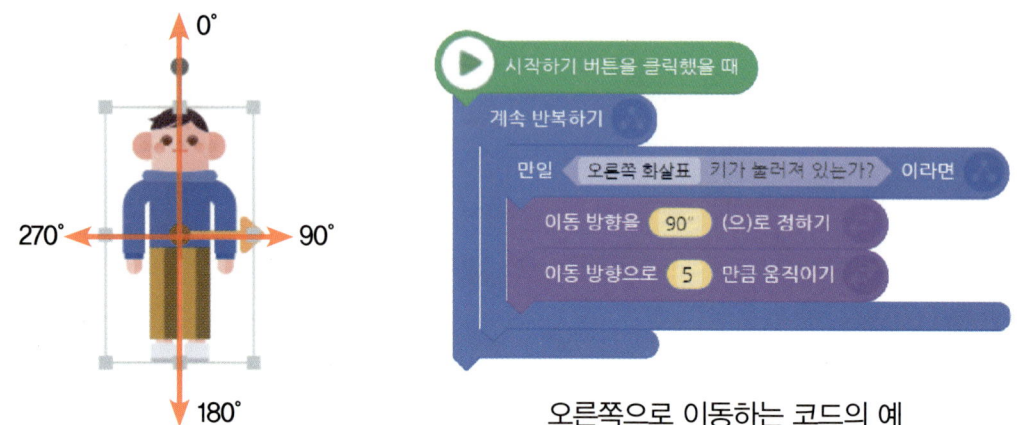

오른쪽으로 이동하는 코드의 예

03 [모양] 탭에서 '주인공(미니남)' 오브젝트의 모양을 확인해봅시다. 주인공은 오른쪽, 왼쪽, 앞쪽, 뒤쪽으로 걸어가는 모습을 각각 3개씩 총 12개의 모양을 가지고 있습니다. 오른쪽 화살표키를 눌렀을 때 오른쪽으로 걷게 하기 위해서는 모양을 1 → 2 → 3 → 1로 바꾸며 0.02초 간격으로 이동방향으로 5씩 움직이도록 아래와 같이 코드를 만들어 봅시다.

TIP
'~모양으로 바꾸기' 블록에서 모양 이름을 선택하는 블록을 버리고 직접 모양 번호를 입력하도록 합니다.

4 롤플레잉 게임 만들기

04 이런 식으로 주인공을 앞쪽, 위쪽, 아래쪽으로 이동시키는 코드를 만들면 코드가 매우 길어질 것입니다. 반복되어 사용하는 코드를 묶어 함수로 만들어봅시다. 왼쪽 코드는 한 걸음을 걷는 코드입니다. 1 → 2 → 3 → 1 부분을 4 → 5 → 6 → 4로 바꾸면 왼쪽으로 걷는 코드가, 7 → 8 → 9 → 7로 바꾸면 앞쪽으로 걷는 코드가, 10 → 11 → 12 → 10으로 바꾸면 뒤쪽으로 걷는 코드가 됩니다. 이 부분을 일반화하면 n → n+1 → n+2 → n으로 나타낼 수 있습니다. 왼쪽 코드를 복사하고 [함수] - [함수 만들기]로 들어가서 붙여 넣습니다. 함수의 이름은 '한걸음'으로 바꾸고, '문자/숫자값'블록을 이용해, 바뀌는 부분을 각각 (문자/숫자값), (문자/숫자값 + 1), (문자/숫자값 + 2), (문자/숫자값)으로 바꾸어줍니다.

> **TIP**
> 코드가 너무 길어지면 나중에 이게 어떤 코드였는지 이해하기도 어렵고 나중에 같은 코드를 다시 사용하기도 어렵습니다. 코드를 만들 때에는 자신뿐만 아니라 다른 사람도 이해하기 쉽게 정리하는 것이 좋습니다.

05 이제 아까 만들었던 코드를 오른쪽과 같이 줄여봅시다. 오른쪽 화살표키를 누르면 이동방향을 오른쪽으로 바꾸고 모양을 1번부터 시작하여 한 걸음 움직이는 것을 의미합니다.

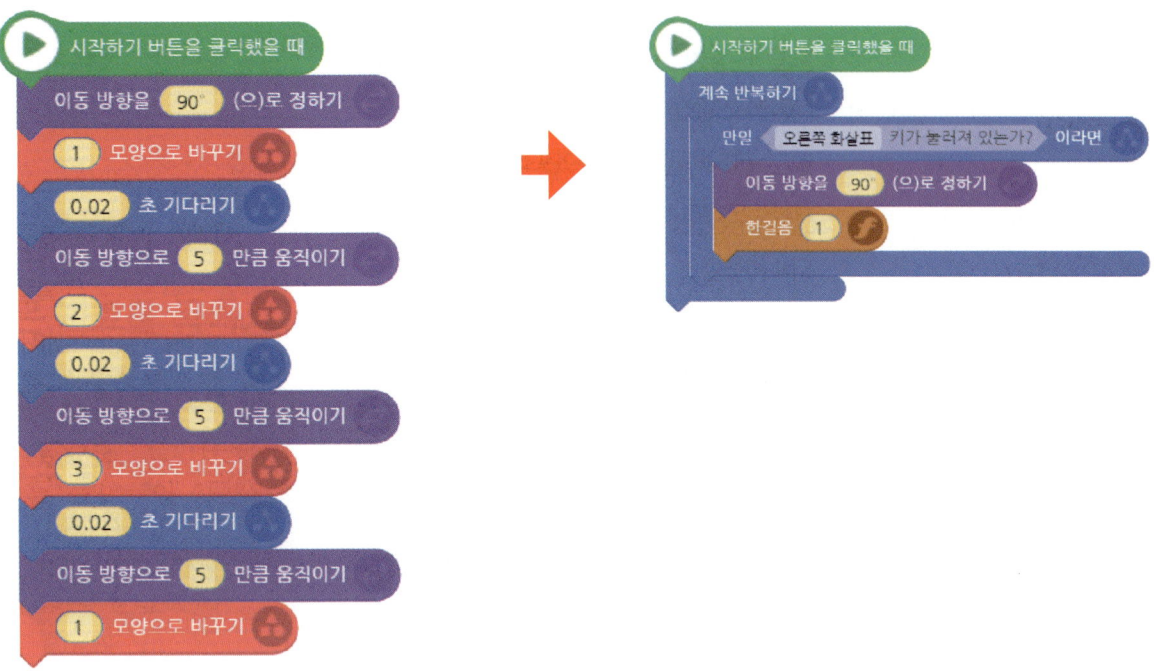

06 왼쪽으로 걷는 모양은 모양 번호 4번부터 앞쪽으로 걷는 모양은 7번부터 뒤쪽으로 걷는 모양은 10번부터 시작합니다. 함수에 입력하는 값만 바꾸어 주인공이 걸어가는 코드를 완성할 수 있습니다. [시작하기]를 눌러 방향키로 주인공을 움직여봅시다.

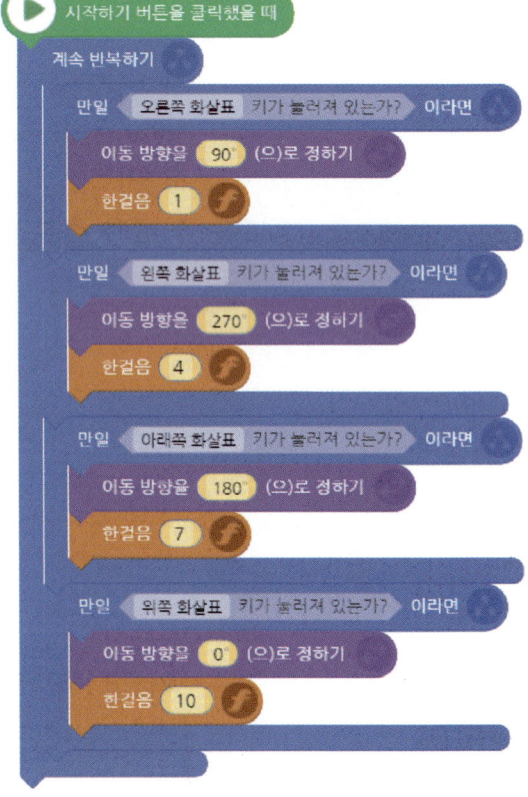

주인공

07 그런데 이 코드도 많은 장면에서 자주 사용하기에는 꽤 깁니다. 네 방향키로 걷는 코드를 한꺼번에 복사하여 [함수] - [함수 만들기]에서 '방향키로걷기'라는 함수로 묶습니다. 그리고 주인공이 걷는 코드를 다시 한 번, 오른쪽과 같이 아주 간단하게 줄여줍니다.

08 롤플레잉 게임에서 주인공은 여러 장면을 왔다갔다 돌아다녀야 합니다. 이렇게 여러 장면이 사용될 때에는 모든 장면의 코드를 '장면이 시작되었을 때'로 시작하고, [시작하기]를 눌렀을 때 현재 있는 장면이 시작되도록 코드를 만드는 것이 좋습니다. 그래야 이 장면으로 다시 돌아왔을 때 '장면이 시작되었을 때'로 시작하는 똑같은 코드를 또 만들어주지 않아도 되기 때문입니다. 장면의 이름을 〈마을〉로 바꾸고, '흙'과 '주인공' 오브젝트에 각각 아래와 같이 코드를 만들어 줍니다.

흙　　　　　　　　　　　　　주인공

09 다음은 주인공이 장애물을 뚫고 지나가지 못하도록 만들어봅시다. 이때, 코드를 실행해야 하는 것은 장애물이 아닌 '주인공' 오브젝트입니다. 그러나 장애물 오브젝트가 하나씩 추가될 때마다 주인공의 코드를 추가하는 것보다 장애물들이 주인공에게 장애물이라고 신호를 보내고, 주인공은 신호를 받을 때마다 항상 동일하게 움직이도록 하는 것이 장애물이 많아질수록 효율적입니다. [속성] 탭에서 '장애물' 신호를 만들고 '인디언 초막'이 주인공에 닿으면 신호를 보내고 기다리는 코드를 만들어줍니다.

인디언 초막(2)

10 주인공은 '장애물' 신호를 받으면 현재 이동하고 있던 방향의 반대 방향으로 한 걸음만큼 뒤로 이동하도록 코드를 만들어줍니다. [시작하기]를 눌러 주인공이 인디언 초막을 못 지나가는지 확인해봅시다.

주인공

TIP

미니남을 방향키로 움직이는 코드를 살펴보면, 한 걸음 걸을 때마다 15씩 움직이는 것을 알 수 있습니다. 따라서 장애물에 닿았을 때 반대방향으로 15만큼 움직이도록 합니다.

11 '인디언 초막(2)'의 코드를 '몬스터', '울타리', '울타리1' 오브젝트에도 추가해 줍니다.

몬스터   울타리   울타리1

4 롤플레잉 게임 만들기

12 주인공이 화면 밖으로 빠져나가지 않도록 만들어봅시다. 신호는 자기가 자기에게 보낼 수도 있습니다. 주인공이 벽에 닿았을 때도 장애물 신호를 보내고 기다리도록 만들어봅시다. [시작하기]를 눌러 주인공이 장애물들을 통과하지 못하고, 화면 밖으로도 못 빠져나가는지 확인해봅시다.

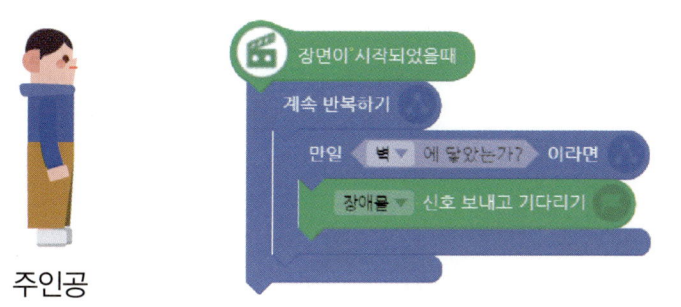

주인공

TIP
'인디언 초막'에 있는 코드를 복사해 온 후, '주인공에 닿았는가?'를 '벽에 닿았는가?'로 변경합니다.

13 ➕를 눌러 〈상점〉과 〈결투〉 장면을 추가해봅시다. 장면에 필요한 오브젝트는 나중에 추가하고, 다시 〈마을〉 장면으로 돌아옵니다. '상점 입구' 오브젝트는 화면에 보이지는 않지만 존재하도록 '투명도' 효과를 100으로 정합니다. 그리고 주인공에 닿으면 〈상점〉 장면을 시작하도록 합니다. 같은 방법으로 몬스터에 닿으면 〈결투〉 장면으로 이동하도록 만들어봅시다. [시작하기]를 누르고 주인공을 움직여 각각의 장면으로 이동하는지 확인합니다.

상점 입구

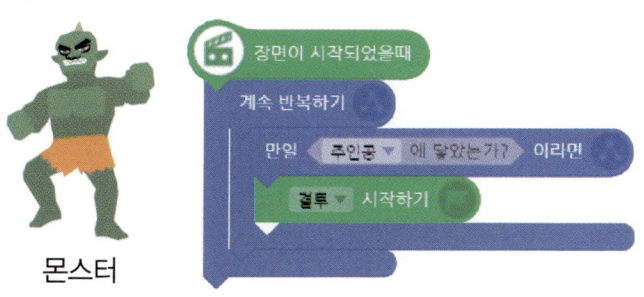

몬스터

STEP 2 상점에서 물약을 구입해요

01 〈상점〉 장면을 꾸며봅시다. 필요한 오브젝트들을 추가하고 적절한 크기로 배치합니다. '무용수'의 오브젝트명은 '상점 주인'으로 바꾸어 줍니다.

오브젝트 목록	
원래이름	바꾼이름
시장	
무용수	상점 주인
빵	
물약(빨강)	
나가기 버튼	

02 글상자 오브젝트를 두 개 추가해봅시다. 아래와 같이 '여러 줄 모드'를 선택하고 물건의 가격과 효과를 표시해봅시다. 글자의 크기는 [글상자] 탭에서 슬라이드로 조절할 수 있습니다.

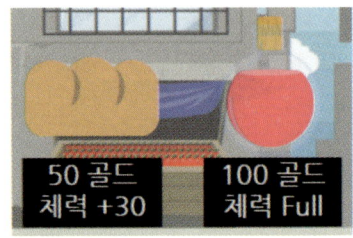 

03 이 장면에서 [시작하기]를 눌러 코드를 테스트할 수 있도록, '시장' 오브젝트에 이 장면을 시작하는 코드를 추가합니다. 장면이 시작되었을 때, 상점 주인이 "앨리스 상점입니다~! 무엇을 사시겠습니까?" 라고 말하도록 합니다.

 시장

상점 주인

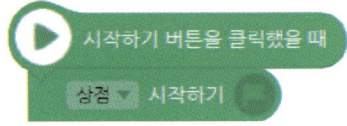

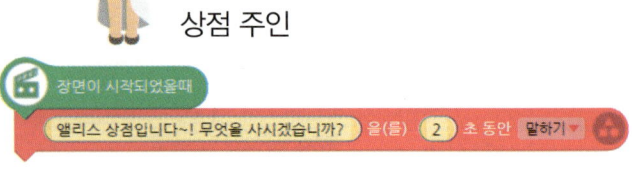

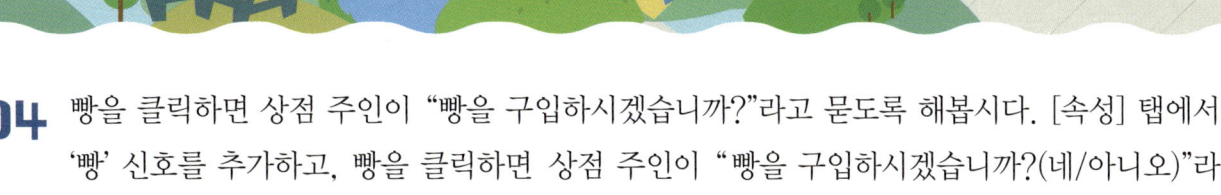

04 빵을 클릭하면 상점 주인이 "빵을 구입하시겠습니까?"라고 묻도록 해봅시다. [속성] 탭에서 '빵' 신호를 추가하고, 빵을 클릭하면 상점 주인이 "빵을 구입하시겠습니까?(네/아니오)"라고 묻도록 합니다.

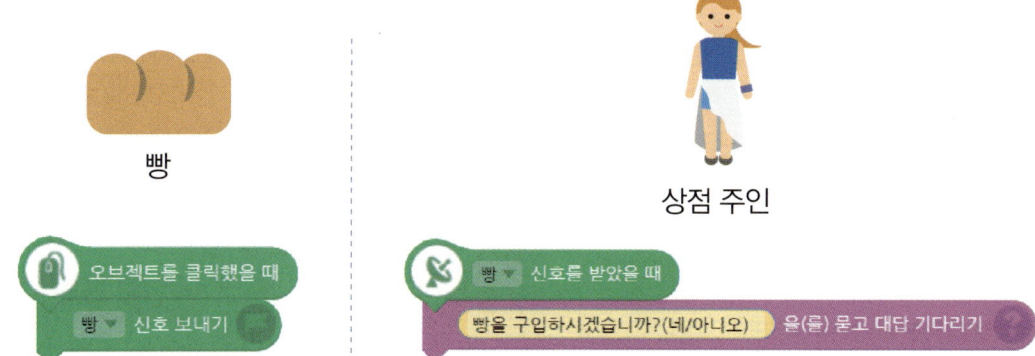

05 상점에서 빵을 구입하면 '금화'와 '체력'에 변화가 있게 됩니다. 변화를 보여주기 위해 [속성] 탭에서 '금화'와 '체력' 변수를 만들고 기본값을 각각 150과 20으로 정해줍니다.

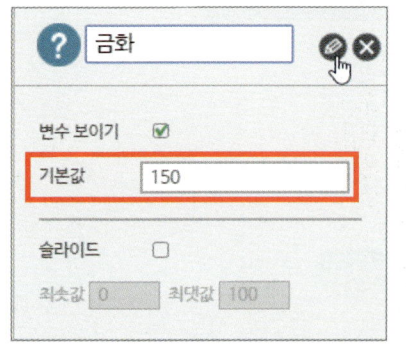 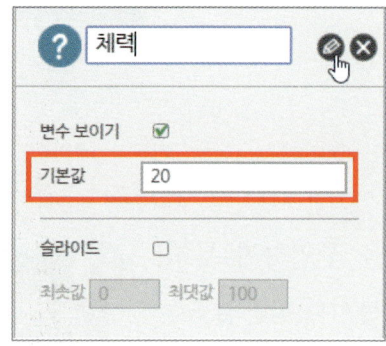

06 "네"라고 대답하면 "감사합니다! 복 받으실 거예요~"라고 말하고, 금화에 -50, 체력에 30씩 더하도록 합니다. 다른 대답을 했다면 "천천히 골라보세요~"라고 말하도록 합니다.

07 상점 주인이 가진 모양을 이용하여 말하는 동안 모양을 변화시키는 코드를 추가합니다. 이후 [시작하기]를 눌러 빵을 여러 번 구입해봅시다. 현재 상태에서는 금화가 부족해도 계속해서 빵을 구입할 수 있습니다.

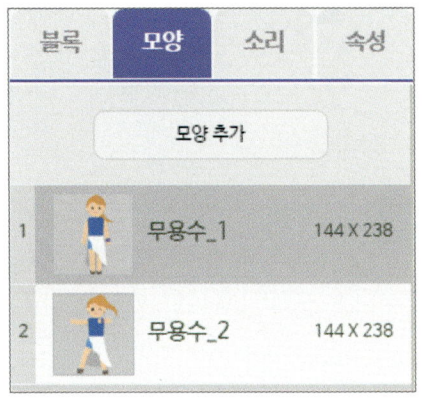

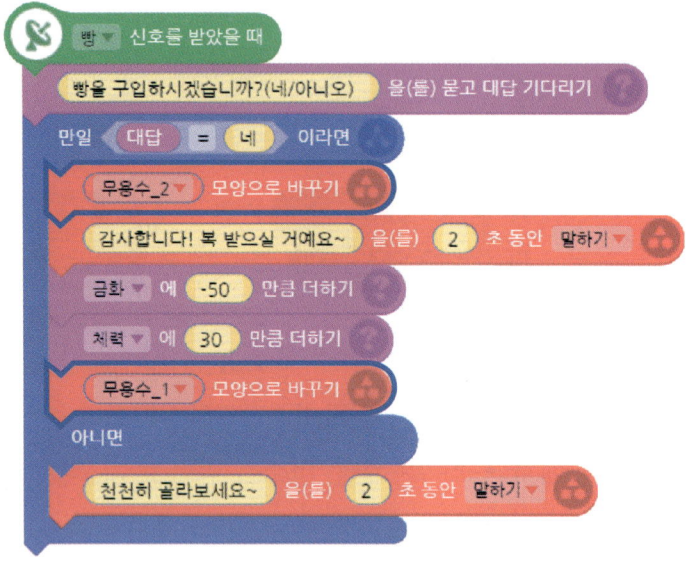

08 금화가 부족하면 빵을 구입하지 못하도록 코드를 추가해봅시다. '만일 ~, 아니면 ~' 블록을 사용하여, 금화가 50 이상인 경우에 빵을 구입하는 코드를 실행하고, 아니면 "돈이 부족하잖아욧!"과 "천천히 골라보세요~"를 각각 2초간 말하도록 합니다.

4 롤플레잉 게임 만들기

09 [속성] 탭에서 '물약' 신호를 추가하고, '빵'과 마찬가지로 '물약'을 클릭하면 구입할 수 있는 코드를 만들어봅시다. 빵을 구입할 때 코드를 복사하여 사용할 수 있습니다. 물약을 구입하면, 금화에 -100을 하고 체력은 100이 되도록 만들어 봅시다. 현재 체력이 몇이든 상관없이 100으로 만들기 위해 '변수를 ~로 정하기' 블록을 사용합니다.

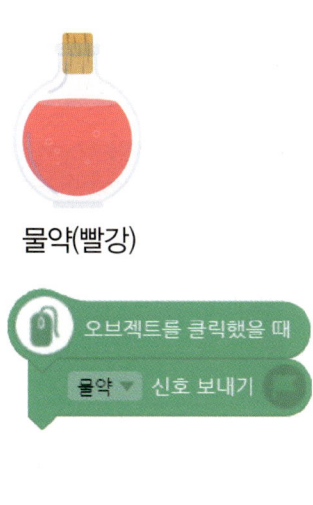

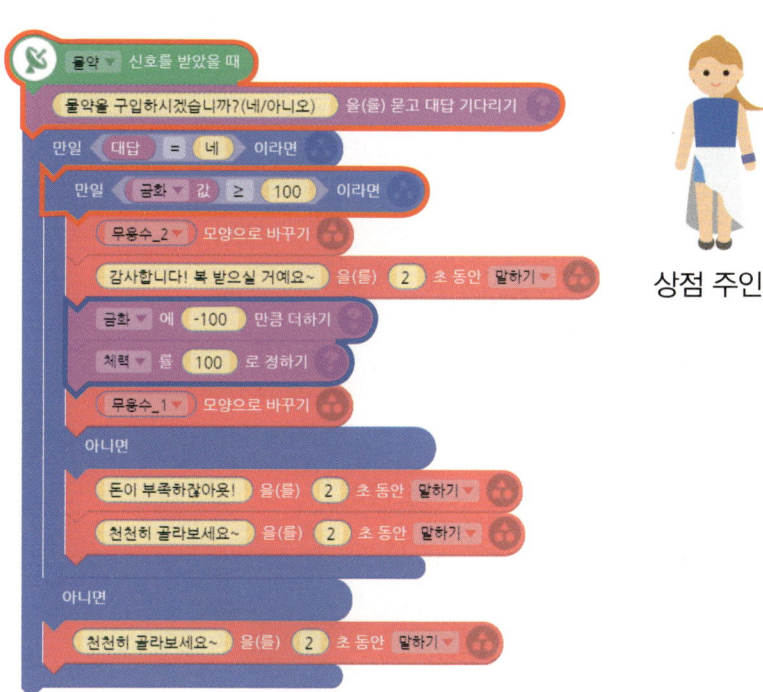

10 '나가기 버튼'을 클릭하면 〈마을〉 장면으로 돌아가도록 해봅시다. [시작하기]를 눌러 여러 아이템을 구입해보고 〈마을〉과 〈상점〉 장면을 상호 이동해봅시다.

나가기 버튼

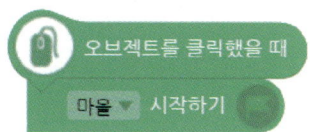

Chapter 2
실전! 엔트리 작품 만들기

STEP 3 몬스터와 결투해요

01 〈결투〉 장면을 꾸며봅시다. 필요한 오브젝트들을 추가하고 적절한 크기로 배치합니다. '도깨비(2)'는 '몬스터'로, '미니남'은 '주인공'으로 오브젝트 이름을 변경하고, 주인공은 [모양] 탭에서 '미니남_앞1' 모양으로 변경합니다.

02 주인공은 미리 만들어 둔 '방향키로걷기' 함수를 이용하여 〈마을〉 장면에서와 마찬가지로 방향키로 걸어 다니도록 만듭니다.

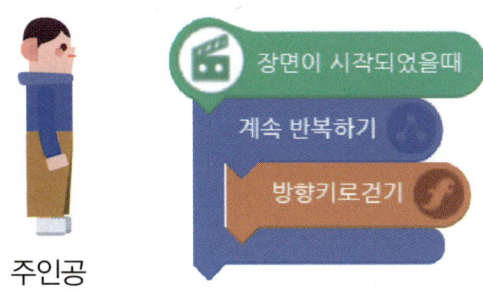

03 이 장면에서도 [시작하기]를 눌러 코드를 테스트할 수 있도록, '동굴 속' 오브젝트에서 이 장면이 시작하는 코드를 추가합니다. 이때, 동굴의 크기를 현재 화면의 크기보다 조금 더 커지도록 400으로 정해줍니다.

 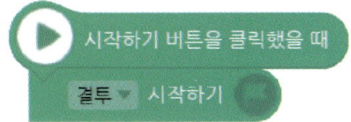 

> **TIP**
> 배경 오브젝트들의 원래 크기는 화면에 꽉 차는 375입니다. '동굴 속' 배경의 경우 몬스터가 될 때 위아래로 흔들려야 하므로, 빈 곳이 발생하지 않도록 실행화면의 크기보다 크게 조정하는 것입니다.

4 롤플레잉 게임 만들기

04 장면이 시작되면 몬스터가 "30초 동안 돌을 피해라!"라고 말하고, 초시계가 시작되도록 합니다.

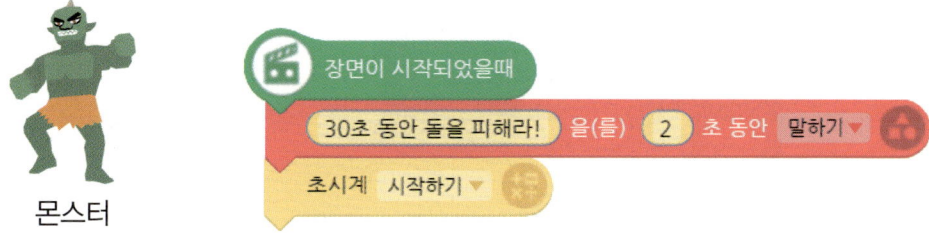

05 초시계가 30 이상이 될 때까지 y좌표를 변화시켜 몬스터가 위아래로 점프하도록 만들어봅시다. 도깨비가 너무 규칙적으로 점프하지 않도록 1.0~3.0초 간 기다린 후 다음 점프를 하도록 합니다. 또, [소리] 탭에서 '천둥2' 소리를 추가하여 점프를 할 때마다 동굴이 무너지는 듯한 소리가 나도록 합니다.

TIP

무작위 수의 범위를 1~3으로 입력하면 1, 2, 3만 뽑아냅니다. 1.0~3.0으로 입력하면 소수 범위까지 뽑아내므로 더 실감나는 무작위 효과를 낼 수 있습니다.

06 몬스터가 뛸 때마다 동굴이 흔들리고 돌무더기가 떨어지도록 하려면 신호가 필요합니다. [속성] 탭에서 '공격' 신호를 만들고, 몬스터가 뛸 때마다 이 신호를 보내도록 합니다.

163

07 동굴은 '공격' 신호를 받으면 y좌표를 여러 번 바꾸어 흔들리는 효과를 내도록 합니다.

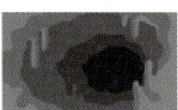

동굴

08 '검은 돌멩이'는 몬스터가 뛸 때마다 10~30개의 돌무더기로 바뀌도록 해 봅시다. 돌무더기는 동굴의 윗부분에 무작위로 생성되도록 x좌표는 −200~200 사이의 무작위 수로, y좌표는 120 으로 정해줍니다. 복제본을 만든 후, 원본은 👁 을 눌러 화면에서 숨겨줍니다.

검은 돌멩이

> **TIP**
> '복제본이 처음 생성되었을 때' 블록을 사용하면 원본과 복제본이 서로 다른 코드로 동작하므로 원본은 숨겨주는 것이 좋습니다.

09 복제본이 생성되면 모습이 보여지며 아래로 떨어지도록 만들어봅시다. 아래로 떨어져야 하므로 y좌표를 음수(−)만큼 바꾸어야 하며, −2.0 ~ −5.0 사이의 무작위 속도로 떨어지도록 합니다. 복제본은 주인공에 닿거나 아래쪽 벽에 닿을 때까지 떨어진 후 삭제되도록 합니다.

검은 돌멩이

4 롤플레잉 게임 만들기

10 돌멩이가 주인공에 맞은 경우 체력에 -1을 더하는 코드를 추가합니다.

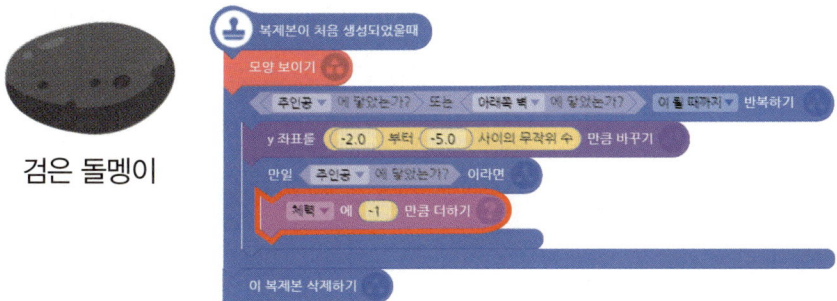

검은 돌멩이

11 결투가 시작된 후, 체력이 0 이하가 되면 몬스터가 이긴 것이고, 초시계 값이 30보다 커질 때까지 버티면 주인공이 이긴 것입니다. 이 두 가지 중 한 가지 상황이 될 때까지 기다렸다가 초시계를 정지하고 공격을 멈추도록 합니다.

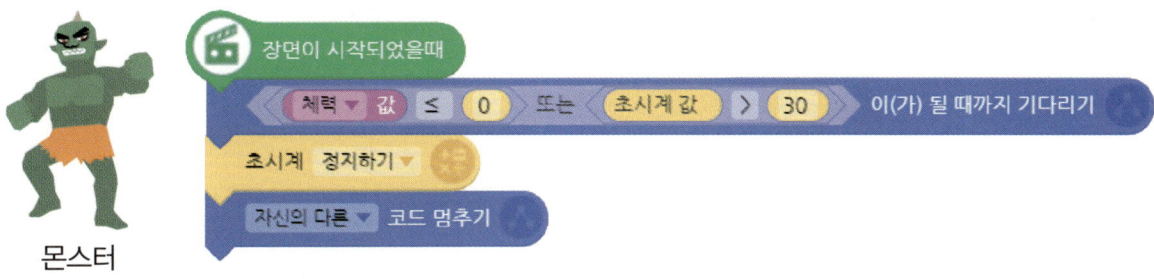

몬스터

12 결투가 종료되고, 체력이 남아있다면 주인공이 이긴 것입니다. 이 경우, 몬스터가 "내가 졌다....", "금화 100을 주지..."라고 말하고 금화에 100을 더하도록 합니다.

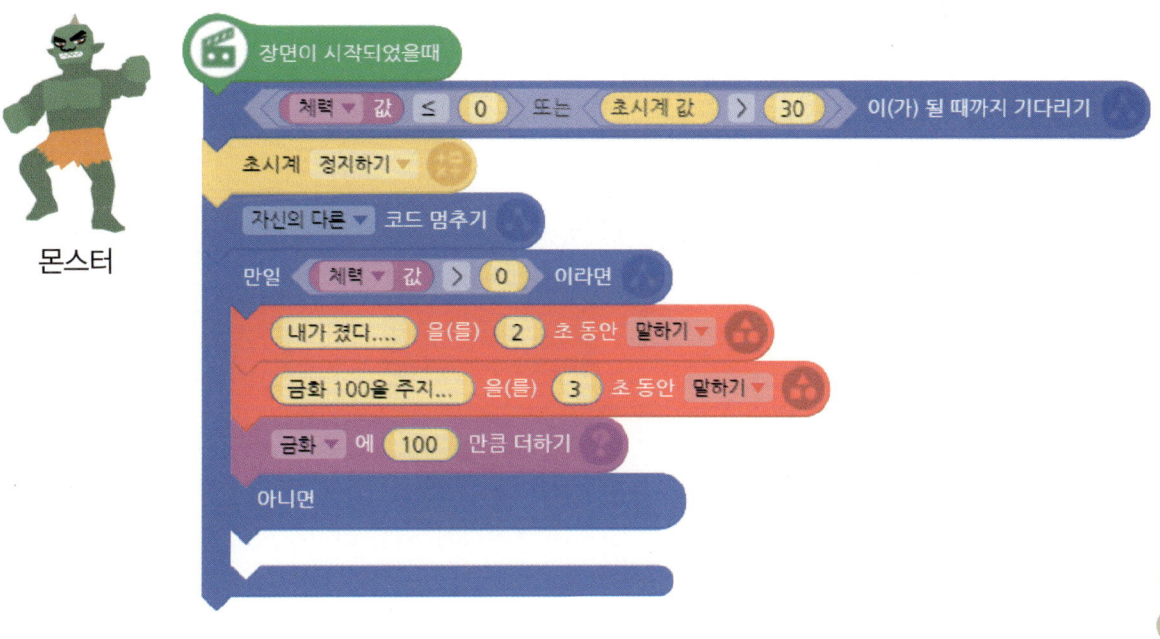

몬스터

13 체력이 남아있지 않았다면 몬스터가 이긴 것입니다. 이 경우, 몬스터가 "크하하~ 체력을 더 길러라!", "금화 50을 가져가겠다!!"를 말하고 금화에서 50을 뺏어가도록 합니다. 결투의 결과를 보여준 〈마을〉 장면으로 이동하도록 합니다. [시작하기]를 눌러 몬스터와 결투를 해 봅시다.

몬스터

14 모든 장면에서 '대답창'은 보일 필요가 없습니다. 또, '초시계창'은 〈결투〉 장면에서만 필요합니다. 각 장면의 배경 오브젝트에서 각각의 창을 보이고 숨기도록 하는 코드를 추가하여 완성합니다.

〈마을〉 장면	〈상점〉 장면	〈결투〉 장면

4 롤플레잉 게임 만들기

도전하기

숲 속에서 금화줍기

장면을 추가하여 나만의 '롤플레잉 게임'으로 발전시켜 봅시다.

작품 주소: https://goo.gl/r9Lf2W
강의 주소: https://goo.gl/quHkDc

	오브젝트 목록
1	풀
2	나무(3)
3	울타리
4	울타리1
5	동그란 버튼 → 마을입구
6	미니남 → 주인공
7	동전
8	폭탄

Mission 01 울타리 사이로 마을-숲속 간 이동하기
〈숲속〉 장면을 만들고, 〈숲속〉 장면과 〈마을〉 장면의 울타리 사이에 보이지 않는 입구 오브젝트를 만들어 마을과 숲속을 자유롭게 이동할 수 있도록 합니다.

Mission 02 숲속에서 주인공 움직이기
〈숲속〉에서도 주인공이 방향키로 걸어 다니도록 합니다. 이 때, 나무, 울타리 등의 장애물을 통과하지 못하도록 합니다.

Mission 03 동전과 폭탄 뿌리기
숲속에 들어가면 동전 20개와 폭탄 10개가 화면에 무작위로 뿌려지도록 합니다. 주인공이 동전을 먹으면 좋은 소리가 나고 금화에 10씩 더해지지만, 폭탄을 밟으면 나쁜 소리가 나며 체력이 5씩 소모되도록 합니다.

타자 연습 게임

학습목표
1. 리스트를 활용하여 타자연습에 등장할 단어들을 입력해 추가해 봅시다.
2. 복제본을 활용하여 30초 동안 무작위로 단어들이 비처럼 내리도록 만들어 봅시다.
3. 입출력을 활용하여 떨어지는 단어를 입력해 점수를 얻도록 만들어 봅시다.
4. 공유변수를 활용하여 최고점수를 누적하여 저장해 봅시다.

무엇을 만들까?

작품 주소: https://goo.gl/lwTGvq
강의 주소: https://goo.gl/4lRdBC

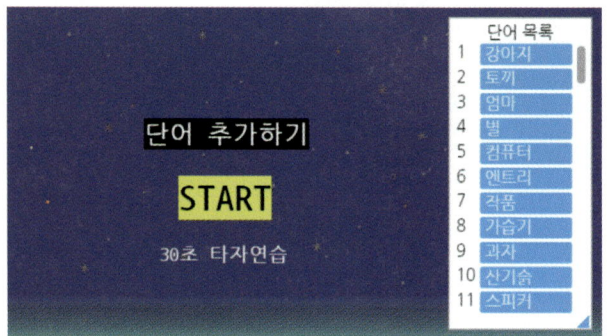

01 타자 연습 게임의 첫 화면입니다.

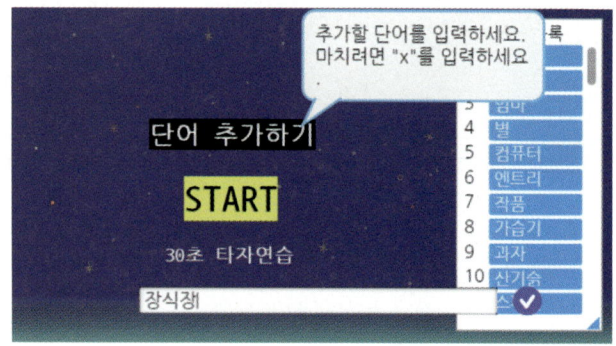

02 [단어 추가하기]를 누르면 타자 연습을 하고 싶은 단어 목록을 추가합니다.

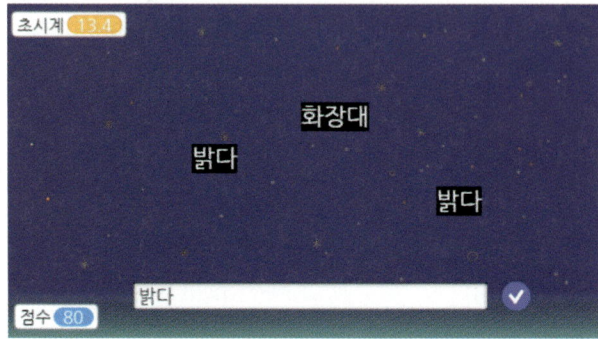

03 [START]를 누르고 타자 연습 게임을 합니다. 30초 동안 비처럼 내리는 단어들을 입력해 점수를 얻습니다.

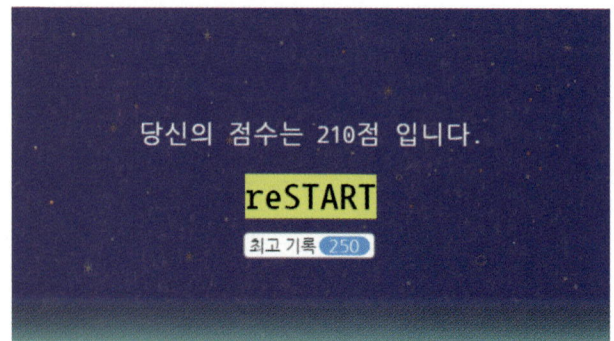

04 30초가 지나면 점수를 보여주고 지금까지의 최고 기록을 보여줍니다. [reSTART]를 누르면 첫 화면으로 돌아갑니다.

5 타자 연습 게임

계획 하기

◆ 필요한 오브젝트와 역할을 생각해봅시다.

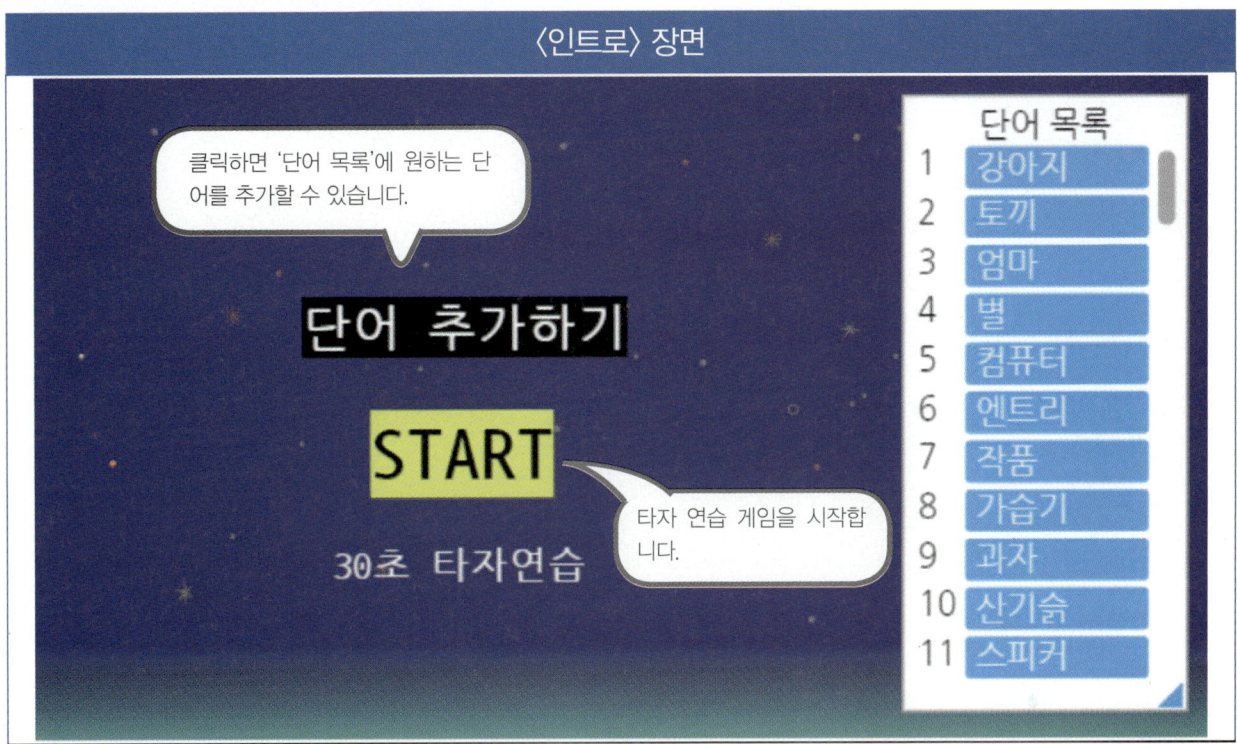

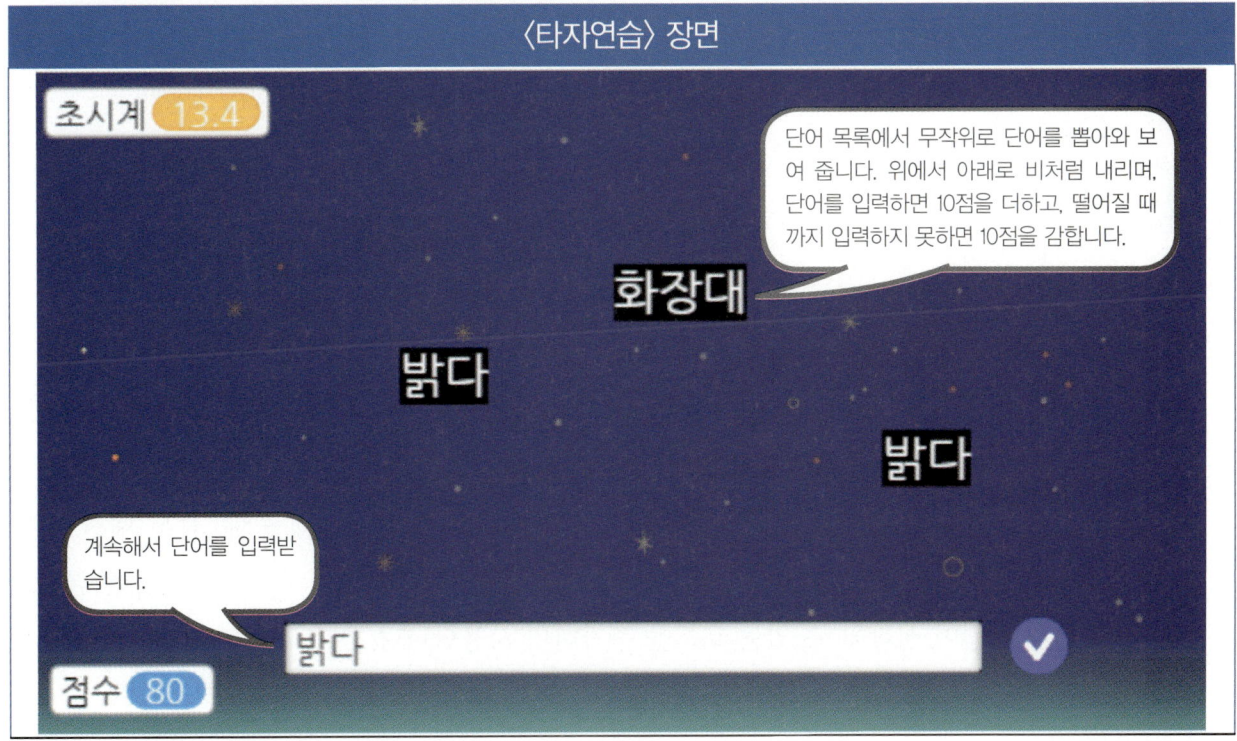

Chapter2
실전! 엔트리 작품 만들기

〈엔딩〉 장면

게임의 점수를 보여줍니다. 최고 기록보다 높으면 최고 기록을 갱신합니다.

〈인트로〉 장면으로 돌아갑니다.

Q1. 프로그램에 사용 될 신호/변수/리스트/함수가 있나요?

 변수	• 점수: 비처럼 내리는 단어를 바르게 입력할 때마다 10씩, 입력하지 못하고 떨어질 때마다 −10점씩 누적합니다. • 최고 점수 (공유 변수로 사용): 지금까지의 최고 점수를 저장합니다. • 단어 (이 오브젝트에서 사용): 단어의 복제본들이 자신이 보여주고 있는 단어를 저장합니다.
 리스트	• 단어 목록 (공유 리스트로 사용): 게임에 등장할 단어 목록을 저장합니다.

Q2. 어떤 점에 유의해야 하나요?

① 프로그램이 종료되어도 저장하고 있어야 할 변수/리스트는 공유 기능을 사용합니다.

② 각 장면에서 보여야 할 창들과 보이지 않아야 할 창들을 고려해야 합니다.

③ 여러 장면으로 이루어진 작품을 만들 때에는 '시작하기 버튼을 클릭했을 때' 블록 대신 '장면이 시작되었을 때' 블록을 사용하고, 각 장면을 테스트하기 위해서는 시작하기 버튼을 클릭했을 때, 현재 장면이 시작될 수 있는 코드를 추가하여 사용합니다.

④ 복제본마다 변수의 값을 다르게 저장해야 할 때에는 변수를 생성할 때 '이 오브젝트에서 사용'을 체크합니다.

만들기

STEP 1 연습할 단어를 등록해요

01 필요한 오브젝트들을 추가하고 적절한 크기로 배치합니다. '글상자' 오브젝트를 추가하여 필요한 내용들을 넣고, 알아보기 쉽도록 오브젝트 이름도 해당 내용으로 바꾸어줍니다.

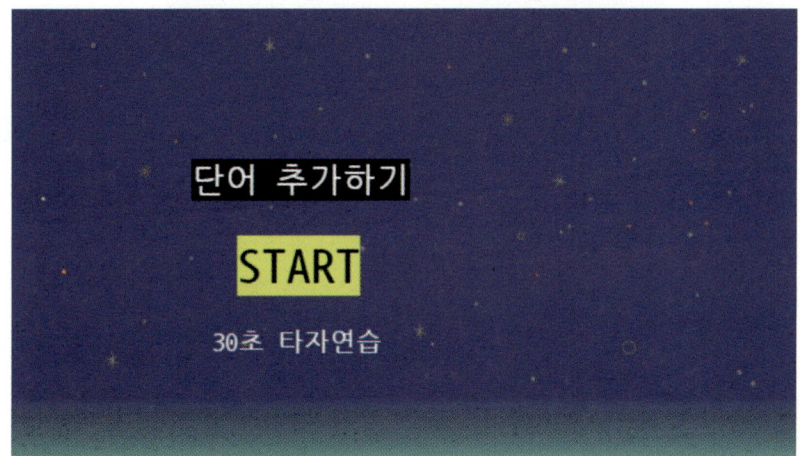

	오브젝트 목록
1	별 헤는 밤
2	글상자(단어 추가하기)
3	글상자(START)
4	글상자(30초 타자연습)

02 타자 연습 게임에 사용될 단어 목록을 만들어봅시다. [속성] 탭에서 '단어 목록' 리스트를 추가하는데, 프로그램 실행 중에 추가한 단어를 기억하도록 '공유 리스트로 사용' 기능을 사용하여 생성합니다. 를 눌러 리스트에 원하는 단어들을 추가합니다.

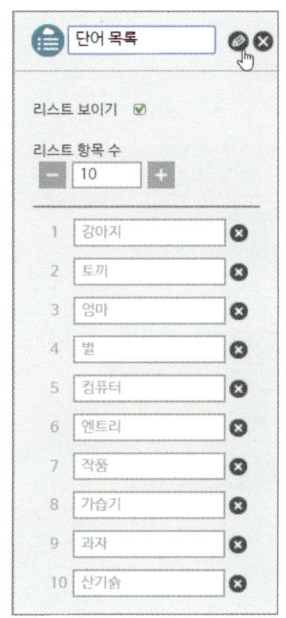

03 [단어 추가하기] 버튼을 눌러 단어를 추가할 수 있도록 만들어봅시다. 먼저, 버튼을 눌렀을 때 살짝 크기가 커졌다 작아지는 클릭 액션을 만들어봅시다.

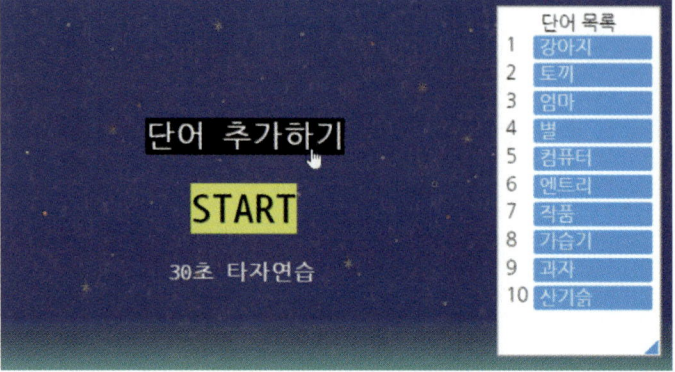

04 x를 입력할 때까지 추가할 단어를 연속으로 입력받도록 해봅시다. "추가할 단어를 입력하세요. 마치려면 'x'를 입력하세요."를 묻고 대답을 기다리는 것을 계속 반복합니다. 대답으로 'x'가 입력되면 반복을 중단합니다.

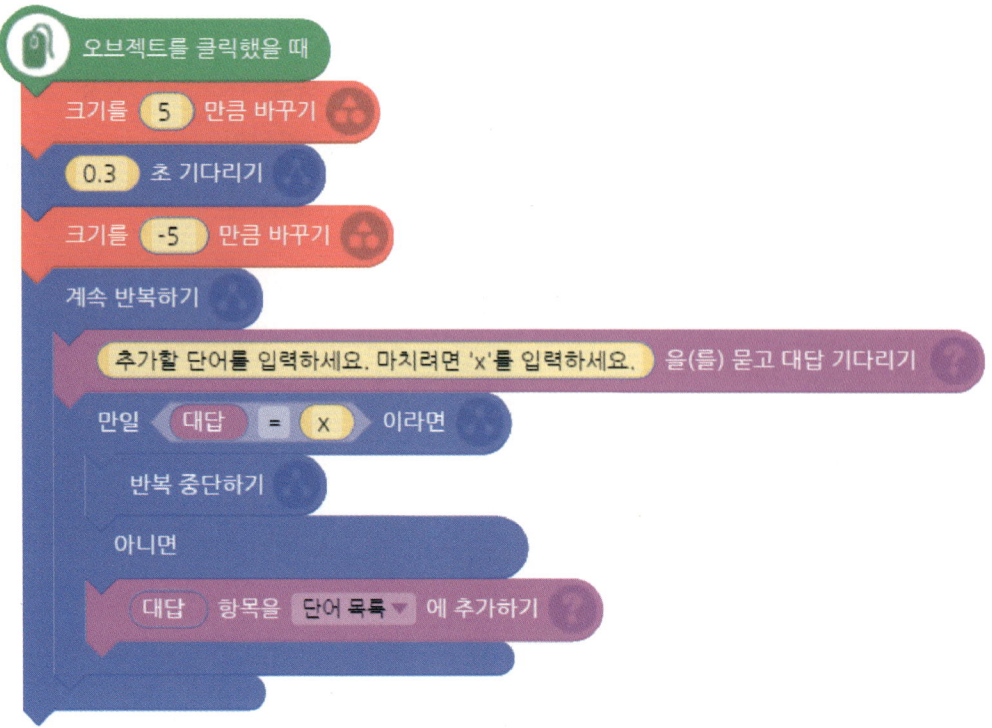

5 타자 연습 게임

05 여러 장면을 오가는 작품을 만들 것이므로 현재 장면의 이름을 〈인트로〉로 바꾸고, 배경 오브젝트에 아래와 같이 코드를 만들어줍니다.

별 헤는 밤

06 [시작하기]를 눌러 원하는 단어들을 추가해봅시다. [정지하기]를 눌러 프로그램을 종료해도 추가한 단어 목록들이 유지되는지 확인합니다.

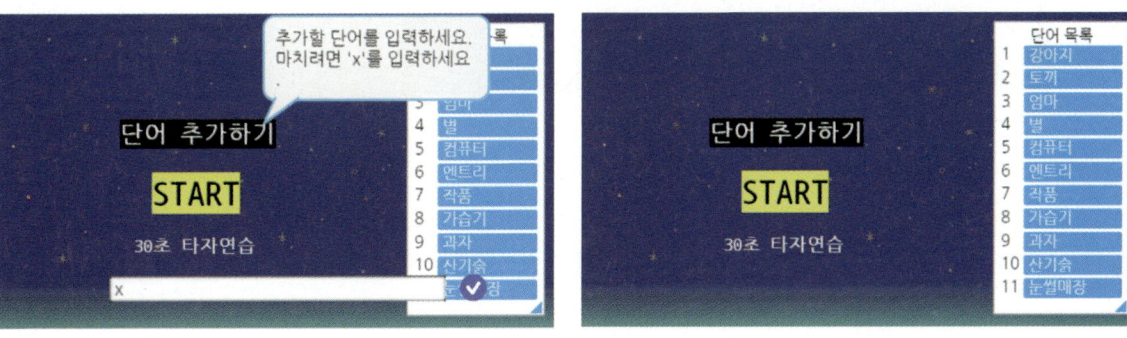

07 ➕를 눌러 〈타자연습〉과 〈엔딩〉 장면을 추가해봅시다. 각 장면에 필요한 오브젝트는 나중에 추가하고, 〈인트로〉 장면으로 돌아와 [START] 버튼을 눌렀을 때 〈타자연습〉 장면으로 넘어가도록 만들어봅시다. [단어 추가하기] 버튼을 눌렀을 때 주었던 클릭 액션을 복사해 오고, 이를 변형하여 활용합니다.

Chapter 2
실전! 엔트리 작품 만들기

STEP 2 단어들이 비처럼 내려와요

01 〈타자연습〉 장면을 만들어봅시다. 아래 제시된 배경과 글상자 오브젝트를 추가하고 오브젝트 이름과 내용을 '단어'로 바꿉니다.

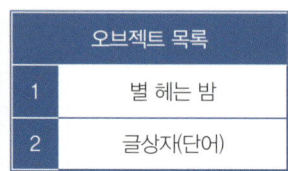

오브젝트 목록	
1	별 헤는 밤
2	글상자(단어)

TIP

이 장면에서는 '단어 목록' 리스트가 보여지 않도록 [속성] 탭에서 '리스트 보이기'를 해제합니다.

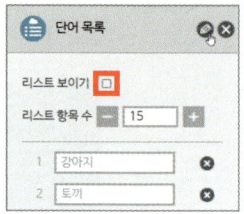

02 〈인트로〉 장면을 거치지 않고 현재 장면만 테스트할 수 있도록 배경 오브젝트에 '시작하기 버튼을 클릭했을 때, 타자연습 시작하기' 코드를 만들어줍니다.

별 헤는 밤

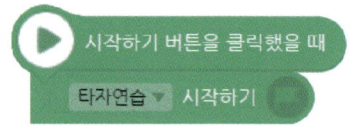

03 '단어' 글상자는 자신의 모습은 숨긴 상태에서 0.1에서 2.0초 간격으로 자신의 복제본을 만들어 내도록 해 봅시다. 그리고 [시작하기]를 눌러 실행해 보아도 아무 변화가 없습니다. 원본 오브젝트와 복제된 오브젝트 모두 숨겨져 있기 때문입니다.

글상자

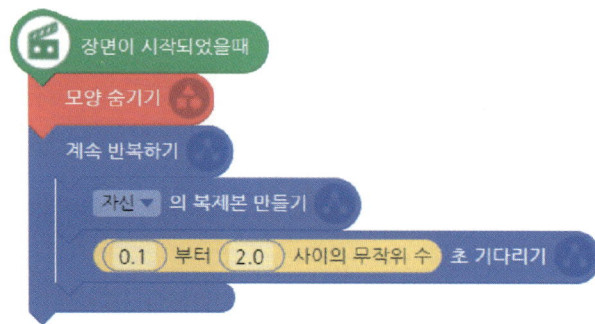

5 타자 연습 게임

04 복제된 오브젝트가 화면 위쪽 무작위 위치에 모습을 나타내도록 만들어봅시다. x좌표는 -200부터 200사이의 무작위 좌표로 이동하고, y좌표는 화면의 위쪽인 120으로 고정해줍니다. [시작하기]를 누르면 0.1초~2.0초 간격으로 복제된 글상자가 화면 위에 쌓이는 것을 볼 수 있습니다.

05 이렇게 복제된 글상자가 각각 '단어 목록'에서 무작위로 단어를 뽑아와 보여주도록 만들어봅시다. 먼저, [속성] 탭에서 '단어' 변수를 만드는데, 복제본마다 다른 값을 저장하고 있어야 하므로, '이 오브젝트에서 사용'을 선택합니다. 만든 변수는 화면에서 숨겨줍니다.

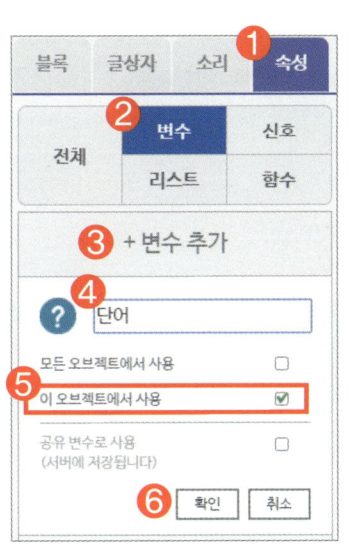
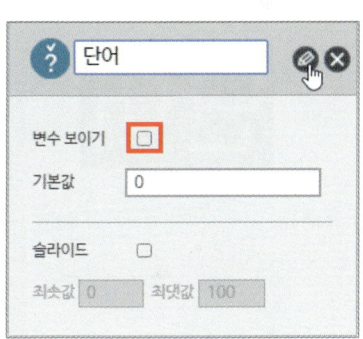

06 '단어 목록'에서 무작위로 항목을 뽑아봅시다. 아래와 같이 만들면 단어 목록에 항목이 몇 개 저장되어 있든 목록의 범위 안에서 무작위로 항목을 뽑아올 수 있게 됩니다.

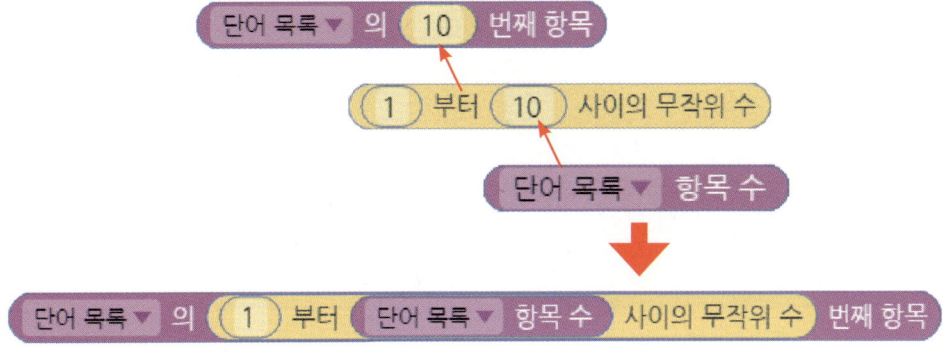

07 이렇게 '단어 목록' 리스트에서 뽑은 무작위 항목을 '단어' 변수에 저장합니다. '단어' 글상자가 '단어' 변수에 저장된 값을 보여주도록 만듭니다.

08 이제 뽑힌 단어들이 비처럼 아래로 떨어지도록 만들어봅시다. 화면보다 조금 위쪽부터 떨어지도록 처음 y좌푯값을 120에서 145로 바꿉니다. 그리고 아래쪽 벽에 닿을 때까지 y좌표를 -1씩 바꾸어 줍니다. 아래쪽 벽까지 떨어진 복제본은 삭제합니다.

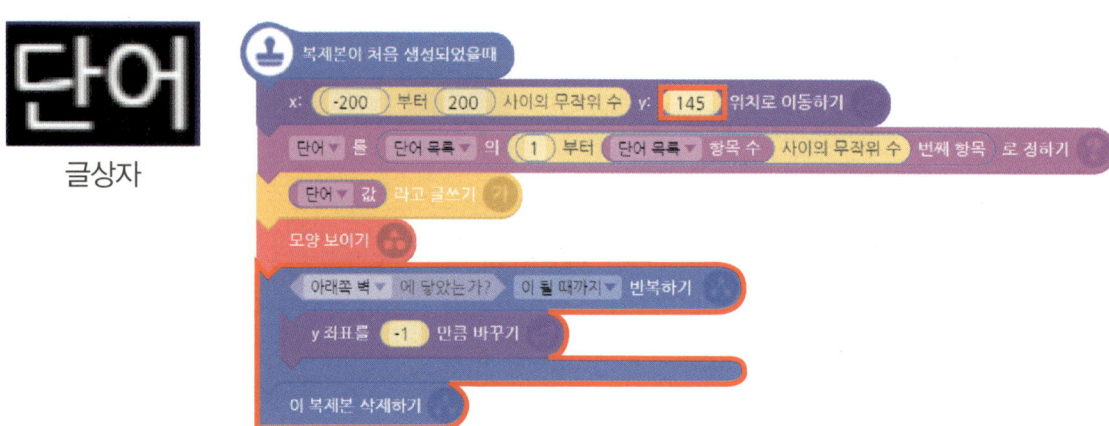

09 [시작하기]를 눌러보면 '단어 목록' 리스트에 있던 단어들이 무작위로 비처럼 떨어지는 것을 볼 수 있습니다.

STEP 3 타자 연습 점수를 기록해요

01 〈타자연습〉 장면에 대답을 입력할 오브젝트를 추가해봅시다. 대답을 입력할 오브젝트가 화면에 보이면 타자연습에 방해가 됩니다. 이럴 때, 오브젝트가 화면에 보이지 않게 하면서 입력창만 띄우는 방법이 있습니다. 먼저 [오브젝트 추가하기]에서 [새로 그리기]로 들어갑니다. 그림판에서 아무 것도 그리지 않은 채로 [파일] – [저장하기]를 누르면 1x1픽셀의 아무 것도 없는 오브젝트가 생성됩니다. 오브젝트의 이름을 '단어 입력'으로 바꿉니다.

02 새로 생성한 오브젝트가 계속해서 '타자연습'을 묻고 대답을 기다리도록 해 봅시다. 오브젝트는 보이지 않지만, 화면에 '타자연습' 말풍선이 나타나 방해가 됩니다.

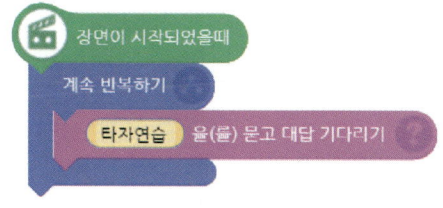

03 '타자연습' 말풍선이 보이지 않고 입력창만 나타나도록, 오브젝트 목록에서 ❷를 눌러 오브젝트의 위치를 화면 밖인 y: -500으로 옮겨줍니다. 오브젝트의 이름도 '단어 입력'으로 바꾸어줍니다. [시작하기]를 누르면 말풍선은 화면에 보이지 않고 단어를 입력할 수 있는 '입력창'만 보입니다. 이 곳에 단어를 입력하면 '대답'에 저장되며, 대답은 계속 반복해서 입력할 수 있습니다. 여기에 입력된 단어는 '대답'에 저장됩니다.

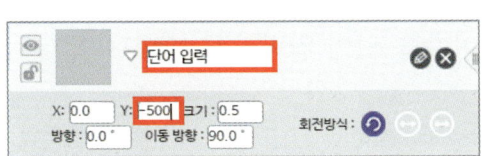 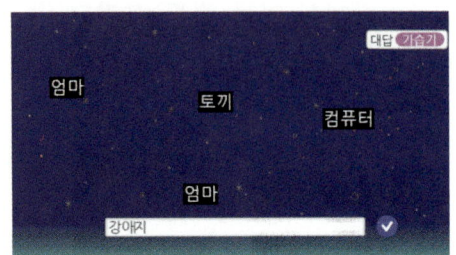

04 단어를 입력하면 해당 단어가 사라지도록 만들어봅시다. 복제된 단어들은 계속해서 '대답'에 입력된 값이 자신과 같은지 판단해야 합니다. '대답'과 자신이 저장하고 있는 '단어' 변수가 같다면, 점수를 10점 올리고 사라지도록 만들어봅시다. 먼저, [속성] 탭에서 '점수' 변수를 만들고, 아래와 같이 코드를 만듭니다.

05 자신이 저장하고 있는 단어를 입력받지 못하고 아래쪽 벽까지 떨어졌다면, 점수에 -10을 더하도록 해 봅시다. **STEP2 08**번 코드에 아래와 같이 코드를 추가합니다.

5 타자 연습 게임

06 30초 동안 타자연습이 진행되도록 해 봅시다. 배경 오브젝트에 초시계를 시작하고, 그 값이 30보다 커질 때까지 기다렸다가 〈엔딩〉 장면을 시작하는 코드를 추가합니다.

TIP
'점수' 변수창과 초시계창을 타자연습에 방해가 되지 않도록 화면에 적절히 배치합니다.

07 〈엔딩〉 장면에 필요한 오브젝트들을 추가하고 적절한 크기로 배치합니다. 글상자 오브젝트를 추가하여 필요한 내용들을 넣고, 알아보기 쉽도록 오브젝트 이름도 해당 내용으로 바꾸어줍니다.

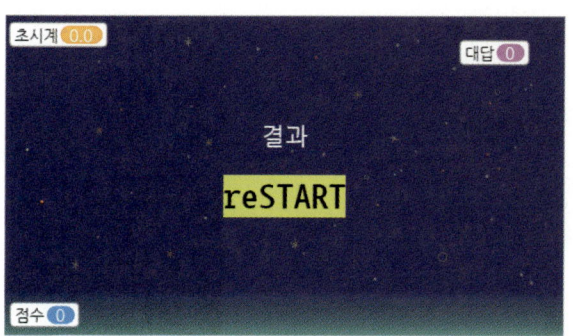
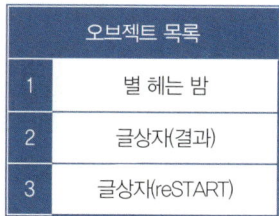

08 [속성] 탭에서 '최고 기록' 변수를 추가하여 자신의 점수와 함께 지금까지의 최고 기록을 보여주도록 해 봅시다. [속성] 탭에서 '최고 기록' 리스트를 추가하는데, 프로그램이 종료되어도 값을 기억하도록 '공유 변수로 사용' 기능을 사용하여 생성합니다. 변수창을 'reSTART' 버튼 아래 배치합니다.

09 〈엔딩〉 장면이 시작되면 '결과' 오브젝트가 게임의 결과를 "당신의 점수는 ~점 입니다."의 문장으로 보여주고, 이번에 획득한 점수가 지금까지 기록된 최고 기록보다 크다면 최고 기록을 갱신하도록 만듭니다.

10 [reSTART] 버튼을 누르면 버튼 클릭 액션을 보여주고 〈인트로〉 장면으로 돌아가도록 해 봅시다.

11 지금까지 STEP1~3를 거쳐 각 장면에서 변수, 리스트, 초시계, 대답 등 다양한 기능들로 인해 여러 창들이 생겼습니다. 장면마다 보여야 할 창과 보이지 않아야 할 창들을 고려하여 다음과 같이 각 장면의 배경 오브젝트의 코드를 추가해봅시다.

5 타자 연습 게임

12 게임을 여러 번 진행하려면 게임이 시작될 때마다 점수와 초시계를 각각 0으로 초기화 해주어야 합니다. 〈타자연습〉 장면의 배경의 **STEP3 06**번 코드에 아래와 같이 코드를 추가합니다.

13 이제 〈인트로〉 장면에서 [시작하기]를 눌러 단어를 추가하고, 게임을 진행해봅시다. 게임을 여러 번 진행하며 화면이 원하는 대로 전개되는지, 최고 기록은 나의 기록에 따라 갱신되는지 확인해봅시다.

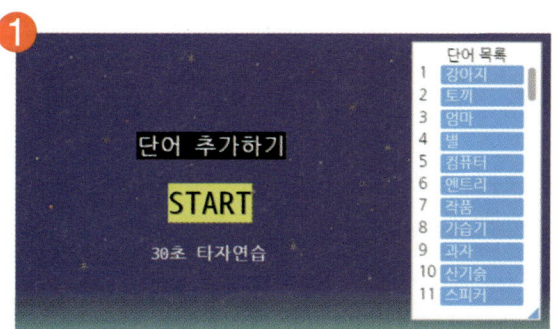
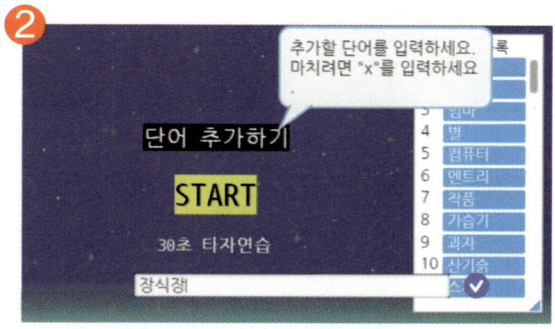
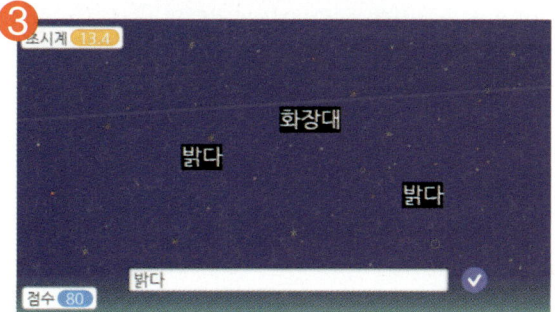
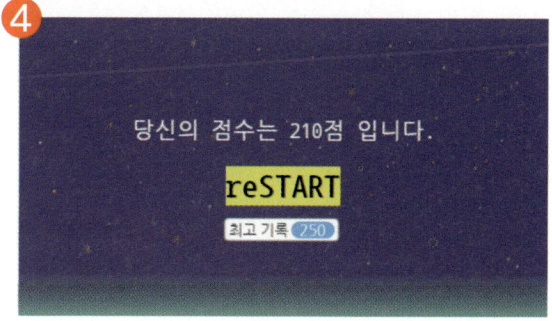

Chapter2
실전! 엔트리 작품 만들기

나의 영어 단어장

나만의 '영어 단어 암기장'을 만들어봅시다.

작품 주소: https://goo.gl/jxGYbF
강의 주소: https://goo.gl/wkQHTW

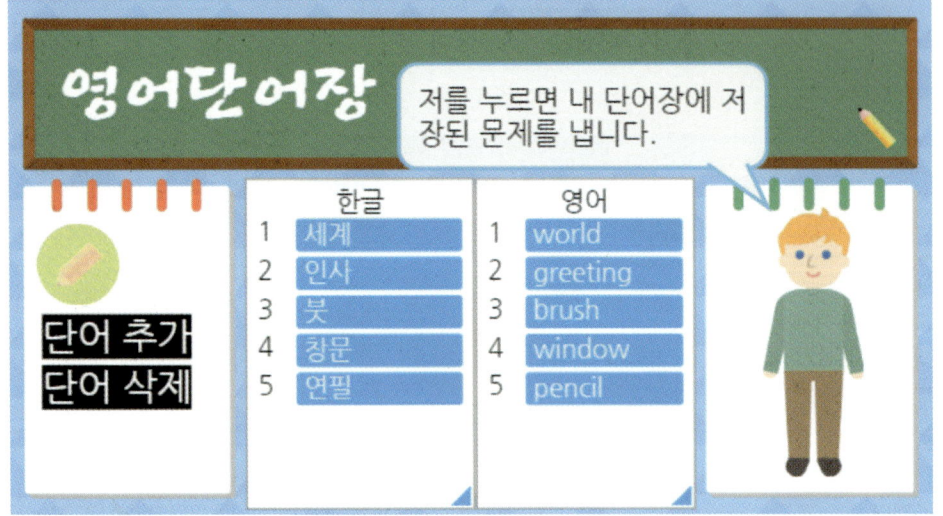

Mission 01 연필 버튼을 누르면 단어장 보이기
연필 버튼을 누르면 단어장의 단어들이 나타나며 [단어 추가]와 [단어 삭제] 버튼도 나타납니다. 선생님을 눌러 문제가 시작되면 단어장과 메뉴들이 사라집니다.

Mission 02 단어 추가 및 삭제하기
[단어 추가] 버튼을 누르면 단어의 한글과 영어를 차례로 입력받아 추가합니다. [단어 삭제] 버튼을 누르면 삭제하고 싶은 단어의 번호를 입력받아 한글과 영어 모두 삭제합니다.

Mission 03 무작위로 문제 내기
선생님을 누르면 단어장을 숨기고 무작위로 문제를 냅니다. 선생님이 한글을 말하면 영어로 입력합니다. 맞은 문제는 단어장에서 사라지고 틀린 문제는 다음에 다시 문제로 출제됩니다. 모든 문제를 맞힌 경우 '모든 단어를 다 외웠습니다!'라고 말합니다. 단어장에 저장된 단어가 없는 경우 "등록된 단어가 없습니다."를 말합니다.

Chapter 3

엔트리파이선으로 Level Up!

1 엔트리파이선 알아보기

엔트리파이선이란?

엔트리파이선은 블록형 프로그래밍 언어에 익숙한 친구들이 전문 언어를 배우고자 할 때, 블록 언어와 텍스트 언어가 동일한 알고리즘으로 동작한다는 점을 알게 함으로써 도움을 줍니다. 엔트리파이선은 블록 언어를 기반으로 텍스트 언어의 구조와 문법에 익숙해지도록 하며, 텍스트 코딩이 블록 코딩보다 빠르고 편하다는 점을 느끼게 함으로서 전문 언어로 넘어갈 수 있는 기틀을 마련해 줍니다.

엔트리파이선은 블록 코딩에서 텍스트 코딩으로 넘어가는 중간 다리 역할의 언어로서, 파이선의 기본 문법에 따르나 파이선의 모든 기능과 문법을 지원하지 않습니다. 즉, 엔트리파이선에서는 엔트리 블록에서 지원하는 명령어들을 파이선과 유사한 모습으로 사용할 수 있도록 하되, 블록에서 지원하지 않는 파이선 명령어는 지원하지 않습니다. 그래서 때로는 엔트리의 특성에 따라 파이선과 다른 모습의 결과를 보여주기도 합니다.

엔트리파이선은 엔트리(playentry.org)에서 상단 모드만 [엔트리파이선]으로 바꾸면 바로 이용할 수 있습니다.

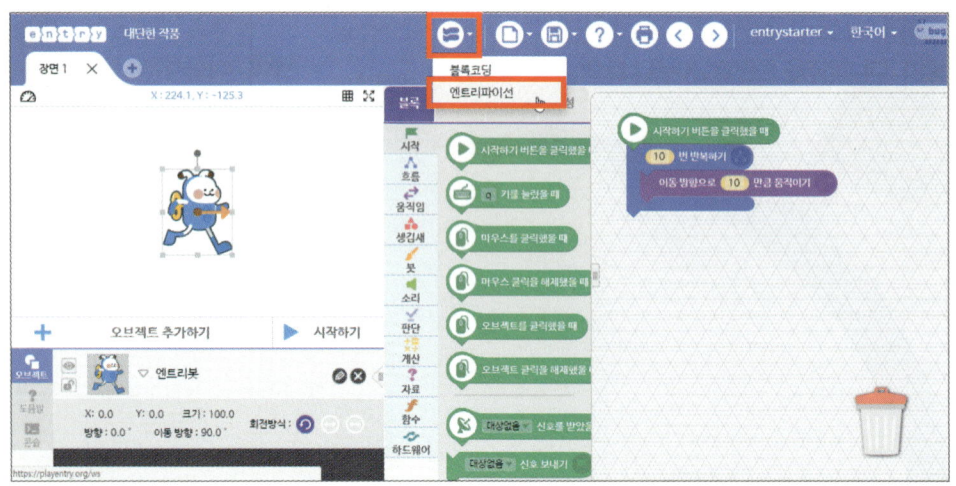

엔트리파이선 모드에서는 블록 내부 명령어가 엔트리파이선의 명령어로 바뀌며, 블록을 조립하는 공간 대신 텍스트를 입력할 수 있는 공간이 생깁니다. 또한 오브젝트 목록 영역의 '콘솔' 메뉴를 활용하면 텍스트 코딩과 유사한 결과를 확인할 수 있습니다.

1 엔트리파이선 알아보기

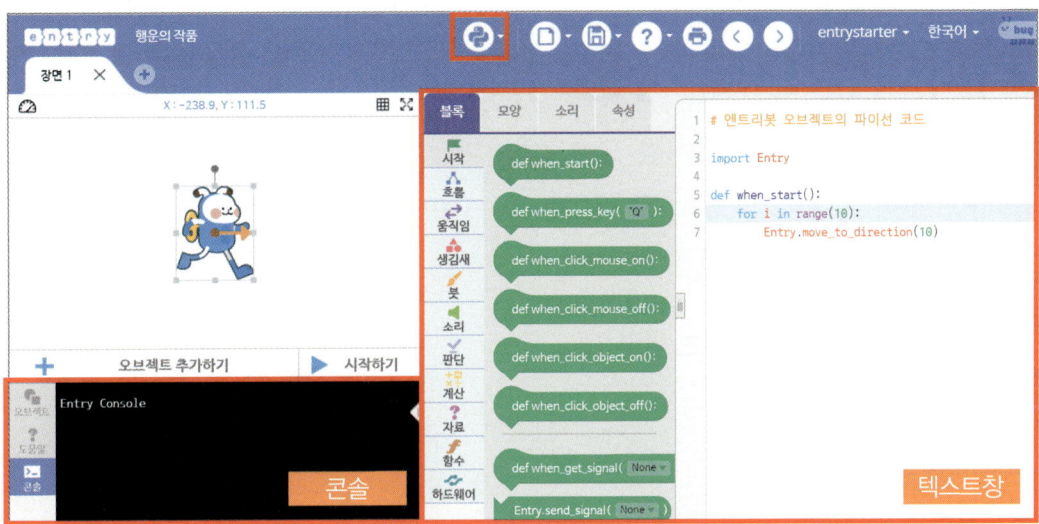

모든 엔트리 블록은 대응되는 엔트리파이선 명령어를 가지고 있습니다. 따라서 엔트리 블록으로 만든 작품은 엔트리파이선 명령어로 변환되며, 반대로 엔트리파이선으로 만든 작품도 블록으로 변환됩니다.

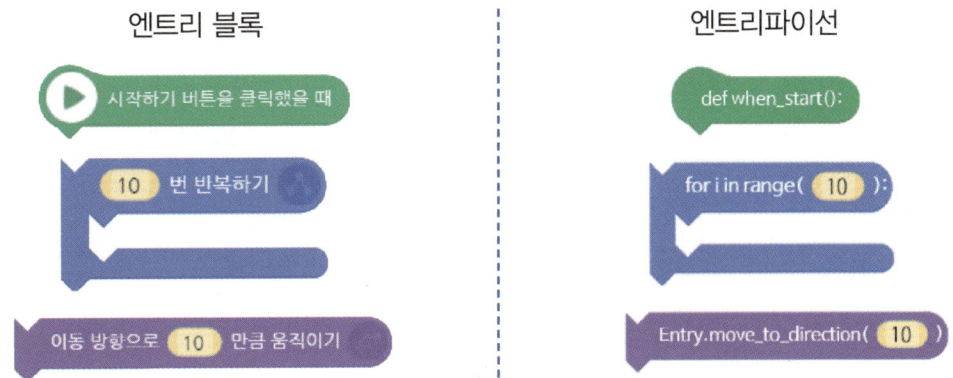

단, 아래와 같은 경우에는 파이선 문법에 위배되어 블록에서 엔트리파이선으로 변환할 수 없습니다.

상황	에러 메세지
변수 이름 규칙에 위배되는 경우	등록된 변수 중에 공백(띄어쓰기)이 포함된 변수가 있으면 모드 변환을 할 수 없습니다. 또한 첫 글자가 숫자인 경우나 언더바(_)를 제외한 특수문자 사용도 제한됩니다.
리스트 이름 규칙에 위배되는 경우	등록된 리스트 중에 공백(띄어쓰기)이 포함된 리스트가 있으면 모드 변환을 할 수 없습니다. 또한 첫 글자가 숫자인 경우나 언더바(_)를 제외한 특수문자 사용도 제한됩니다.
함수 이름 규칙에 위배되는 경우	등록된 함수 중에 함수 이름에 공백(띄어쓰기)이 포함된 함수가 있으면 모드 변환을 할 수 없습니다. 또한 첫 글자가 숫자인 경우나 언더바(_)를 제외한 특수문자 사용도 제한됩니다. 파이선으로 변환하기 위해서는 '이름' 블록이 함수의 가장 앞에 1개만 사용되어야 합니다.

엔트리파이선 모드 사용하기

엔트리파이선 명령어는 명령어 블록을 드래그하거나 직접 타이핑하여 명령어를 입력할 수 있습니다. 드래그하는 것이 편할 것 같지만, 곧 타이핑하는 것이 훨씬 편하다는 것을 알게 됩니다. 텍스트 코딩의 장점을 느끼기 위해서는 직접 명령어를 입력하는 타이핑 방식에 익숙해지도록 합니다.

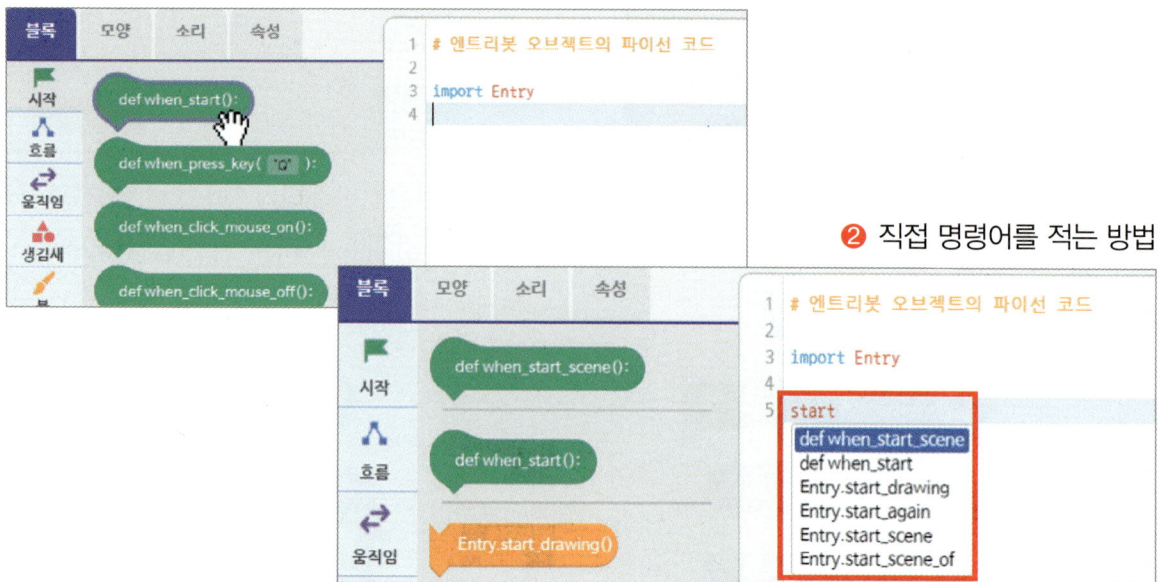

엔트리파이선의 명령어는 대체로 길지만, 키워드를 통해 쉽게 입력할 수 있습니다. '시작하기 버튼을 클릭했을 때' 블록에 해당하는 def when_start( ):를 입력하려면 'start'만 입력하고 검색된 명령어에서 방향키로 원하는 명령어를 찾아 엔터 키를 쳐서 입력합니다. 여기서 키워드란, 명령어에 포함된 모든 알파벳들에 해당합니다. 엔트리에 익숙한 사용자라면 블록 이름을 떠올리며 키워드를 떠올려 금세 엔트리파이선 명령어에 익숙해질 수 있습니다.

1 엔트리파이선 알아보기

검색된 명령어에 대해 알고 싶은 경우, [도움말] 탭을 열고 명령어 블록을 클릭하면 자세한 도움말을 볼 수 있습니다. 명령어 도움말에서는 해당 명령어에 대한 설명, 들어가야 하는 요소, 예시 코드 등 명령어에 대해 상세히 알려줍니다.

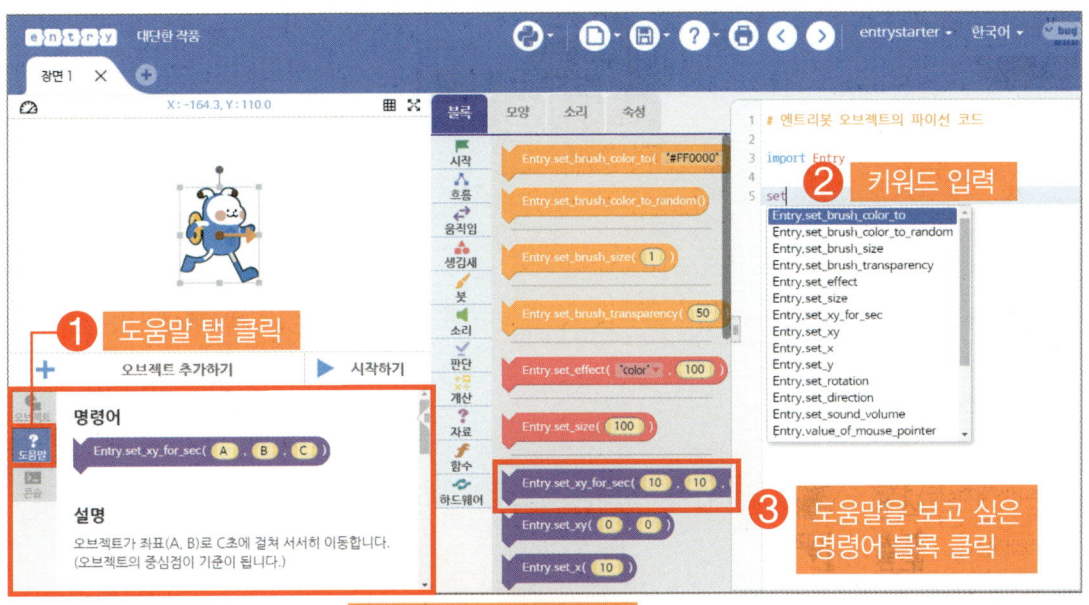

예시 코드

```
1  def when_click_mouse_on():
2      Entry.set_xy_for_sec(0, 0, 2)
3
4  def when_press_key("right"):
5      Entry.add_x(10)
6
7  def when_press_key("up"):
8      Entry.add_y(10)
```

예시 설명

오른쪽화살표키를 누르면 오브젝트의 x좌표를 10만큼 바꾸고, 위쪽화살표키를 누르면 오브젝트의 y좌표를 10만큼 바꿉니다. 마우스를 클릭하면 2초 동안 오브젝트를 x,y 좌표 0으로 이동시킵니다.

187

엔트리파이선 문법 알아보기

엔트리파이선에서 1~3번 줄은 자동으로 생성되며, 코드를 변경할 수 없습니다. 1행은 현재 편집 중인 오브젝트를 알려주는 주석(#)입니다. 파이선에서 #로 시작하는 문장은 시작해서 그 줄 끝까지 프로그램 수행에 아무런 영향을 주지 않습니다. 주석은 프로그래머를 위한 것으로, 프로그램 코드에 설명문을 달 때 사용합니다. 3행은 엔트리에서 제공하는 명령어 라이브러리를 사용할 수 있도록 해주는 코드입니다.

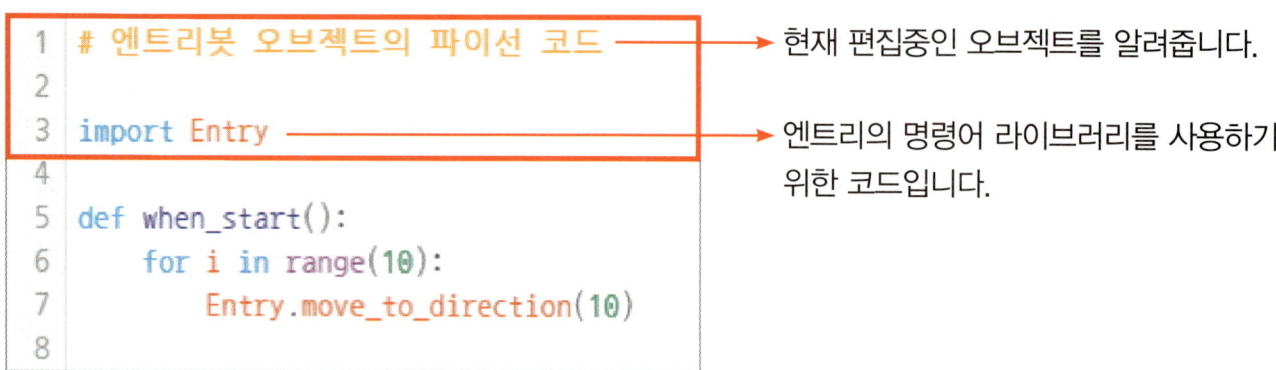

import Entry를 통해 사용할 수 있게 된 명령어들에는 모두 앞에 Entry. 이 붙으며, 파이선에서 제공하는 기본 명령어에는 Entry. 이 붙지 않습니다.

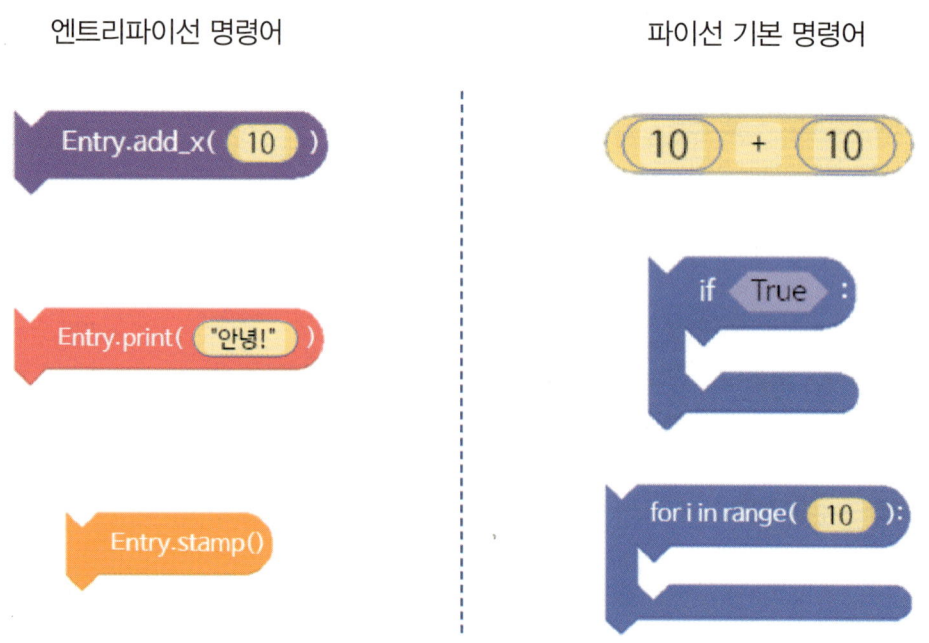

1 엔트리파이선 알아보기

코드를 시작하는 이벤트 명령어 앞에는 def가 붙습니다. def 명령어를 실행하면 지정된 이벤트가 일어났을 때 아래 들여쓰기 한 명령어들이 실행됩니다. 들여쓰기는 Tab 키로 할 수 있으며, 스페이스 4칸과 동일합니다. 엔트리파이선에서 실행시키고 싶은 명령은 항상 def 이벤트 명령어 아래 작성해야 합니다.

엔트리파이선 명령어	파이선 기본 명령어
	def 명령어(): 　　명령어1 　　명령어2 ✓ def 뒤에 한 칸 공백을 줍니다. ✓ 마지막에 :이 옵니다. ✓ 아래 연결될 명령어들은 Tab키 또는 스페이스 4번으로 들여쓰기 합니다.

엔트리파이선과 파이선의 다른 점 I

- **def 이벤트 명령어의 사용**

  파이선 문법에서 def는 함수 정의를 의미하고, 정의한 함수를 불러오기 위해서는 별도의 명령어가 필요합니다. 그러나 엔트리파이선에서는 미리 정의되어 있는 위와 같은 def 이벤트 명령어들은 정의된 함수를 부르지 않아도 약속된 이벤트가 일어날 때 명령을 실행한다는 점이 파이선과 다릅니다.

	파이선		엔트리파이선
1	def print_text()	1	def when_press_key("space")
2	print("Hello, world!")	2	entry.print("Hello, world!")
3		3	
4	print_text()	4	
1~2 → "Hello, world!"를 출력하는 print_text 함수를 정의합니다. 4 → 함수를 호출하여 실행합니다.		1 → 스페이스 키를 눌렀을 때, 2 → "Hello, world!"를 출력합니다.	

명령어에 인자값이 필요한 경우, 문자열 또는 숫자를 넣을 수 있습니다. 명령어에 따라 필요한 인자값은 '명령어 도움말'을 참고합니다. 인자값이 문자열인 경우에는 "안녕!"과 같이 양쪽에 큰 따옴표(또는 작은 따옴표)를 붙이고, 숫자인 경우에는 4와 같이 따옴표 없이 씁니다.

Chapter 3
엔트리파이선으로 Level Up!

인자값을 가진 명령어

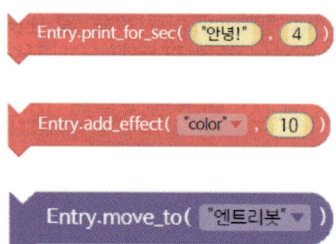

문법

- 인자값이 **문자열**인 경우에는 양쪽에 "**따옴표**"를 넣습니다.
- 인자값이 **숫자**인 경우에는 따옴표 없이 씁니다.
- 인자값이 들어가는 선택지 이름, 오브젝트, 모양, 소리명 등은 **띄어쓰기, 대소문자까지 일치**해야합니다.

엔트리파이선과 파이선의 다른 점 II

• **자료형의 구분**

파이선과 엔트리파이선에서는 필요에 따라 문자열과 숫자 자료형을 명확히 구분하여 사용해야 합니다. 보이는 모습이 숫자라고 하더라도, 문자로서 취급되길 원할 때에는 따옴표(" ")로 묶어 문자열로 인식하게 합니다.

	파이선		엔트리파이선
1	print("Hello, " + "world!")	1	def when_start()
2	print(123+456)	2	Entry.print("Hello, " + "world")
3	print("123" + "456")	3	Entry.print(123 + 456)
4	print("123+456")	4	Entry.print("123" + "456")
5	print(10+"years")	5	Entry.print("123+456")
			Entry.print(10 + "years")

1 → 문자열인 "Hello, "와 "world!"를 합쳐 Hello, world!를 출력합니다.
2 → 123과 456을 더한 579를 출력합니다.
3 → 문자열인 123과 456을 합쳐 123456을 출력합니다.
4 → 123+456을 문자열로서 그대로 출력합니다.
5 → 숫자인 10과 문자열인 "years"를 연산할 수 없으므로 오류가 생깁니다.

1 → 프로그램이 시작되었을 때.
2 → 문자열인 "Hello, "와 "world!"를 합쳐 Hello, world!를 출력합니다.
3 → 123과 456을 더한 579를 출력합니다.
4 → 문자열인 123과 456을 합쳐 123456을 출력합니다.
5 → 123+456을 문자열로서 그대로 출력합니다.
6 → 숫자인 10과 문자열인 "years"를 연산할 수 없으므로 오류가 생깁니다.

다만, 엔트리 블록에서는 쉽게 프로그래밍을 할 수 있도록 하기 위해 입력된 값에 따라 문자열과 숫자를 자동으로 판단하여 처리하도록 되어있습니다. 즉, 숫자로만 이루어진 값의 경우 숫자로, 문자가 섞여있는 경우 문자열로 인식하는 것입니다. 그렇기 때문에 블록에서 엔트리파이선으로 모드를 변경하는 경우, 때로는 의도한 바와 다르게 동작하는 오류가 발생할 수 있습니다.

1 엔트리파이선 알아보기

def 이벤트 명령어와 필요한 문자열, 숫자 인자값을 넣은 명령어를 사용한 예제를 살펴봅시다. 왼쪽과 같이 엔트리파이선 코드를 작성하면 오른쪽과 같이 엔트리 블록으로 변환되어 실행됩니다.

엔트리파이선

```python
1  # 엔트리봇 오브젝트의 파이선 코드
2
3  import Entry
4
5  def when_start():
6      Entry.print_for_sec("안녕!", 4)
7      Entry.wait_for_sec(2)
8      Entry.move_to_direction(50)
9
10 def when_click_object_on():
11     Entry.change_shape_to("next")
```

엔트리 블록

변수와 리스트는 파이선 기본 문법에 따라 명령어를 통해 선언할 수 있습니다. 영문으로만 변수명을 사용할 수 있는 파이선과는 달리 엔트리파이선에서는 한글로도 변수와 리스트를 생성할 수 있습니다. 그러나 블록 모드에서와는 달리, 변수, 리스트명에 띄어쓰기는 허용되지 않기 때문에 띄어쓰기가 필요한 경우 보통 언더바(_)로 단어들을 연결해줍니다. 변수, 리스트 선언은 유일하게 def 이벤트 명령어 바깥쪽에서 쓸 수 있는 명령어입니다. 명령어를 통해 선언된 변수, 리스트는 프로그램을 실행하거나 다른 오브젝트를 선택했을 때, 블록 모드로 변환했을 때 [속성] 탭과 실행화면에 자동으로 생성됩니다.

변수/리스트 선언

```python
1  # 엔트리봇 오브젝트의 파이선 코드
2
3  import Entry
4
5  엔트리봇의_나이 = 10
6  과일_목록 = ["사과", "토마토", "바나나"]
```

실행 결과

5 → '엔트리봇의_나이' 변수를 생성하고 기본값으로 10을 저장합니다.
6 → '과일_목록' 리스트를 생성하고, 기본값으로 '사과, 토마토, 바나나' 3개의 항목을 저장합니다.

Chapter 3
엔트리파이선으로 Level Up!

변수를 활용한 예제를 살펴봅시다. 왼쪽과 같이 엔트리파이선 코드를 작성하면 오른쪽과 같이 엔트리 블록으로 변환되어 실행됩니다. age 변수는 def 바깥에서 선언되어 기본값으로 16을 갖습니다. 그러나 name 변수는 def 안쪽에서 선언되어 기본값으로 0을 가지며, 실행 시 '엔트리봇' 값을 저장합니다. age 변수에는 2를 더해줍니다. 변수에 저장된 값을 사용할 때에는 따옴표를 사용하지 않고 변수명을 그대로 적어줍니다. 프로그램을 실행하면 "내 이름은 엔트리봇", "나이는 18"을 차례로 출력합니다. 프로그램 실행을 중지시키면 변수값들이 기본값으로 돌아와 age에는 16, name에는 0이 저장됩니다.

엔트리파이선

```
1  # 엔트리봇 오브젝트의 파이선 코드
2
3  import Entry
4
5  age = 16
6
7  def when_start():
8      Entry.print_for_sec(age, 2)
9      name = "엔트리봇"
10     age += 2
11     Entry.print_for_sec("내 이름은 " + name, 2)
12     Entry.print_for_sec("나이는 " + age, 2)
```

엔트리 블록

엔트리파이선에서 사용할 수 있는 변수 관련 명령어는 아래와 같습니다.

명령어	설명
변수▼	변수에 저장된 값입니다.
변수▼ += 10	변수에 10만큼 더합니다.
변수▼ = 10	변수의 값을 10으로 정합니다. 만약 '변수'라는 이름의 변수가 없으면 [속성] 탭에 해당 이름을 가진 변수가 자동 생성됩니다.
Entry.show_variable("변수"▼)	변수창을 실행화면에 보이게 합니다.
Entry.hide_variable("변수"▼)	변수창을 실행화면에서 숨깁니다.

리스트를 활용한 예제를 살펴봅시다. 엔트리파이선에서는 리스트 번호가 0부터 시작합니다. 왼쪽 엔트리파이선 코드를 작성하면 오른쪽 엔트리 블록으로 변환되어 실행됩니다. basket 리스트를 선언하며 'apple, orange, pear, grape' 항목을 기본값으로 넣습니다. append 명령을 통해 리스트의 마지막에 'banana' 항목을 추가하고, pop 명령을 통해 0번 항목인 'apple'을 삭제합니다. apple 보다 뒷번호에 있던 리스트의 항목들이 하나씩 앞으로 당겨져 오면, 자연스럽게 3번 항목은 사라집니다. 1번에 'kiwi' 항목을 삽입합니다. 다시 항목이 3번까지 총 4개로 늘어납니다. 'orange'가 있던 0번 항목을 'peach'로 바꿉니다. 마지막으로 2번 항목을 출력하면 'pear'가 출력됩니다.

엔트리파이선

```
1  # 엔트리봇 오브젝트의 파이선 코드
2
3  import Entry
4
5  basket = ["apple", "orange", "pear", "grape"]
6
7  def when_start():
8      basket.append("banana")
9      basket.pop(0)
10     basket.insert(1, "kiwi")
11     basket[0] = "peach"
12     Entry.print(basket[2])
```

엔트리 블록

엔트리파이선에서 사용할 수 있는 리스트 관련 명령어는 아래와 같습니다.

명령어	설명
리스트[0]	리스트에서 0번째 위치의 항목 값을 의미합니다 (첫 번째 항목의 위치는 0부터 시작합니다).
리스트.append(10)	리스트의 마지막 항목으로 숫자 10이 추가됩니다.
리스트.pop(0)	리스트의 0번째 위치에 있는 항목을 삭제합니다.
리스트.insert(0 , 10)	리스트의 0번째 위치에 숫자 10을 끼워 넣습니다 (첫 번째 항목의 위치는 0부터 시작합니다. 0보다 뒤에 있는 항목들은 순서가 하나씩 밀려납니다).
리스트[0] = 10	리스트의 0번째 위치에 있는 항목의 값을 숫자 10으로 바꿉니다.
len(리스트)	리스트가 보유한 항목의 개수 값입니다.
10 in 리스트	리스트의 항목 중 숫자 10이 있다면 〈TRUE〉로, 그렇지 않다면 〈FALSE〉로 판단합니다.
Entry.show_list("리스트")	입력한 이름의 리스트창을 실행화면에 보이게 합니다.
Entry.hide_list("리스트")	입력한 이름의 리스트창을 실행화면에서 숨깁니다.

Chapter 3
엔트리파이선으로 Level Up!

엔트리 블록 모드에서는 세 가지 종류의 변수/리스트를 제공합니다. [속성] 탭에서 변수를 생성할 때 볼 수 있는 '모든 오브젝트에서 사용', '이 오브젝트에서 사용', '공유 변수/리스트로 사용'입니다. 엔트리파이선에서도 명령어를 통해 이 세 가지 종류의 변수/리스트를 사용할 수 있습니다.

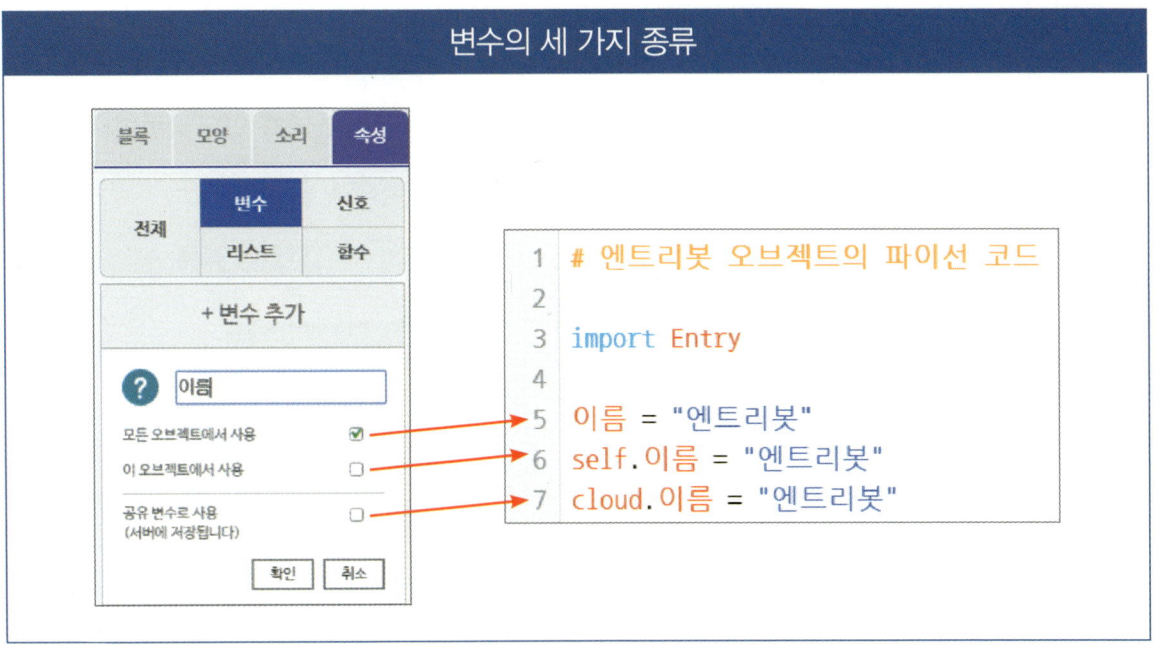

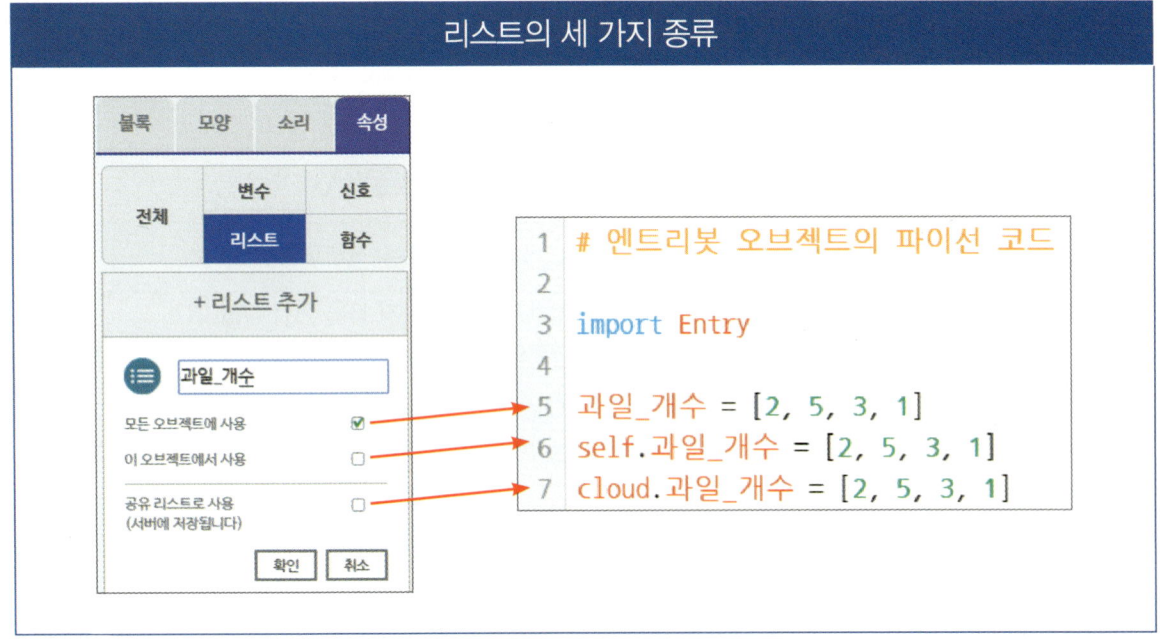

1 엔트리파이선 알아보기

엔트리파이선과 파이선의 다른 점 Ⅲ

- **변수의 유효 범위**

파이선에서는 변수의 선언 위치에 따라 변수를 사용할 수 있는 적용 범위가 달라집니다. 함수(def) 바깥에서 선언한 변수는 전역변수로 프로그램 전체에서 사용 가능하지만, 함수(def) 내부에서 선언한 변수는 해당 함수 안에서만 사용할 수 있습니다. 그러나 엔트리파이선에서는 변수의 선언 위치와 관계없이 오브젝트 단위로 변수를 사용할 수 있는 유효 범위가 달라집니다. 모든 오브젝트에서 사용하고 싶다면 그냥 변수명을 사용하고, 이 오브젝트에서만 사용하고 싶다면 self.변수명을 사용합니다.

파이선	엔트리파이선
1 name = "엔트리봇" 2 3 def introduction(): 4 age = 10 5 print(name) 6 print(age) 7 8 introduction() 9 print(name) 10 print(age)	1 # 엔트리봇 오브젝트의 파이선 코드 2 3 name = "엔트리봇" 4 5 def when_start(): 6 self.age = 10 7 Entry.print(name) 8 Entry.print(self.age) 1 # 꿀벌 오브젝트의 파이선 코드 2 3 def when_start(): 4 Entry.print(name) 5 Entry.print(self.age)
1 → name 변수를 선언하고 '엔트리봇'을 저장합니다. 이 변수는 전역변수로 어디에서나 사용할 수 있습니다. 3~4 → introduction 함수를 선언하고, age 변수를 생성하여 '10'을 저장합니다. 이 변수는 지역변수로 introduction 함수 안에서만 사용 가능합니다. 5~6 → 함수 내부에서 name에 저장된 값과 age에 저장된 값을 출력합니다. 8 → introduction 함수를 실행하면 name에 저장된 값과 age에 저장된 값을 출력합니다. 9 → name에 저장된 값을 출력합니다. name은 전역변수이므로 "엔트리봇"이 정상적으로 출력됩니다. 10 → age는 introduction 함수 내부에서만 사용할 수 있는 지역변수이기 때문에 에러가 발생합니다.	# 엔트리봇 오브젝트 3 → name 변수를 선언하고 '엔트리봇'을 저장합니다. 이 변수는 모든 오브젝트에서 사용할 수 있습니다. 6 → age 변수를 생성하고 '10'을 저장합니다. 'self.'을 포함하여 생성한 이 변수는 엔트리봇 오브젝트에서만 사용 가능합니다. 7~8 → name에 저장된 값인 "엔트리봇"과 age에 저장된 값인 "10"을 출력합니다. # 꿀벌 오브젝트 4 → name에 저장된 값을 출력합니다. name은 모든 오브젝트에서 사용할 수 있으므로 "엔트리봇"이 정상적으로 출력됩니다. 5 → age는 '엔트리봇' 오브젝트에서만 사용할 수 있는 변수이기 때문에 에러가 발생합니다.

Chapter 3
엔트리파이선으로 Level Up!

블록의 형태가 ㄷ, ㅌ 형 명령어는 파이선 문법에 따라 해당 명령이 적용되는 범위를 들여쓰기(Tab)로 표현합니다.

ㄷ자형 명령어

문법

명령어 조건 :
└─ 명령어1
└─ 명령어2

✓ 명령어와 조건사이에 한 칸 공백을 줍니다.
✓ 마지막에 : 이 옵니다.
✓ 아래 연결될 명령어들은 Tab키 또는 스페이스 4번으로 들여쓰기 합니다.
✓ 명령어가 여러번 들여쓰기 될 경우 들여쓰기를 여러단으로 표현합니다.

ㄷ, ㅌ형 명령어를 사용한 예제를 살펴봅시다. 왼쪽과 같이 엔트리파이선 코드를 작성하면 오른쪽과 같이 엔트리 블록으로 변환되어 실행됩니다. ㄷ, ㅌ형 명령어가 여러 번 중첩해서 쓰이는 경우 명령의 적용 범위를 고려하여 들여쓰기(Tab)를 해주도록 합니다.

엔트리파이선

```python
# 엔트리봇 오브젝트의 파이선 코드

import Entry

def when_start():
    Entry.print_for_sec("안녕!", 2)
    for i in range(30):
        Entry.move_to_direction(10)
        Entry.change_shape_to("next")
    Entry.input("넌 몇살이니?")
    if Entry.answer() == 10:
        Entry.print("나랑 동갑이네!")
    else:
        if Entry.answer() > 10:
            Entry.print("나보다 나이가 많네.")
        else:
            Entry.print("나보다 동생이네.")
```

1 엔트리파이선 알아보기

엔트리파이선과 파이선의 다른 점 Ⅳ

- **if ~ else 명령의 중첩**

  파이선 문법에서 if: else: / if: else:가 중첩하여 쓰이는 경우, elif:로 줄여 쓸 수 있습니다. 그러나 엔트리파이선에서는 elif가 블록에 없는 명령어기 때문에 if ~ else를 여러 번 중첩하는 방식으로 작성해야 합니다. 즉, elif 대신 else: if로 풀어 사용합니다.

파이선		엔트리파이선	
1	age = input ("나이를 입력하세요")	1	def when_start():
2	age = int(age)	2	Entry.input("나이를 입력하세요")
3		3	age = Entry.answer()
4	if age > 10:	4	if (age > 10):
5	print ("나보다 형이네!")	5	Entry.print("나보다 형이네!")
6	elif age < 10:	6	else:
7	print ("나보다 동생이네!")	7	if (age < 10):
8	else:	8	Entry.print("나보다 동생이네!")
9	print ("나랑 동갑이네!")	9	else:
		10	Entry.print("나랑 동갑이네!")
1 → 나이를 입력받아 age 변수에 저장합니다. 2 → 문자열로 입력받은 값을 정수값으로 변환해줍니다. 4~5 → age가 10보다 크다면 "나보다 형이네!"를 출력합니다. 6~7 → age가 10보다 작다면 "나보다 동생이네!"를 출력합니다. 8~9 → 두 경우에 속하지 않아 값이 10인 경우 "나랑 동갑이네!"를 출력합니다.		1 → 프로그램이 시작되었을 때, 2 → 나이를 입력받습니다. 3 → 입력받은 값을 age 변수에 저장합니다. 파이선과는 달리, 입력받은 값은 사용될 때의 상황에 따라 자동으로 자료형이 결정됩니다. 4~5 → age가 10보다 크다면 "나보다 형이네!"를 출력합니다. 6 → 그게 아닌 경우, 7~8 → age가 10보다 작다면 "나보다 동생이네!"를 출력합니다. 9~10 → 두 경우에 속하지 않아 값이 10인 경우 "나랑 동갑이네!"를 출력합니다.	

신호는 파이선에서는 없는 개념이며, 엔트리에서만 제공하는 기능입니다. 엔트리파이선에서는 신호도 명령어를 통해 생성할 수 있습니다. 신호를 보내는 명령어로 Entry.send_signal("신호이름")을 사용하면, "신호이름" 부분에 적은 이름으로 신호가 자동 생성됩니다. 신호이름은 변수/리스트명

Chapter 3
엔트리파이선으로 Level Up!

과는 달리 띄어쓰기도 허용됩니다. 마찬가지로 신호를 보내고 기다리는 명령어 Entry.send_signal_and_wait("신호이름")으로도 신호를 생성할 수 있습니다. 신호를 받았을 때 명령을 실행하는 이벤트 명령어는 def when_get_signal("신호이름")으로, 다른 def 이벤트 명령어와 같이 아래 연결되는 명령어들을 들여쓰기(Tab)합니다.

```python
1  # 엔트리봇 오브젝트의 파이선 코드
2
3  import Entry
4
5  def when_click_mouse_on():
6      Entry.print_for_sec("안녕! 개미야?", 1)
7      Entry.send_signal("인사하기")
```

```python
1  # 개미 오브젝트의 파이선 코드
2
3  import Entry
4
5  def when_get_signal("인사하기"):
6      Entry.print_for_sec("안녕! 반가워", 1)
```

함수는 파이선 기본 문법에 따라 명령어를 통해 정의하고 호출할 수 있습니다. 영문으로만 함수명을 정의할 수 있는 파이선과는 달리, 엔트리파이선에서는 한글로도 함수명을 정의할 수 있습니다. 그러나 블록 모드에서와는 달리 함수명에 띄어쓰기는 허용되지 않기 때문에 띄어쓰기가 필요한 경우 보통 언더바(_)로 단어들을 연결해줍니다. 함수는 def 함수이름( ): 로 정의하며, 정의된 함수는 함수이름( )으로 호출하여 사용할 수 있습니다. 함수에 매개변수가 있는 경우 괄호( ) 안에 매개변수 이름을 입력합니다.

기본 문법

```
def 함수이름():
    명령어1
    명령어2
```

✓ def뒤에 원하는 함수 이름을 입력합니다.
✓ 명령어와 함수 이름 사이에 한칸 공백을 줍니다.
✓ 마지막에 ():이 옵니다.
✓ 함수로 정의할 아래 명령어들은 Tab키 또는 스페이스 4번으로 들여쓰기합니다.

매개변수가 있는 경우

```
def 함수이름(매개변수1, 매개변수2):
    명령어1(매개변수1)
    명령어2(매개변수2)
```

✓ 함수를 정의할 때 이름 뒤 괄호 안에 원하는 매개변수 이름을 입력합니다.
✓ 매개변수가 여러개인 경우로,(콤마)로 구분하여 여러 개의 매개변수 이름을 입력합니다.

함수를 정의하고 호출하는 예제를 살펴봅시다. 왼쪽과 같이 엔트리파이선 코드를 작성하면 오른쪽과 같이 엔트리 블록으로 변환되어 실행됩니다. move 함수는 엔트리봇을 이동방향으로 10만큼씩 10번 움직이는 함수이고, turn 함수는 "Turn"을 출력하며 1초 동안 입력한 각도만큼 돌고 말풍선을 지우는 함수입니다. 엔트리파이선에서는 정의된 함수를 호출하는 경우에도 def 이벤트 명령어 아래 연결하여 호출하도록 합니다. move( ), turn(90), move( ), turn(-90)을 차례로 호출하

1 엔트리파이선 알아보기

여 실행하면 앞으로 가고 오른쪽으로 돌고, 앞으로 가고 왼쪽으로 돌게 됩니다.

엔트리파이선

```python
# 엔트리봇 오브젝트의 파이선 코드

import Entry

def move():
    for i in range(10):
        Entry.move_to_direction(10)

def turn(degree):
    Entry.print("Turn")
    Entry.add_rotation_for_sec(degree, 1)
    Entry.clear_print()

def when_start():
    move()
    turn(90)
    move()
    turn(-90)
```

엔트리 블록

알아봅시다

- **알아두면 편리한 엔트리 단축키**

  엔트리에는 다양한 단축키가 있습니다. 텍스트 코딩을 할 때에는 되도록 단축키를 활용하여 마우스를 적게 사용하는 연습을 하면 더 편리하고 빠르게 코딩할 수 있습니다.

분류	기능	단축키
모드 변경	블록 모드 (이전 모드)	Ctrl + [
	엔트리파이선 모드 (다음 모드)	Ctrl +]
실행 / 정지	[시작하기] / [정지하기]	Ctrl + R
오브젝트 변경	이전 오브젝트 선택	Alt + [
	다음 오브젝트 선택	Alt +]
탭 변경	[블록] 탭 선택	Alt + 1
	[모양] 탭 선택	Alt + 2
	[소리] 탭 선택	Alt + 3
	[속성] 탭 선택	Alt + 4
텍스트 수준 조정	들여쓰기	tab
	내어쓰기	shift + tab
블록 카테고리 변경	[시작], [흐름], …, [자료] 카테고리 선택	Ctrl + 숫자(1~9)

엔트리파이선과 파이선의 다른 점 V

• 함수의 return값

파이선 문법에서는 함수의 return값을 지정할 수 있습니다. return값이란, 함수 내부에서 여러 명령을 처리한 후 마지막으로 돌려주는 값을 return 명령을 통해 지정한 값입니다. 그러나 **엔트리파이선에서는 return 명령을 지원하지 않습니다.** 따라서 왼쪽과 같은 파이선 코드를 엔트리파이선에서 비슷하게 구현하기 위해서는 오른쪽과 같이 코드를 작성합니다. 파이선에서는 함수 안에서 선언한 변수의 경우 함수 내부에서만 사용할 수 있기 때문에 엔트리파이선과 같이 코드를 작성한 경우 에러가 납니다. 그러나 엔트리파이선에서는 변수 선언 위치에 상관없이 모든 오브젝트 또는 해당 오브젝트에서 변수가 사용 가능하므로 왼쪽과 같은 파이선 코드를 오른쪽의 엔트리파이선 코드로 바꾸어 비슷하게 활용할 수 있습니다.

파이선		엔트리파이선	
1	`def say():`	1	`def say():`
2	`    return "Hi!"`	2	`    var = "Hi!"`
3		3	
4	`print(say())`	4	`def when_start():`
		5	`    say()`
		6	`    Entry.print(var)`

1~2 → 함수 say()를 선언합니다. "Hi!"값을 return해 주는 함수입니다. 4 → say()에서 "Hi!"값을 return 받아 바로 출력합니다.	1~2 → say()는 "Hi!"값을 변수 var에 저장하는 함수입니다. 4~6 → 프로그램을 실행했을 때, say()를 통해 var에 "Hi!"를 저장하고, var값을 출력합니다.

파이선		엔트리파이선	
1	`def mul(a, b):`	1	`def mul(a, b):`
2	`    c = a * b`	2	`    c = a * b`
3	`    return c`	3	
4		4	`def when_start():`
5	`print(mul(4, 5))`	5	`    mul(5, 4)`
		6	`    Entry.print(c)`

1~3 → 함수 mul(a, b)를 선언합니다. a, b값을 곱한 값을 변수 c에 저장한 후, c값을 return 해주는 함수입니다. 5 → mul(4, 5)에서 4*5를 연산하여 return한 c값을 출력합니다.	1~2 → 함수 mul(a, b)를 선언합니다. a, b값을 곱한 값을 변수 c에 저장하는 함수입니다. 4~6 → 프로그램을 실행했을 때, mul(5, 4)를 통해 c에 5*4를 저장한 후, c값을 출력합니다.

세계 나이 계산기

학습목표 우리나라와 미국의 나이 세는 방법은 다릅니다. 우리나라에서는 태어났을 때 1살이 되고, 이후 매년 1월 1일 1살씩을 더 먹게 됩니다. 그러나 미국에서는 태어났을 때 0살이 되고, 이후 자신의 생일이 돌아올 때마다 1살씩을 더 먹게 됩니다. 세계 대부분의 나라들에서 미국과 같은 방법으로 나이를 계산합니다. 따라서 외국 친구들과 만나면 같은 해에 태어났어도 나이가 1~2살씩 차이가 나게 됩니다. 한국 나이와 미국 나이를 계산해주는 프로그램을 만들어 사용해봅시다.

목표 작품 보기

작품 주소: https://goo.gl/s6loLh
강의 주소: https://goo.gl/TFJFOW

Chapter3
엔트리파이선으로 Level Up!

엔트리파이선 프로그래밍

01 엔트리파이선 모드에서 필요한 오브젝트들을 추가하고 적절한 크기로 배치합니다. '도령 엔트리봇'은 [모양] 탭의 그림판에서 좌우를 뒤집고 [파일] – [저장하기]를 통해 방향을 바꾸어 줍니다.

2 세계 나이 계산기

02 프로그램을 실행하면 이름을 입력받도록 아래와 같이 코드를 작성합니다. [콘솔] 메뉴를 선택하고 [시작하기] 버튼을 누르거나, 단축키인 Ctrl+R을 눌러 실행해봅시다. 실행화면에 '이름' 변수가 자동 생성되며, 입력창뿐만 아니라 콘솔에도 대답을 입력할 수 있습니다.

```
1   # 도령 엔트리봇 오브젝트의 파이선 코드
2
3   import Entry
4
5   def when_start():
6       Entry.input("당신의 이름을 입력하세요.")
7       이름 = Entry.answer()
```

5→ 프로그램이 시작되었을 때
6→ 이름 입력받기
7→ '이름' 변수를 생성하고 입력받은 값을 넣기

> **TIP**
> 코드를 실행하면 코드의 상단에 자동으로 '이름=0' 코드가 생성됩니다. 그러나 책에서는 우리가 직접 작성하는 코드만을 다루게 될 것입니다.

 →

Chapter 3
엔트리파이선으로 Level Up!

- **엔트리파이선에서 변수 만들기**

블록 코딩에서는 [속성] 탭에서 변수를 만들고 수정 버튼을 통해 기본값을 설정하지만, 엔트리파이선에서는 명령어로 간단하게 변수를 만들며 기본값을 설정할 수 있습니다. def 밖에서 변수를 생성하면 지정한 값이 바로 기본값이 됩니다. 그러나 def 안에서 생성한 변수는 기본값이 자동으로 0이 됩니다. 코드를 통해 변수를 만들면, 프로그램 실행 시 모든 오브젝트의 상단에 자동으로 변수가 생성되는 코드가 정리되어 생성됩니다. 이는 블록과 텍스트의 호환성, 그리고 모든 오브젝트에서 동일하게 변수를 사용할 수 있게 하기 위한 것으로, 프로그램 실행 결과에는 영향을 미치지 않는다는 것을 이해할 수 있도록 합니다.

	실행 전		실행 후
1	`import Entry`	1	`import Entry`
2	`이름1="엔트리봇"`	2	
3		3	`이름1 = "엔트리봇"`
4	`def when_start()`	4	`이름2 = 0`
5	`    이름1 = "이몽룡"`	5	`이름3 = "향단이"`
6	`    이름2 = "성춘향"`	6	
7		7	`def when_start():`
8	`이름3 = "향단이"`	8	`    이름1 = "이몽룡"`
9		9	`    이름2 = "성춘향"`
2 → '이름1' 변수를 생성하고 "엔트리봇"을 기본값으로 지정합니다. 4 → 프로그램이 시작되었을 때 5 → '이름1'변수에 "이몽룡"을 저장합니다. 6 → def안에서 '이름2' 변수를 생성하면 기본값은 '0'으로 지정됩니다. 이 변수에 "성춘향"을 저장합니다. 8 → '이름3' 변수를 생성하고 "향단이"를 기본값으로 지정합니다.			2 → import Entry 아래 자동으로 한 줄 여백을 만듭니다. 3~5 → 작품이 가지고 있는 모든 변수에 대해 기본값들을 보여주는 코드가 정리되어 보여집니다. 이 코드는 모든 오브젝트에 동일하게 생성됩니다. 6 → 정리된 변수 아래 자동으로 한 줄 여백을 만듭니다. 7~9 → 프로그램이 시작되었을 때 실행할 명령들은 동일하게 남아있습니다.

2 세계 나이 계산기

03 이어서 오늘의 날짜를 8자리로 입력받도록 합니다. 파이선에서는 블록과는 달리 자료의 인덱스를 0부터 시작합니다. 문자열에서 필요한 부분만 추출하는 명령어를 사용하여 입력받은 값의 앞 4자리를 '오늘연도' 변수에, 뒤 4자리를 '오늘날짜' 변수에 넣어주도록 합니다.

```
1   # 도령 엔트리봇 오브젝트의 파이선 코드
2
3   import Entry
4
5   def when_start():
6       Entry.input("당신의 이름을 입력하세요.")
7       이름 = Entry.answer()
8       Entry.input("오늘의 날짜를 8자리로 입력하세요. 예) 20170314")
9       오늘연도 = Entry.answer()[0:4]
10      오늘날짜 = Entry.answer()[4:8]
```

8→ 오늘의 날짜 입력받기
9→ '오늘연도' 변수를 생성하고, 입력받은 값의 1~4번째 문자열을 넣기
10→ '오늘날짜' 변수를 생성하고, 입력받은 값의 5~8번째 문자열을 넣기

- **문자열의 일부를 추출하는 명령어 알아보기**

  엔트리 블록 명령어에서는 문자열이나 리스트의 인덱스를 0부터 시작하지만, 파이선에서는 이를 0부터 시작합니다. 또한 블록 명령어에서는 문자열을 추출할 때, 시작하는 위치와 끝나는 위치의 인덱스를 입력하지만, 파이선에서는 시작하는 위치와 끝난 다음 위치의 인덱스를 입력합니다. 문자열을 추출할 때에는 띄어쓰기도 한 문자로 처리됩니다. 따라서 아래 두 명령어가 똑같이 "녕 엔트"을 추출하게 됩니다.

블록 명령어	(안녕 엔트리!)의 (2)번째 글자부터 (5)번째 글자까지의 글자
엔트리파이선 명령어	"안녕 엔트리!" [1 : 5]

Chapter3
엔트리파이선으로 Level Up!

04 마찬가지로 생일을 입력받고, 이를 4자리씩 끊어 '생일연도'와 '생일날짜' 변수에 저장해 봅시다. 8~10행의 코드를 복사해 사용하면 편리합니다. Ctrl+R을 눌러 실행해봅시다. 실행화면에 변수들이 생성되며, 입력한 값에 따라 문자열이 추출되어 결과가 표시됩니다.

```python
# 도령 엔트리봇 오브젝트의 파이선 코드

import Entry

def when_start():
    Entry.input("당신의 이름을 입력하세요.")
    이름 = Entry.answer()
    Entry.input("오늘의 날짜를 8자리로 입력하세요. 예) 20170314")
    오늘연도 = Entry.answer()[0:4]
    오늘날짜 = Entry.answer()[4:8]
    Entry.input("당신의 생일을 8자리로 입력하세요. 예) 20010505")
    생일연도 = Entry.answer()[0:4]
    생일날짜 = Entry.answer()[4:8]
```

11→ 생일 날짜 입력받기
12→ '생일연도' 변수를 생성하고, 입력받은 값의 1~4번째 문자열을 넣기
13→ '생일날짜' 변수를 생성하고, 입력받은 값의 5~8번째 문자열을 넣기

2 세계 나이 계산기

05 한국의 나이 계산법은 '연도'와만 관련이 있습니다. 태어난 해부터 1살로 보기 때문에 '오늘연도 - 생일연도 + 1'의 연산과정을 거쳐 한국나이를 계산할 수 있습니다. '한국나이' 변수를 만들어 계산한 값을 넣어봅시다.

```
1   # 도령 엔트리봇 오브젝트의 파이선 코드
              ⋮
8       Entry.input("오늘의 날짜를 8자리로 입력하세요. 예) 20170314")
9       오늘연도 = Entry.answer()[0:4]
10      오늘날짜 = Entry.answer()[4:8]
11      Entry.input("당신의 생일을 8자리로 입력하세요. 예) 20010505")
12      생일연도 = Entry.answer()[0:4]
13      생일날짜 = Entry.answer()[4:8]
14      한국나이 = 오늘연도 - 생일연도 + 1
```

14→ '한국나이' 변수를 생성하고, 오늘연도 - 생일연도 +1 값을 계산하여 넣기

06 미국의 나이 계산법은 태어난 해를 0살로 보고, 생일이 지날 때마다 1살씩 더해갑니다. 따라서 생일이 지난 경우에는 '오늘연도 - 생일연도'를 계산할 수 있고, 생일이 지나지 않은 경우에는 '오늘연도 - 생일연도 - 1'로 나이를 계산할 수 있습니다. 생일이 지났는지 여부는 입력받은 '오늘날짜'와 '생일날짜'를 비교하여 '오늘날짜'가 더 크다면 지난 것으로 판단합니다.

```
1   # 도령 엔트리봇 오브젝트의 파이선 코드
              ⋮
8       Entry.input("오늘의 날짜를 8자리로 입력하세요. 예) 20170314")
9       오늘연도 = Entry.answer()[0:4]
10      오늘날짜 = Entry.answer()[4:8]
11      Entry.input("당신의 생일을 8자리로 입력하세요. 예) 20010505")
12      생일연도 = Entry.answer()[0:4]
13      생일날짜 = Entry.answer()[4:8]
14      한국나이 = 오늘연도 - 생일연도 + 1
15      if 오늘날짜 >= 생일날짜:
16          미국나이 = 오늘연도 - 생일연도
17      else:
18          미국나이 = 오늘연도 - 생일연도 - 1
```

15→ 만일, 생일이 지났다면
16→ '미국나이' 변수를 생성하고, 오늘연도 - 생일연도 값을 계산하여 넣기
17→ (만일 생일이 지난 것이)아니라면
18→ '미국나이' 변수를 생성하고, 오늘연도 - 생일연도 - 1 값을 계산하여 넣기

Chapter 3
엔트리파이선으로 Level Up!

- **엔트리파이선에서 0314와 0729 비교하기**

  파이선에서 '오늘날짜'와 '생일연도' 변수에 저장된 0314와 0729는 문자열이기 때문에 바로 >, <와 같은 비교연산을 할 수 없습니다. 두 날짜를 비교하기 위해서는 0314, 0729에서 각각 314, 729 부분의 문자열만 추출하고, 또 다른 명령어를 통해 숫자형으로 변환한 후 비교해야 합니다. 그러나 엔트리파이선에는 자료형을 변환하는 명령어가 없기 때문에 상황에 따라 자료형을 자동으로 변환해 줍니다. 0314와 0729는 숫자로만 이루어진 문자열이기 때문에, 비교연산을 하면 자동으로 숫자로 인식하고 314와 729를 비교하게 됩니다.

07 저장된 한국나이와 미국나이를 "엔트리봇님의 한국나이는 16, 미국나이는 14입니다."와 같이 문장으로 출력해봅시다. 변수에 저장된 값을 가져와야 하는 부분과 일반 문자열이 필요한 부분을 구분하여 + 연산으로 연결하면 됩니다. 이때 변수명에는 따옴표(" ")를 쓰지 않고, 문자열에는 따옴표(" ")를 붙여줍니다. 문자열에는 띄어쓰기, 문장부호 등이 모두 포함될 수 있도록 합니다. Ctrl+R을 눌러 실행해봅시다. 실행화면에 변수창과 함께 한국나이와 미국나이가 계산되어 결과가 표시됩니다.

1	# 도령 엔트리봇 오브젝트의 파이선 코드
	:
14	한국나이 = 오늘연도 - 생일연도 + 1
15	if 오늘날짜 >= 생일날짜:
16	미국나이 = 오늘연도 - 생일연도
17	else:
18	미국나이 = 오늘연도 - 생일연도 - 1
19	Entry.print_for_sec(이름 + "님의 한국나이는 " + 한국나이 + ", 미국나이는 " + 미국나이 + "입니다.", 2)

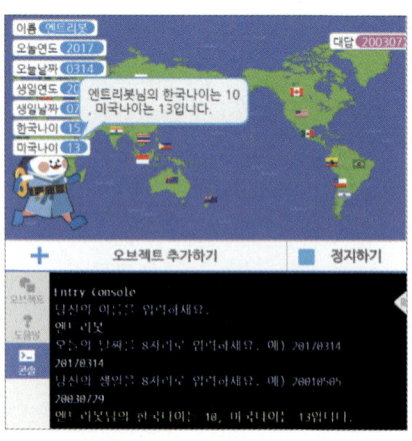

19→ "(이름)님의 한국나이는 (한국나이), 미국나이는 (미국나이)입니다."를 2초 동안 문장으로 출력합니다.

2 세계 나이 계산기

08 '한국나이'와 '미국나이' 변수창은 지도 위 한국과 미국 쪽으로 옮겨주고, 그 외 필요하지 않은 변수들은 [속성] 탭을 열어 숨겨줍니다. 6행에 대답창을 숨겨주는 코드를 추가하고 프로그램을 완성합니다.

```
1   # 도령 엔트리봇 오브젝트의 파이선 코드
2
3   import Entry
4
5   def when_start():
6       Entry.answer_view("hide")
7       Entry.input("당신의 이름을 입력하세요.")
8       이름 = Entry.answer()
9       Entry.input("오늘의 날짜를 8자리로 입력하세요. 예) 20170314")
10      오늘연도 = Entry.answer()[0:4]
11      오늘날짜 = Entry.answer()[4:8]
12      Entry.input("당신의 생일을 8자리로 입력하세요. 예) 20010505")
13      생일연도 = Entry.answer()[0:4]
14      생일날짜 = Entry.answer()[4:8]
15      한국나이 = ((오늘연도 - 생일연도) + 1)
16      if (오늘날짜 >= 생일날짜):
17          미국나이 = (오늘연도 - 생일연도)
18      else:
19          미국나이 = ((오늘연도 - 생일연도) - 1)
20      Entry.print_for_sec( 이름 + "님의 한국나이는 " + 한국나이 + ", 미국나이는 " + 미국나이 + "입니다.", 2)
```

| 6→ | 변수창을 화면에서 숨깁니다. |

TIP

엔트리에서는 텍스트를 통해 프로그래밍을 해도 엔트리 블록으로 전환하여 실행되는 구조를 가지고 있습니다. 엔트리파이선 코드를 작성하고 실행하거나 블록으로 변환할 경우 처음 작성했던 텍스트가 엔트리에서 제공하는 기본형의 텍스트 명령어로 바뀔 수 있습니다.

테스트&디버깅

01 올해 생일이 지난 경우와 지나지 않은 경우, 한국 나이와 미국 나이를 정확히 계산해주는지 테스트해봅시다.

- 올해 생일이 지나지 않은 경우에는 한국 나이와 미국 나이가 두 살, 올해 생일이 지난 경우에는 한 살 차이가 나야 합니다.

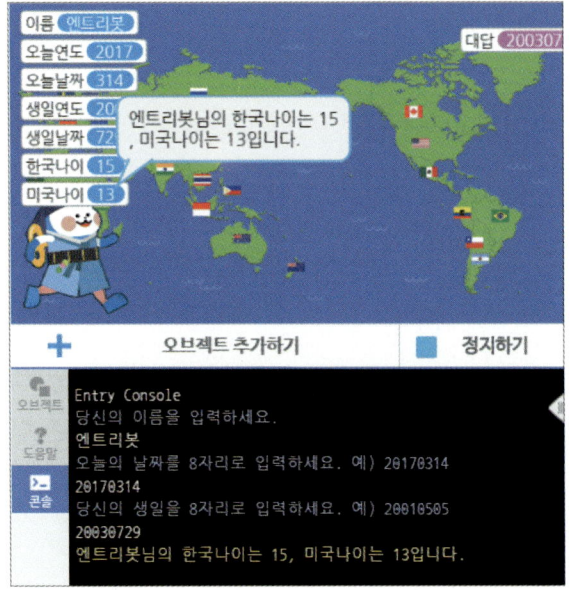
🔼 생일이 지난 경우

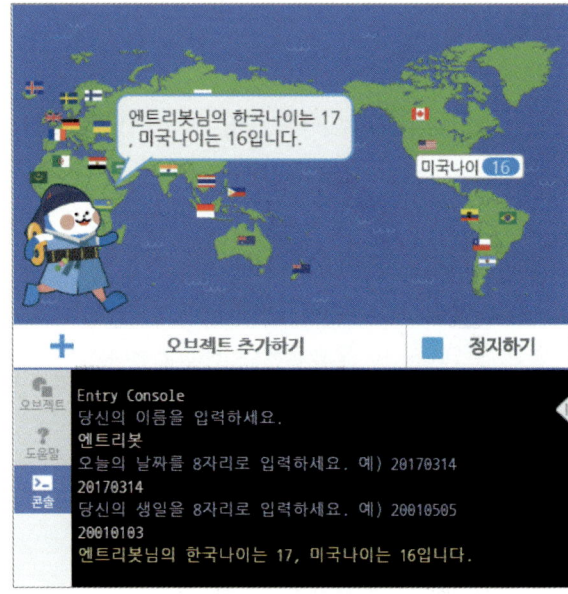
🔼 생일이 지나지 않은 경우

02 엔트리봇이 말하는 문장의 띄어쓰기가 잘못되었다면 코드를 수정하여 올바르게 만들어봅시다.

- 띄어쓰기, 문장부호 등을 고려하여 텍스트 따옴표(" ")안에 넣어주어야 합니다.

```
1    # 도령 엔트리봇 오브젝트의 파이선 코드
                        ⋮
15       한국나이 = 오늘연도 - 생일연도 + 1
16       if 오늘날짜 >= 생일날짜:
17           미국나이 = 오늘연도 - 생일연도
18       else:
19           미국나이 = 오늘연도 - 생일연도 - 1
20       Entry.print_for_sec( 이름 + "님의 한국나이는 " + 한국나이 + ", 미국나이는 " + 미국나이 + "입니다.", 2)
```

블록X엔트리파이선 비교하기

블록

엔트리파이선

```
1   # 도령 엔트리봇 오브젝트의 파이선 코드
2   
3   import Entry
4   
5   def when_start():
6       Entry.answer_view("hide")
7       Entry.input("당신의 이름을 입력하세요.")
8       이름 = Entry.answer()
9       Entry.input("오늘의 날짜를 8자리로 입력하세요. 예) 20170314")
10      오늘연도 = Entry.answer()[0:4]
11      오늘날짜 = Entry.answer()[4:8]
12      Entry.input("당신의 생일을 8자리로 입력하세요. 예) 20010505")
13      생일연도 = Entry.answer()[0:4]
14      생일날짜 = Entry.answer()[4:8]
15      한국나이 = 오늘연도 - 생일연도) + 1
16      if 오늘날짜 >= 생일날짜:
17          미국나이 = 오늘연도 - 생일연도
18      else:
19          미국나이 = 오늘연도 - 생일연도) - 1
20      Entry.print_for_sec( 이름 + "님의 한국나이는 " + 한국나이 + ", 미국나이는 " + 미국나이 + "입니다.", 2)
```

3 스케이팅 게임

학습목표
스케이트를 타는 엔트리봇을 만들어봅시다. 우리가 스케이트를 타면 더 이상 움직이지 않으려고 해도 미끄러집니다. 스케이트를 타듯 자연스럽게 좌우 방향키로 엔트리봇을 움직여봅시다. 화면 밖으로는 빠져나가지 않도록 해야 합니다. 미끄러지면서 떨어지는 도넛을 먹어봅시다. 도넛을 받아먹으면 +10점이 되고, 도넛이 바닥에 떨어져 버리면 -1점이 됩니다. 반면에 떨어지는 불은 피해야 합니다. 피하지 못하면 -10이 됩니다. 30초 동안 스케이팅 게임을 즐겨봅시다.

목표 작품 보기

작품 주소: https://goo.gl/8lYhxu
강의 주소: https://goo.gl/lpHwL6

엔트리파이선 프로그래밍

01 엔트리파이선 모드에서 필요한 오브젝트들을 추가하고 적절한 크기와 위치로 배치합니다.

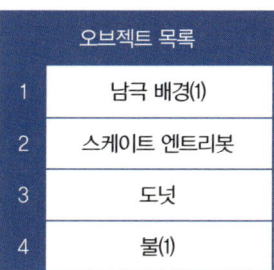

02 키보드 좌우 방향키로 엔트리봇을 좌우로 움직여봅시다. 먼저 스케이트를 타는 것처럼 움직이려면 엔트리봇의 속도가 변해야 하므로 속도를 저장할 변수 'speed'를 만들고, 엔트리봇의 x좌표가 계속해서 speed 값에 따라 달라지도록 만들어봅시다.

```
1  # 스케이트 엔트리봇 오브젝트의 파이선 코드
2
3  import Entry
4
5  speed = 0
6
7  def when_start():
8      while True:
9          Entry.add_x(speed)
```

5→ 'speed' 변수를 생성하고 '0'을 넣기
7→ 프로그램이 시작되었을 때
8→ 아래 내용을 계속 반복하기
9→ x좌표를 'speed' 변수의 값만큼 바꾸기

Chapter 3
엔트리파이선으로 Level Up!

03 [모양] 탭을 보면 엔트리봇의 모양이 2개 있습니다. 1번 모양은 왼쪽을, 2번 모양은 오른쪽을 보고 있습니다. 2번 모양을 한 채로 오른쪽으로 움직이려면 x좌표가 증가해야 하고, 1번 모양을 한 채로 왼쪽으로 움직이려면 x좌표가 감소해야 합니다. 그러므로 오른쪽 화살표키를 누르면 모양 2번으로 바꾸고 speed를 1.5씩 증가시키고, 왼쪽 화살표키를 모양 1번으로 바꾸고 speed를 1.5씩 감소시키는 코드를 만들어줍니다.

```python
# 스케이트 엔트리봇 오브젝트의 파이선 코드

import Entry

speed = 0

def when_start():
    while True:
        Entry.add_x(speed)

def when_start():
    while True:
        if Entry.is_key_pressed("right"):
            Entry.change_shape(2)
            speed += 1.5
        if Entry.is_key_pressed("left"):
            Entry.change_shape(1)
            speed += -1.5
```

11→ 프로그램이 시작되었을 때
12→ (아래내용)계속 반복하기
13→ 만일 오른쪽 방향키를 눌렀다면
14→ 2번 모양으로 바꾸기
15→ speed 변수에 1.5만큼 더하기
16→ 만일 왼쪽 방향키를 눌렀다면
17→ speed 변수에 -1.5만큼 더하기
18→ 1번 모양으로 바꾸기

알아봅시다
• **엔트리파이선에서 변수에 간단한 연산하기**

파이선에서는 변수의 값이 숫자이고, 그 값에 1을 더하고 싶다면 '변수 = 변수 + 1'과 같이 코드를 작성합니다. 그러나 좀 더 간단하게 '변수 += 1' 명령을 사용할 수도 있습니다. 마찬가지로 수를 빼거나 곱하거나 나눌 때에도 아래와 같은 명령을 사용합니다. 엔트리파이선에서도 기본 명령어를 통해 모든 연산들을 할 수 있습니다. 그러나 엔트리파이선은 항상 블록 코딩과 변환할 수 있어야 하는데, 블록에는 '변수에 ~를 더하기' 명령어 밖에 없기 때문에 덧셈을 제외한 다른 축약 명령어들은 사용할 수 없습니다. 따라서 변수에서 일정한 값을 빼기 위해서 '변수 -= 1'을 사용하지 못하고 '변수 += -1'과 같이 사용합니다.

기본 명령어	축약 명령어	축약 명령어 지원여부
변수 = 변수 + 3	변수 += 3	O
변수 = 변수 - 3	변수 -= 3	X
변수 = 변수 * 3	변수 *= 3	X
변수 = 변수 / 3	변수 /= 3	X

04 Ctrl+R을 눌러 실행해봅시다. 실행화면에 speed 변수창이 생성되며, 왼쪽과 오른쪽 방향키로 엔트리봇을 움직일 수 있습니다. 그러나 엔트리봇이 움직이는 속도가 방향키를 누르는 찰나의 순간에도 급격히 증가하기 때문에 엔트리봇이 화면 밖으로 빠져나갑니다. 방향키를 빠르게 잠깐만 눌러도 엔트리봇의 속도가 0이 아닌 이상, 계속해서 미끄러지며 이동합니다.

05 방향키를 누르지 않은 동안에는 속도를 점점 줄여봅시다. speed 변수가 0보다 크다면 오른쪽으로 이동하고 있는 중이므로 0.5씩 빼며 0으로 만들어주고, 0보다 작다면 왼쪽으로 이동하고 있는 중이므로 0.5씩 더해 0으로 만들어줍니다. Ctrl+R을 눌러 엔트리봇을 좌우로 움직여봅시다. 방향키를 오래 누르고 있을수록 속도가 빨라지며, 멈추는데 까지도 시간이 더 걸립니다.

1	`# 스케이트 엔트리봇 오브젝트의 파이선 코드`	
	⋮	
11	`def when_start():`	
12	`    while True:`	
13	`        if Entry.is_key_pressed("right"):`	
14	`            Entry.change_shape(2)`	
15	`            speed += 1.5`	
16	`        if Entry.is_key_pressed("left"):`	
17	`            Entry.change_shape(1)`	
18	`            speed += -1.5`	
19	`        if speed > 0:`	19→ 만일 speed 변수가 0보다 크면
20	`            speed += -0.5`	20→ speed 변수에 0.5만큼 빼기
21	`        if speed < 0:`	21→ 만일 speed 변수가 0보다 작으면
22	`            speed += 0.5`	22→ speed 변수에 0.5만큼 더하기

Chapter3
엔트리파이선으로 Level Up!

06 엔트리봇이 화면밖을 빠져나가지 않도록 만들어봅시다. 엔트리봇의 x좌표가 200보다 커져 화면의 오른쪽으로 빠져나가려고 하면 x좌표를 200으로 정하고, -200보다 작아져 화면의 왼쪽으로 빠져나가려고 하면 x좌표를 -200으로 정해줍니다. 이 코드를 엔트리봇의 x좌표를 정해주었던 9행 아래 10~13행에 추가합니다.

```
1   # 스케이트 엔트리봇 오브젝트의 파이선 코드
2
3   import Entry
4
5   speed = 0
6
7   def when_start():
8       while True:
9           Entry.add_x(speed)
10          if Entry.value_of_object("스케이트 엔트리봇", "x") > 200:
11              Entry.set_x(200)
12          if Entry.value_of_object("스케이트 엔트리봇", "x") < -200:
13              Entry.set_x(-200)
```

10→ 만일 '스케이트 엔트리봇' 오브젝트의 'x'좌표가 200보다 크다면
11→ x좌표를 200으로 정하기
12→ 만일 '스케이트 엔트리봇' 오브젝트의 'x'좌표가 -200보다 작다면
13→ x좌표를 -200으로 정하기

07 이번에는 도넛을 움직여봅시다. 먼저 도넛은 화면에 자신을 숨기고 0.5~1.0 사이의 무작위 수를 뽑아 그 수 만큼의 초 간격으로 계속해서 복제본들을 생성하도록 만들어봅시다.

```
1   # 도넛 오브젝트의 파이선 코드
2
3   import Entry
4
5   speed = 0
6
7   def when_start():
8       Entry.hide()
9       while True:
10          Entry.wait_for_sec(random.uniform(0.5, 1.0))
11          Entry.make_clone_of("self")
```

7→ 프로그램이 시작되었을 때
8→ 원본 숨기기
9→ 아래 내용을 계속 반복하기
10→ 0.5~1.0초만큼 기다리기
11→ 자신의 복제본 만들기

• 무작위 수를 뽑아내는 명령어

엔트리 블록 명령어에서는 무작위 수를 뽑아내기 위해 '~와 ~ 사이의 무작위 수'를 사용하고, 범위의 수가 정수이면 정수 범위에서, 실수이면 실수 범위에서 수를 뽑아냅니다. 그러나 파이썬에서는 이 두 가지 경우 각각 다른 명령어를 사용해야 합니다.

블록 명령어	엔트리파이선 명령어
0 부터 10 사이의 무작위 수	random.randint(0, 10)
0.0 부터 10.0 사이의 무작위 수	random.uniform(0.0, 10.0)

08 도넛이 하늘에서 떨어지는 것처럼 보이기 위해서 생성된 복제본의 x좌표는 −200~200 사이의 무작위 위치로, y좌표는 화면을 벗어난 위쪽인 150으로 정해봅시다. 그리고 도넛이 떨어지는 이동방향을 아래쪽을 가리키는 180으로부터 좌우 30도 범위로 정해줍니다. 도넛의 위치와 떨어질 방향이 결정되면 모양을 보여줍니다.

```
1   # 도넛 오브젝트의 파이선 코드
2
3   import Entry
4
5   speed = 0
6
7   def when_start():
8       Entry.hide()
9       while True:
10          Entry.wait_for_sec(random.uniform(0.5, 1.0))
11          Entry.make_clone_of("self")
12
13  def when_make_clone():
14      Entry.set_xy(random.randint(-200, 200), 150)
15      Entry.set_direction(random.randint(180 - 30, 180 + 30))
16      Entry.show()
```

13→	복제본이 생성되었을 때
14→	x좌표를 −200~200, y좌표를 150으로 정하기
15→	이동방향을 150~210로 정하기
16→	모양 보이기

Chapter3
엔트리파이선으로 Level Up!

09 도넛이 3의 속도로 아래로 떨어지는 코드를 추가합니다. Ctrl+R을 눌러 실행해봅시다. 도넛이 여러개 복제되고 무작위 위치와 방향으로 떨어지는 것을 볼 수 있습니다.

```
1   # 도넛 오브젝트의 파이선 코드
2
3   import Entry
4
5   speed = 0
6
7   def when_start():
8       Entry.hide()
9       while True:
10          Entry.wait_for_sec(random.uniform(0.5, 1.0))
11          Entry.make_clone_of("self")
12
13  def when_make_clone():
14      Entry.set_xy(random.randint(-200, 200), 150)
15      Entry.set_direction(random.randint(180 - 30, 180 + 30))
16      Entry.show()
17      while True:
18          Entry.move_to_direction(3)
```

17→	(아래내용을)계속 반복하기
18→	이동방향으로 3의 속도로 떨어지기

10 이번에는 엔트리봇이 도넛을 먹으면 소리가 나고, 점수가 올라가도록 만들어봅시다. 먼저 [소리] 탭에서 '베어무는 소리2'를 추가합니다. 그리고 6행에 'score' 변수를 추가합니다. 20행부터 도넛이 떨어질 때 엔트리봇에 닿으면 'score'에 10만큼 더하고 베어무는 소리를 재생하는 코드를 작성합니다. 그리고, 도넛이 아래쪽으로 떨어지도록 하는 코드 반복을 중단하고 해당 복제본을 삭제하는 코드까지 작성합니다. Ctrl+R을 눌러 엔트리봇이 도넛을 먹으면 소리가 나고 score가 올라가는지 확인해봅시다.

```
1   # 도넛 오브젝트의 파이선 코드
2
3   import Entry
4
5   speed = 0
6   score = 0
7
8   def when_start():
9       Entry.hide()
10      while True:
11          Entry.wait_for_sec(random.uniform(0.5, 1.0))
12          Entry.make_clone_of("self")
13
14  def when_make_clone():
15      Entry.set_xy(random.randint(-200, 200), 150)
16      Entry.set_direction(random.randint(180 - 30, 180 + 30))
17      Entry.show()
18      while True:
19          Entry.move_to_direction(3)
20          if Entry.is_touched("스케이트 엔트리봇"):
21              score += 10
22              Entry.play_sound("베어무는 소리2")
23              break
24      Entry.remove_this_clone()
```

6→ 'score' 변수를 생성하고 '0'을 넣기

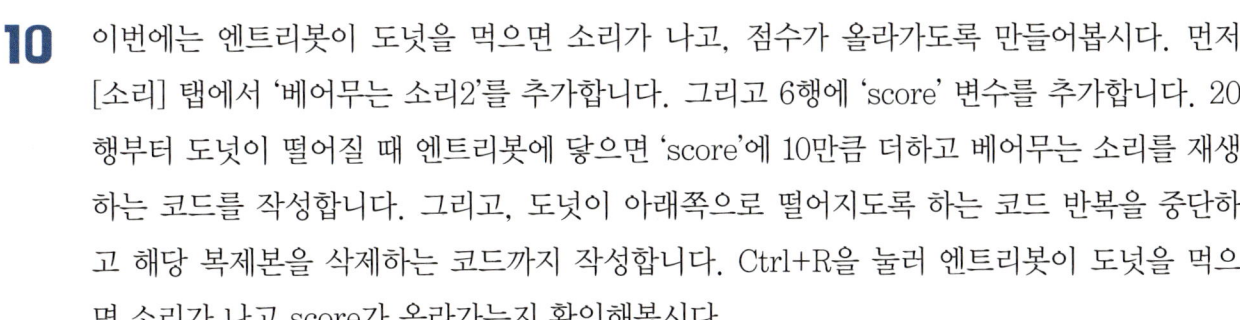

20→ 만일 '스케이트 엔트리봇'에 닿았다면
21→ 'score' 변수에 10만큼 더하기
22→ '베어무는 소리2' 재생하기
23→ 반복 중단
24→ 이 복제본 삭제하기

Chapter3
엔트리파이선으로 Level Up!

11 반대로 도넛을 먹지 못하고 바닥에 떨어진 경우 소리가 나고 점수가 1씩 깎이도록 만들어봅시다. [소리] 탭에서 '유리잔에 얼음' 소리를 추가하고, 이전 단계에서 만든 코드를 복사하여 아래 코드를 완성합니다. Ctrl+R을 눌러 엔트리봇이 도넛을 먹지 못하고 떨어뜨리면 어떻게 되는지 확인해 봅시다.

```
1  # 도넛 오브젝트의 파이선 코드
2
3  import Entry
4
5  speed = 0
6  score = 0
7
8  def when_start():
9      Entry.hide()
10     while True:
11         Entry.wait_for_sec(random.uniform(0.5, 1.0))
12         Entry.make_clone_of("self")
13
14 def when_make_clone():
15     Entry.set_xy(random.randint(-200, 200), 150)
16     Entry.set_direction(random.randint(180 - 30, 180 + 30))
17     Entry.show()
18     while True:
19         Entry.move_to_direction(3)
20         if Entry.is_touched("스케이트 엔트리봇"):
21             score += 10
22             Entry.play_sound("베어무는 소리2")
23             break
24         if Entry.is_touched("edge_down"):
25             score += -1
26             Entry.play_sound("유리잔에 얼음")
27             break
28     Entry.remove_this_clone()
```

24→ 만일 '화면 아래쪽'에 닿았다면
25→ 'score' 변수에 1만큼 빼기
26→ '유리잔에 얼음' 재생하기
27→ 반복 중단

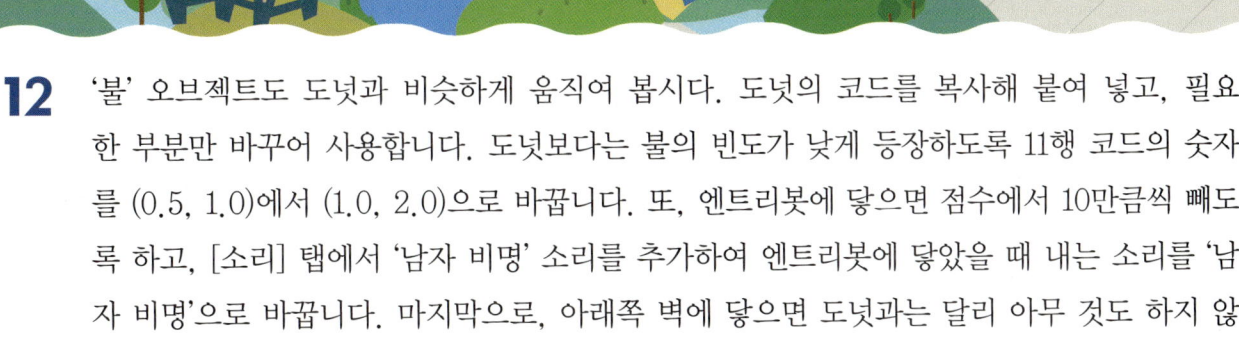

12 '불' 오브젝트도 도넛과 비슷하게 움직여 봅시다. 도넛의 코드를 복사해 붙여 넣고, 필요한 부분만 바꾸어 사용합니다. 도넛보다는 불의 빈도가 낮게 등장하도록 11행 코드의 숫자를 (0.5, 1.0)에서 (1.0, 2.0)으로 바꿉니다. 또, 엔트리봇에 닿으면 점수에서 10만큼씩 빼도록 하고, [소리] 탭에서 '남자 비명' 소리를 추가하여 엔트리봇에 닿았을 때 내는 소리를 '남자 비명'으로 바꿉니다. 마지막으로, 아래쪽 벽에 닿으면 도넛과는 달리 아무 것도 하지 않고 바로 떨어지는 것을 중단하도록 코드를 바꿉니다. Ctrl+R을 눌러 엔트리봇이 불에 닿으면 어떻게 되는지 확인해 봅시다.

```
1   # 불(1) 오브젝트의 파이선 코드
2
3   import Entry
4
5   speed = 0
6   score = 0
7
8   def when_start():
9       Entry.hide()
10      while True:
11          Entry.wait_for_sec(random.uniform(1.0, 2.0))
12          Entry.make_clone_of("self")
13
14  def when_make_clone():
15      Entry.set_xy(random.randint(-200, 200), 150)
16      Entry.set_direction(random.randint(180 - 30, 180 + 30))
17      Entry.show()
18      while True:
19          Entry.move_to_direction(3)
20          if Entry.is_touched("스케이트 엔트리봇"):
21              score += -10
22              Entry.play_sound("남자 비명")
23              break
24          if Entry.is_touched("edge_down"):
25              break
26      Entry.remove_this_clone()
```

10→ 계속 반복
11→ 1.0~2.0초만큼 기다리기
12→ 자신의 복제본 만들기

20→ 만일 '스케이트 엔트리봇'에 닿았다면
21→ 'score' 변수에 10만큼 빼기
22→ '남자 비명' 재생하기
23→ 반복 중단
24→ 만일 '화면 아래쪽'에 닿았다면
25→ 반복 중단

Chapter3
엔트리파이선으로 Level Up!

13 '스케이트 엔트리봇' 오브젝트로 돌아가 30초 동안만 게임을 진행하도록 완성해 봅시다. 프로그램이 시작되면 먼저, 화면에 보이지 않아도 되는 'speed' 변수창을 숨깁니다. 그리고 30초 동안 기다린 후, 획득한 점수를 말해주고 모든 코드를 멈추는 코드를 추가합니다. Ctrl+R을 눌러 30초 동안 게임을 진행해 봅시다.

1	# 스케이트 엔트리봇 오브젝트의 파이선 코드		
	⋮		
29	`def when_start():`	29→	프로그램이 시작되었을 때
30	`    Entry.hide_variable("speed")`	30→	'speed'변수창 숨기기
31	`    Entry.wait_for_sec(30)`	31→	30초 기다리기
32	`    Entry.print("당신의 점수는 " + score + "점입니다.")`	32→	'당신의 점수는 (score)점 입니다.'를 말하기
33	`    Entry.stop_code("all")`	33→	모든 코드 멈추기

TIP

실행화면에서 'score' 변수창을 보기 좋은 위치로 이동할 수 있습니다.

테스트&디버깅

01 엔트리봇의 속도가 너무 빠르거나 느리다면 코드를 고쳐 적절하게 조정해봅시다.

```python
1   # 스케이트 엔트리봇 오브젝트의 파이선 코드
                    ⋮
16  def when_start():
17      while True:
18          if Entry.is_key_pressed("right"):
19              Entry.change_shape(2)
20              speed += 1.5
21          if Entry.is_key_pressed("left"):
22              speed += -1.5
23              Entry.change_shape(1)
24          if speed > 0:
25              speed += -0.5
26          if speed < 0:
27              speed += 0.5
```

02 도넛과 불이 너무 자주 등장하거나 적게 등장한다면 코드를 고쳐 적절하게 조정해봅시다.

```python
1   # 도넛 오브젝트의 파이선 코드
                    ⋮
8   def when_start():
9       Entry.hide()
10      while True:
11          Entry.wait_for_sec(random.uniform(0.5, 1))
12          Entry.make_clone_of("self")
```

```python
1   # 불(1) 오브젝트의 파이선 코드
                    ⋮
8   def when_start():
9       Entry.hide()
10      while True:
11          Entry.wait_for_sec(random.uniform(1.0, 2.0))
12          Entry.make_clone_of("self")
```

Chapter3
엔트리파이선으로 Level Up!

블록X엔트리파이선 비교하기 I

블록

스케이트
엔트리봇

- 시작하기 버튼을 클릭했을 때
  - 계속 반복하기
    - x 좌표를 speed 값 만큼 바꾸기
    - 만일 <스케이트 엔트리봇의 x 좌푯값 > 200> 이라면
      - x: 200 위치로 이동하기
    - 만일 <스케이트 엔트리봇의 x 좌푯값 < -200> 이라면
      - x: -200 위치로 이동하기

- 시작하기 버튼을 클릭했을 때
  - 계속 반복하기
    - 만일 <오른쪽 화살표 키가 눌러져 있는가?> 이라면
      - 2 모양으로 바꾸기
      - speed 에 1.5 만큼 더하기
    - 만일 <왼쪽 화살표 키가 눌러져 있는가?> 이라면
      - 1 모양으로 바꾸기
      - speed 에 -1.5 만큼 더하기
    - 만일 <speed 값 > 0> 이라면
      - speed 에 -0.5 만큼 더하기
    - 만일 <speed 값 < 0> 이라면
      - speed 에 0.5 만큼 더하기

- 시작하기 버튼을 클릭했을 때
  - 30 초 기다리기
  - (당신의 점수는 과(와) score 값 를 합치기) 과(와) 점 입니다. 를 합치기 을(를) 말하기
  - 모든 코드 멈추기

224

엔트리파이선

```python
# 스케이트 엔트리봇 오브젝트의 파이선 코드

import Entry

speed = 0
score = 0

def when_start():
    while True:
        Entry.add_x(speed)
        if Entry.value_of_object("스케이트 엔트리봇", "x") > 200:
            Entry.set_x(200)
        if Entry.value_of_object("스케이트 엔트리봇", "x") < -200:
            Entry.set_x(-200)

def when_start():
    while True:
        if Entry.is_key_pressed("right"):
            Entry.change_shape(2)
            speed += 1.5
        if Entry.is_key_pressed("left"):
            speed += -1.5
            Entry.change_shape(1)
        if  speed > 0:
            speed += -0.5
        if  speed < 0:
            speed += 0.5

def when_start():
    Entry.wait_for_sec(30)
    Entry.print("당신의 점수는 " + score + "점 입니다.")
    Entry.stop_code("all")
```

Chapter3
엔트리파이선으로 Level Up!

블록X엔트리파이선 비교하기 II

블록

3 스케이팅 게임

엔트리파이선

```python
1   # 도넛 오브젝트의 파이선 코드
2
3   import Entry
4
5   speed = 0
6   score = 0
7
8   def when_start():
9       Entry.hide()
10      while True:
11          Entry.wait_for_sec(random.uniform(0.5, 1))
12          Entry.make_clone_of("self")
13
14  def when_make_clone():
15      Entry.set_xy(random.randint(-200, 200), 150)
16      Entry.set_direction(random.randint(180 - 30, 180 + 30))
17      Entry.show()
18      while True:
19          Entry.move_to_direction(3)
20          if Entry.is_touched("스케이트 엔트리봇"):
21              score += 10
22              Entry.play_sound("베어무는 소리2")
23              break
24          if Entry.is_touched("edge_down"):
25              score += -1
26              Entry.play_sound("유리잔에 얼음")
27              break
28      Entry.remove_this_clone()
```

블록X엔트리파이선 비교하기 Ⅲ

| 블록 |

엔트리파이선

```python
# 불(1) 오브젝트의 파이선 코드

import Entry

speed = 0
score = 0

def when_start():
    Entry.hide()
    while True:
        Entry.wait_for_sec(random.uniform(1.0, 2.0))
        Entry.make_clone_of("self")

def when_make_clone():
    Entry.set_xy(random.randint(-200, 200), 150)
    Entry.set_direction(random.randint(180 - 30, 180 + 30))
    Entry.show()
    while True:
        Entry.move_to_direction(3)
        if Entry.is_touched("스케이트 엔트리봇"):
            score += -10
            Entry.play_sound("남자 비명")
            break
    Entry.remove_this_clone()
```

4 복불복 룰렛 만들기

학습목표
청소당번을 정할 때, 경품 행사를 할 때, 점심 메뉴를 고를 때, 다양한 상황에서 우리는 무작위로 결정하기 위해 룰렛, 제비뽑기 등을 만들어 활용합니다. 다양한 상황에서 쓰일 수 있는 복불복 룰렛을 만들어봅시다. 몇 칸짜리 룰렛이 필요한지 입력하면 룰렛의 조각 수가 바뀌고, 룰렛의 조각 수에 따라 list에 룰렛판에 적을 항목들을 입력합니다. 버튼을 누르면 룰렛이 무작위로 돌아가며, 멈춘 위치에 따라 뽑힌 항목을 말해줍니다.

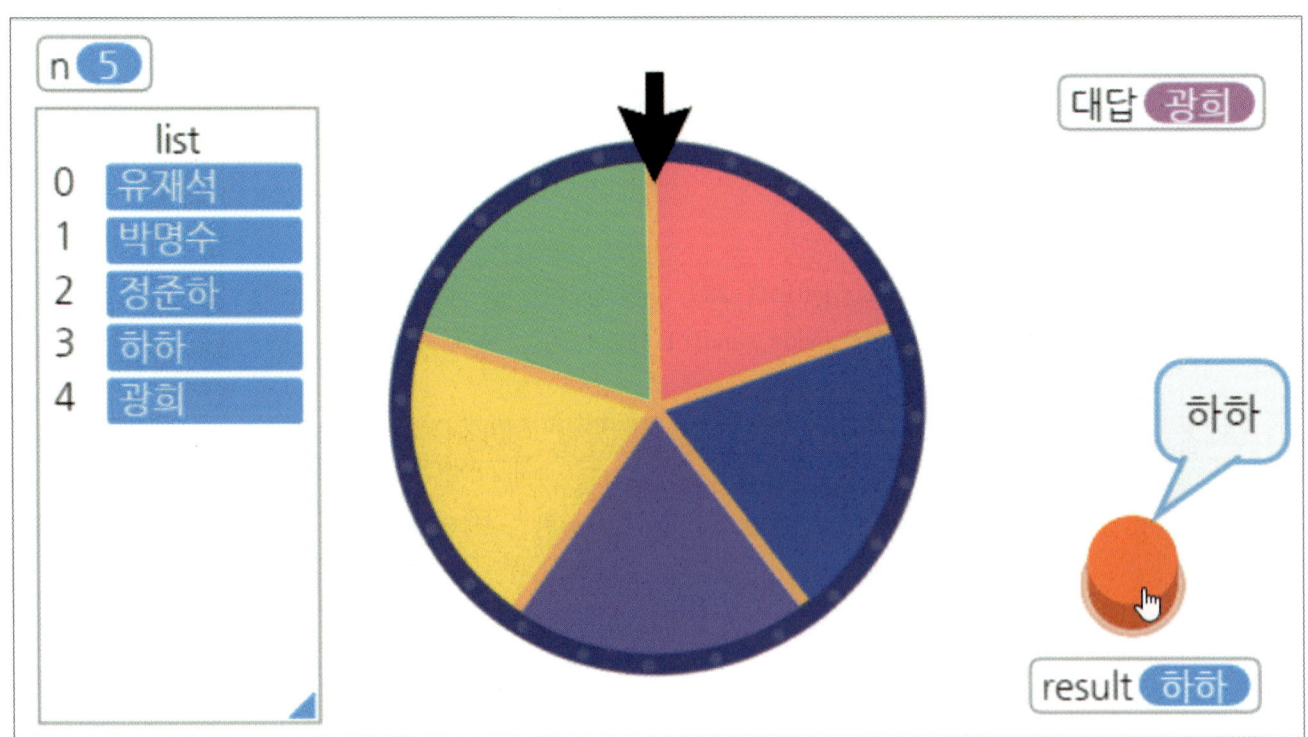

작품 주소: https://goo.gl/9mYGXX
강의 주소: https://goo.gl/EOcM8H

엔트리파이선 프로그래밍

01 엔트리파이선 모드에서 필요한 오브젝트들을 추가하고 적절한 크기와 위치로 배치합니다.

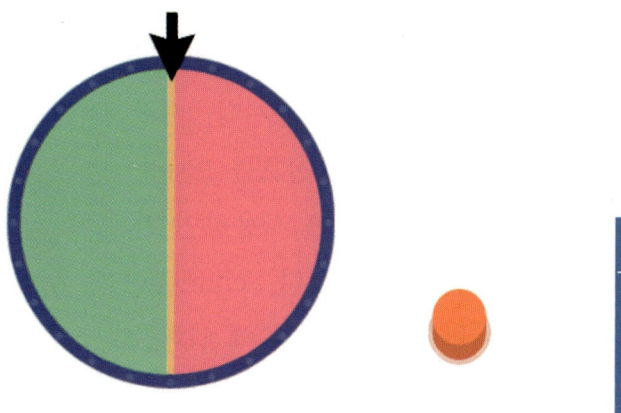

	오브젝트 목록
1	룰렛판
2	커서(1)
3	결과확인 버튼

02 룰렛 조각의 개수를 결정해봅시다. 먼저 변수 'n'을 만듭니다. '결과확인 버튼'이 룰렛 칸수를 입력받고 이를 'n' 변수에 저장하도록 만들어봅시다.

```
1  # 결과확인 버튼 오브젝트의 파이선 코드
2
3  import Entry
4
5  n = 0
6
7  def when_start():
8      Entry.input("몇 칸짜리 룰렛을 만드시겠습니까? (2~12)")
9      n = Entry.answer()
```

5→	변수 'n'을 생성하고 기본값을 0으로 정하기
7→	프로그램이 시작되었을 때
8→	몇 칸짜리 룰렛을 만들지 숫자를 입력받기
9→	변수 'n'에 입력받은 값을 넣기

Chapter 3
엔트리파이선으로 Level Up!

03 [모양] 탭을 보면 룰렛판의 모양이 11개 있습니다. 2조각짜리 룰렛판의 모양 번호가 1번, 3조각짜리 룰렛판의 모양 번호가 3번, …, 12조각짜리 룰렛판의 모양 번호가 11번입니다. 이를 일반화하면 n조각짜리 룰렛판의 모양 번호를 n−1번 이라고 할 수 있습니다. 이를 이용하여 입력받은 값으로 룰렛판의 모양을 바꾸어봅시다. 버튼이 룰렛판에 신호를 보내주어야 하는데, 신호를 보내는 명령어인 Entry.send_signal("신호이름")을 사용하면 자동으로 입력한 이름으로 신호가 생성됩니다. 'change_shape' 신호를 생성하고, Ctrl+R을 눌러 버튼에 입력한 대답에 따라 룰렛판의 조각을 다양하게 바꾸어봅시다.

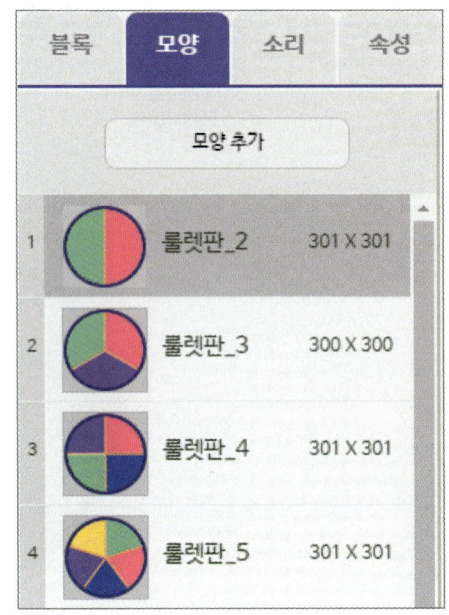

```
1   # 결과확인 버튼 오브젝트의 파이선 코드
2
3   import Entry
4
5   n = 0
6
7   def when_start():
8       Entry.input("몇 칸짜리 룰렛을 만드시겠습니까? (2~12)")
9       n = Entry.answer()
10      Entry.send_signal("change_shape")
```

5→ 변수 'n'을 생성하고 기본값을 0으로 정하기
7→ 프로그램이 시작되었을 때
8→ 몇 칸짜리 룰렛을 만들지 숫자를 입력받기
9→ 변수 'n'을 생성하고 입력받은 값을 넣기
10→ "change_shape" 신호를 생성하고 보내기

```
1   # 룰렛판 오브젝트의 파이선 코드
2
3   import Entry
4
5   n = 0
6
7   def when_get_signal("change_shape"):
8       Entry.change_shape(n-1)
```

7→ "change_shape"신호를 받았을 때
8→ (n−1)번 모양으로 바꾸기

04 12보다 큰 값을 입력하거나 다른 값을 입력하면 프로그램에 오류가 납니다. 프로그램에 오류가 없도록 하기 위해 코드를 추가해봅시다. 먼저, 올바른 대답을 입력할 때까지 질문을 반복하도록 8행에 while True:명령을 추가합니다. 9~11행을 한꺼번에 블록으로 지정하고, Tab 키를 눌러 한꺼번에 들여쓰기 해줍니다.

```
1   # 결과확인 버튼 오브젝트의 파이선 코드
2
3   import Entry
4
5   n = 0
6
7   def when_start():
8       while True:
9           Entry.input("몇 칸짜리 룰렛을 만드시겠습니까? (2~12)")
10          n = Entry.answer()
11          Entry.send_signal("change_shape")
```

8→ 아래 내용을 계속 반복하기

05 대답이 2 이상, 12 이하인지 판단하는 코드를 추가합니다. 이 결과가 True라면, 02번처럼 'change_shape' 신호를 보내고 반복을 중지합니다. 만약 다른 대답을 입력했다면 "2~12 사이의 수를 입력하세요."라고 2초 동안 말하도록 합니다.

```
1   # 결과확인 버튼 오브젝트의 파이선 코드
2
3   import Entry
4
5   n = 0
6
7   def when_start():
8       while True:
9           Entry.input("몇 칸짜리 룰렛을 만드시겠습니까? (2~12)")
10          n = Entry.answer()
11          if n > 1 and n <= 12:
12              Entry.send_signal("change_shape")
13              break
14          else:
15              Entry.print_for_sec("2~12사이의 수를 입력하세요.", 2)
```

11→	만일 n이 1보다 크고, 12보다 작거나 같으면
12→	'change_shape' 신호 보내기
13→	반복 중단하기
14→	아니면
15→	"2~12사이의 수를 입력하세요."를 2초 동안 말하기

06 룰렛의 조각 수만큼 룰렛의 항목을 추가해봅시다. 'list' 리스트를 만듭니다. for i in range(횟수) 명령어는 입력한 횟수만큼 아래 코드를 반복합니다. 리스트의 마지막 위치에 항목을 추가하는 명령어는 리스트이름.append(항목) 입니다. 룰렛 조각의 개수인 n만큼 반복해서 항목을 입력받아 이를 'list' 리스트에 추가하도록 합니다.

```python
# 결과확인 버튼 오브젝트의 파이선 코드

n = 0
list = []

def when_start():
    while True:
        Entry.input("몇 칸짜리 룰렛을 만드시겠습니까? (2~12)")
        n = Entry.answer()
        if n > 1 and n <= 12:
            Entry.send_signal("change_shape")
            break
        else:
            Entry.print_for_sec("2~12사이의 수를 입력하세요.", 2)
    for i in range(n):
        Entry.input("룰렛의 항목을 차례로 입력하세요.")
        list.append(Entry.answer())
    Entry.print_for_sec("버튼을 눌러 룰렛을 돌려보세요!", 1)
```

4→	'list'라는 빈 리스트 생성하기
15→	룰렛 조각의 개수인 n번 반복하기
16→	룰렛의 항목을 입력받기
17→	입력받은 값을 list 리스트에 추가하기
18→	"버튼을 눌러 룰렛을 돌려보세요."를 1초 동안 말하기

07 이어서 버튼을 클릭하면 룰렛이 돌아가도록 만들어봅시다. 버튼을 클릭하면 버튼이 룰렛에게 'play' 신호를 보내고 룰렛이 돌아가다가 멈출 때까지 기다리도록 해 봅시다. 신호를 받은 룰렛은 3~6바퀴 정도로 무작위로 돌아가도록 만들어 봅시다. 3바퀴를 돌리려면 360*3도 만큼, 6바퀴를 돌리려면 360*6도 만큼 돌아야 합니다. 이 사이의 무작위 수를 뽑아냅니다. 그리고 돌아가는 속도도 1.0~3.0 사이의 무작위수로 정하도록 합니다. Ctrl + R을 눌러 룰렛 판을 돌려 봅시다.

1	# 결과버튼 오브젝트의 파이선 코드 ⋮	
23	`def when_click_object_on():`	23→ 오브젝트를 클릭했을 때
24	`    Entry.send_signal_wait("play")`	24→ 'play' 신호 생성하고 보낸 후, 기다리기

1	# 룰렛판 오브젝트의 파이선 코드 ⋮	
11	`def when_get_signal("play"):`	
12	`    Entry.add_rotation_for_sec(random.randint(360 * 3, 360 * 6), random.uniform(1.0, 3.0))`	

11→ 'play' 신호를 받았을 때
12→ 방향을 (360 * 3) ~ (360 * 6)도 만큼 1.0~3.0초 동안 회전하기

08 룰렛이 다 돌아갈 때까지 기다린 버튼이 결과를 말해주도록 해 봅시다. 먼저, 룰렛 조각이 2개인 경우를 생각해봅시다. 멈춘 룰렛의 방향이 0~180도일 때에는 첫 번째 조각, 180~360도일 때에는 두 번째 조각에 멈춰 섰다고 할 수 있습니다. 이렇듯 룰렛 조각이 2개일 때 기준이 되는 수는 360도을 2로 나눈 180입니다. 마찬가지로 룰렛 조각이 3개라면 360/3이, 4개라면 360/4가, n개라면 360/n이 기준이 됩니다.

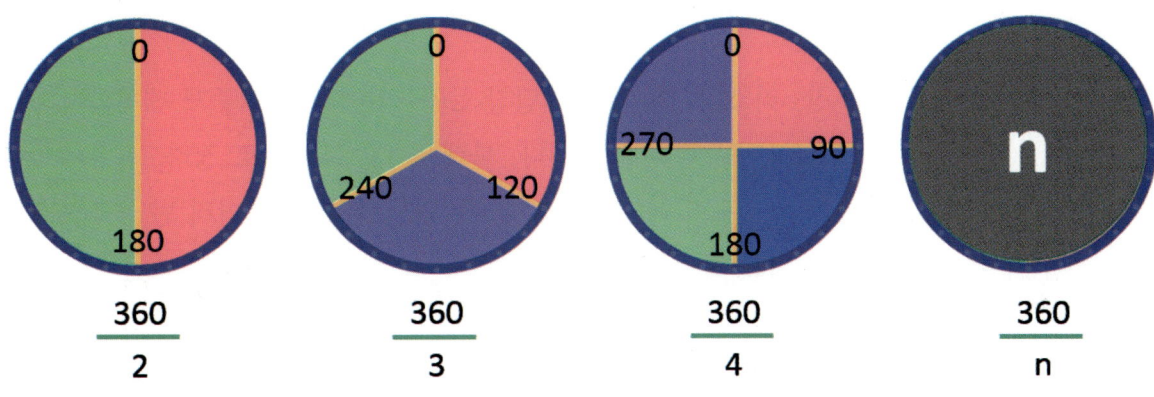

09 룰렛이 3~6바퀴를 돌아 멈추면 룰렛의 방향은 0~360 사이가 됩니다. 룰렛 조각이 2개일 때, 룰렛이 멈춘 방향을 기준인 180으로 나누어 몫이 0이면 첫 번째 조각, 1이면 두 번째 조각에 멈추었다고 판단할 수 있습니다. 즉, 파이선에서 리스트의 번호는 0부터 시작하므로, 룰렛판의 방향을 360/n으로 나누어 나온 몫이 곧 list에 있는 항목의 번호와 일치하게 됩니다. A // B는 A를 B로 나눈 몫을 계산해주는 명령어입니다. 리스트 'list'에서 360/n이 몫에 해당하는 번호에 있는 항목을 찾아 변수 'result'에 넣어주고, 결과를 말해주도록 코드를 작성해 봅시다.

처음 위치
룰렛의 방향: 0°

결과 1:
룰렛의 방향: 45°
-기준인 180도 보다 덜 돌아갔으므로 45/180의 몫은 0이 되어, 리스트의 0번 항목인 '유재석'이 뽑히게 된다.

결과 2:
룰렛의 방향: 270°
-기준인 180도 보다 더 돌아갔으므로 270/180의 몫은 1이 되어, 리스트의 1번 항목인 '박명수'가 뽑히게 된다.

```
1   # 결과버튼 오브젝트의 파이선 코드
        ⋮
22  def when_click_object_on():
23      Entry.send_signal_wait("play")
24      result = list[Entry.value_of_object("룰렛판", "rotation") // (360 / n)]
25      Entry.print_for_sec(result, 2)
```

24→ 'result' 변수를 생성하고, list의 '룰렛판의 방향을 360/n으로 나눈 몫'번째 항목을 넣어주기
25→ result 값을 2초 동안 말하기

10 변수 'n'과 'result' 창, 리스트 'list' 창, 대답창 등을 화면에 보기 좋게 배치합니다. 그리고 Crtl + R을 눌러 프로그램을 실행해 봅시다. 룰렛을 5개 조각으로 정하고, 항목으로 "유재석, 박명수, 정준하, 하하, 광희"를 추가합니다. '결과확인 버튼'을 여러 번 눌러 룰렛을 돌리며 버튼이 말해주는 결과를 확인해 봅시다.

테스트&디버깅

01 입력한 수에 따라 룰렛판의 모양을 바꾸고 해당 숫자만큼 항목을 입력받는지 테스트해봅시다.
 – 잘못된 수를 입력한 경우에도 오류가 나지 않고 항목을 다시 입력받을 수 있어야 합니다.

```
1   # 결과확인 버튼 오브젝트의 파이선 코드
        ⋮
9   def when_start():
10      while True:
11          Entry.input("몇 칸짜리 룰렛을 만드시겠습니까? (2~12)")
12          n = Entry.answer()
13          if n > 1 and n <= 12:
14              Entry.send_signal("change_shape")
15              break
16          else:
17              Entry.print_for_sec("2~12사이의 수를 입력하세요.", 2)
18      for i in range(n):
19          Entry.input("룰렛의 항목을 차례로 입력하세요.")
20          list.append(Entry.answer())
```

```
1   # 룰렛판 오브젝트의 파이선 코드
        ⋮
9   def when_get_signal("change_shape"):
10      Entry.change_shape(n - 1)
```

02 룰렛이 멈춘 방향에 해당하는 항목을 이야기해주는지 테스트해봅시다.
 – 오브젝트의 방향을 통해 리스트 항목 번호를 뽑아내는 식을 다양한 테스트를 통해 이해할 수 있도록 합니다.

```
1   # 결과확인 버튼 오브젝트의 파이선 코드
        ⋮
23  def when_click_object_on():
24      Entry.send_signal_wait("play")
25      result = list[Entry.value_of_object("룰렛판", "rotation") // (360 / n)]
26      Entry.print_for_sec(result, 2)
```

Chapter3
엔트리파이선으로 Level Up!

블록X엔트리파이선 비교하기

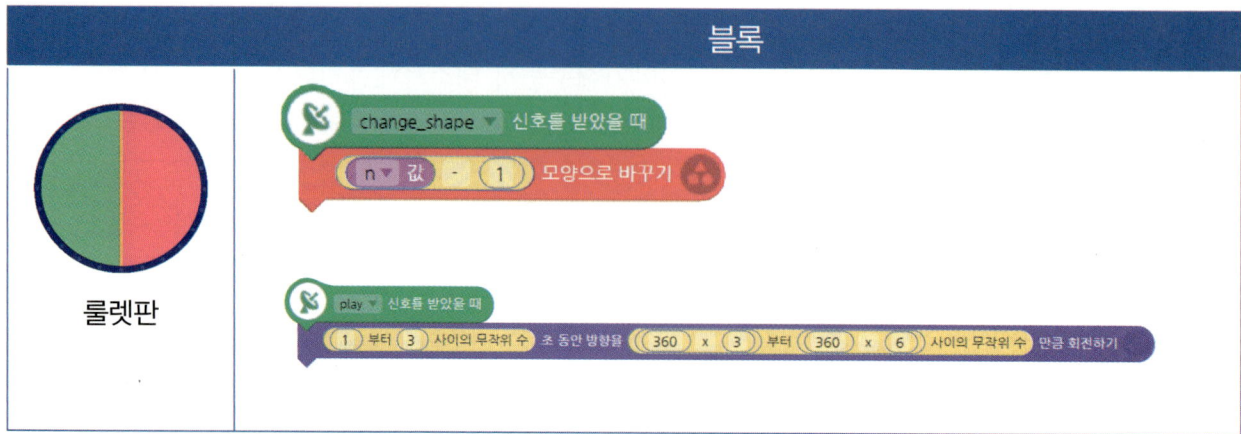

엔트리파이선

```python
# 결과확인 버튼 오브젝트의 파이선 코드

import Entry

n = 0
result = 0
list = []

def when_start():

    while True:
        Entry.input("몇 칸짜리 룰렛을 만드시겠습니까? (2~12)")
        n = Entry.answer()
        if n > 1 and n <= 12:
            Entry.send_signal("change_shape")
            break
        else:
            Entry.print_for_sec("1~12사이의 수를 입력하세요.", 2)
    for i in range(n):
        Entry.input("룰렛의 항목을 차례로 입력하세요.")
        list.append(Entry.answer())
    Entry.print_for_sec("버튼을 눌러 룰렛을 돌려보세요!", 1)

def when_click_object_on():
    Entry.send_signal_wait("play")
    result = list[(Entry.value_of_object("룰렛판", "rotation") // (360 / n))]
    Entry.print_for_sec(result, 2)
```

```python
# 룰렛판 오브젝트의 파이선 코드

import Entry

n = 0

def when_get_signal("change_shape"):
    Entry.change_shape(n - 1)

def when_get_signal("play"):
    Entry.add_rotation_for_sec(random.randint(360 * 3, 360 * 6), random.uniform(1.0, 3.0))
```

부록

부록

Chapter1 엔트리 블록 프로그래밍 기초

★★★ 스스로 해보기

1 신나는 야구경기

2 쑥쑥 자라는 토마토

3 돋보기로 보는 난쟁이 마을

4 우리 학교 이야기

〈장면 1〉

부록

〈장면 2〉

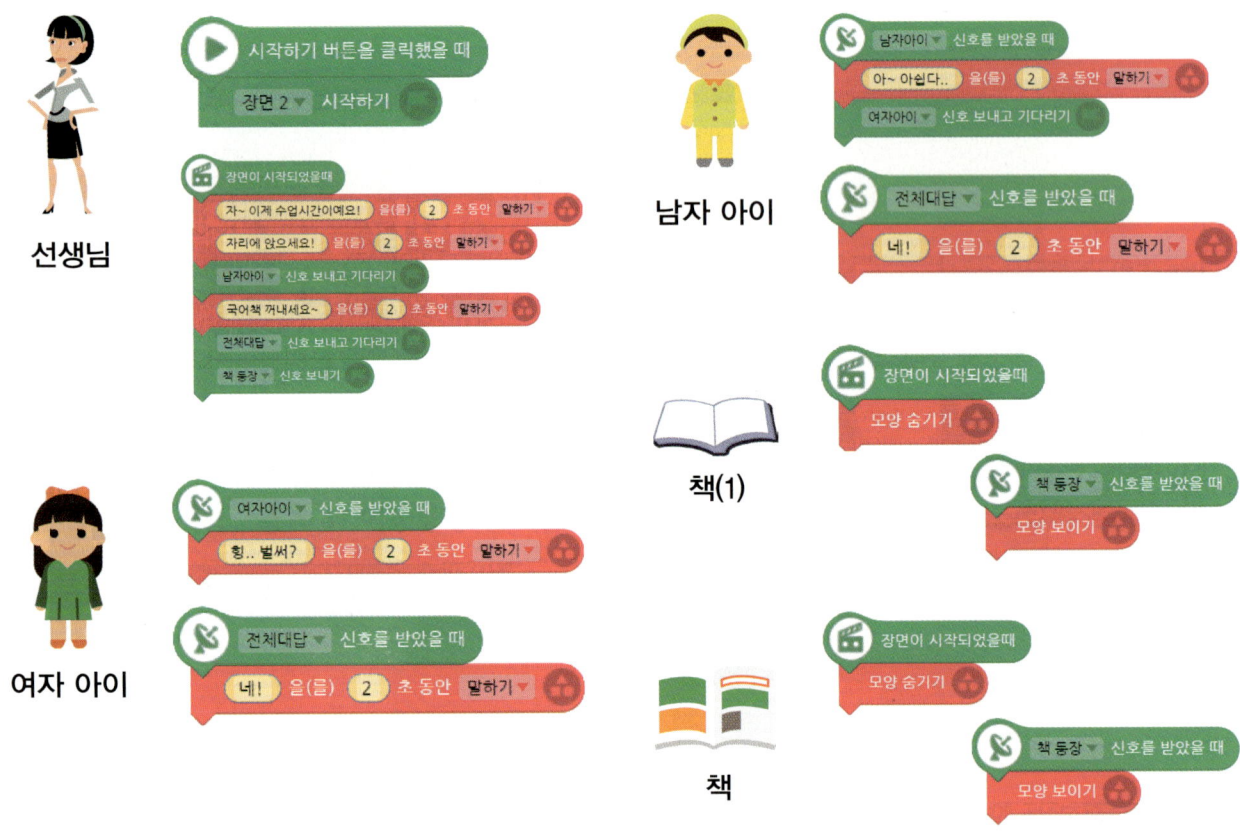

5 주사위 놀이

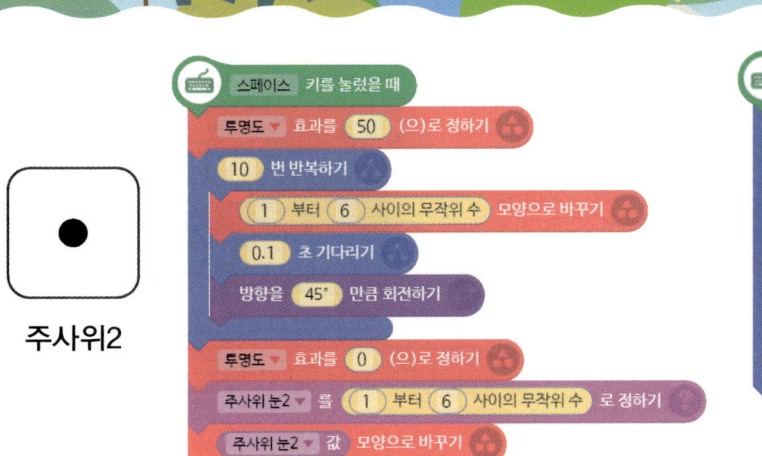

6 레스토랑 자동 주문 기계

〈주문〉 장면

〈할인〉 장면

안내 글상자

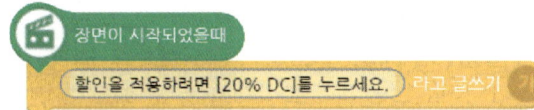

총 금액: 글상자

20% DC 글상자

할인 적용 금액: 글상자

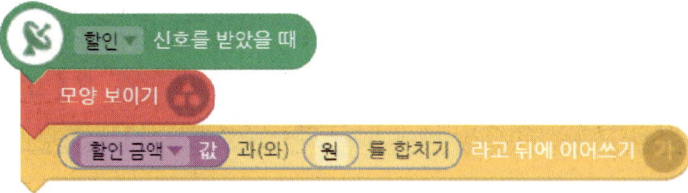

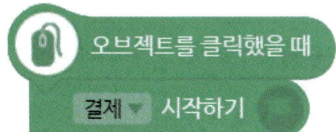
다음 글상자

취소 글상자
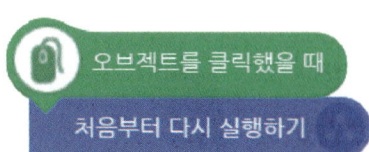

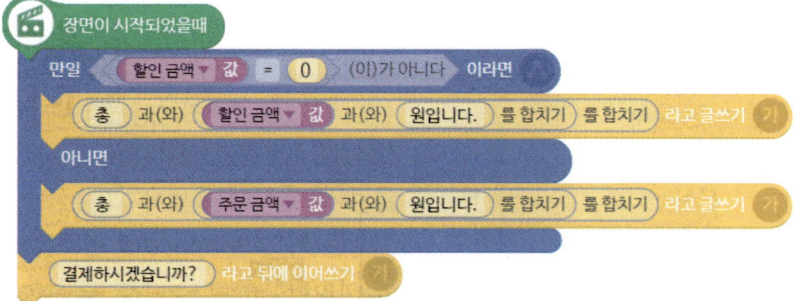

〈결제〉 장면

안내 글상자

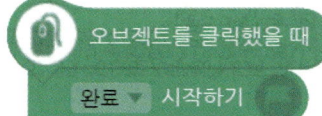

결제 글상자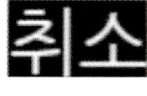

취소 글상자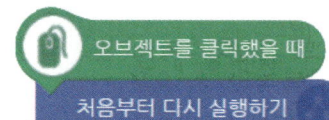

〈완료〉 장면

안내 글상자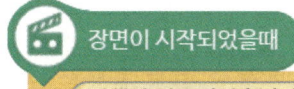

태블릿

부록

7 두근두근 제비 뽑기

추가 글상자

```
오브젝트를 클릭했을 때
계속 반복하기
    추가할 항목을 입력하세요. 추가를 마치려면 "종료"를 입력하세요. 을(를) 묻고 대답 기다리기
    만일 대답 = 종료 이라면
        반복 중단하기
    아니면
        대답 항목을 제비뽑기 에 추가하기
```

수정 글상자

```
오브젝트를 클릭했을 때
몇 번 항목을 수정하시겠습니까? 을(를) 묻고 대답 기다리기
수정 항목 를 대답 로 정하기
무엇으로 수정하시겠습니까? 을(를) 묻고 대답 기다리기
제비뽑기 수정 항목 값 번째 항목을 대답 (으)로 바꾸기
```

삭제 글상자

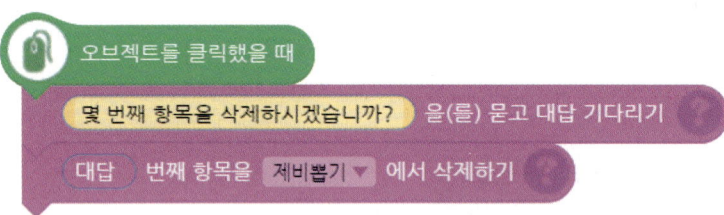

모두 삭제 글상자

글상자

8 교통 신호 시스템

'자동차이동_속도' 함수

'자동차이동_신호등' 함수

부록

신호등(2)

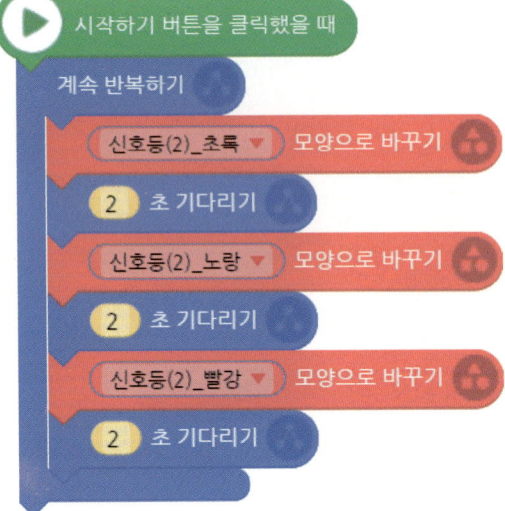

빨간 자동차

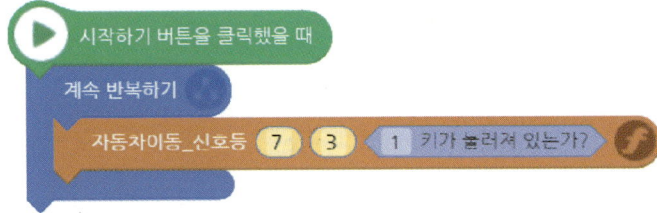

흰 자동차

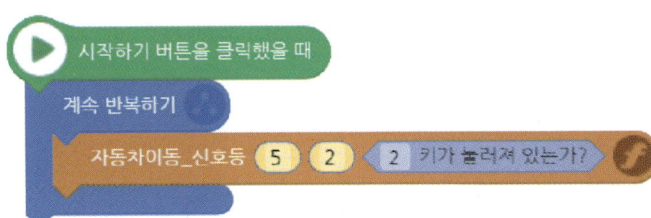

Chapter2 실전! 엔트리작품 만들기
도전하기
바닷속 이야기

상어(1)
- 시작하기 버튼을 클릭했을 때
  - 계속 반복하기
    - 이동 방향으로 3 만큼 움직이기
    - 화면 끝에 닿으면 튕기기

아기 돌고래
- 오른쪽 화살표 키를 눌렀을 때
  - 이동 방향을 -90° (으)로 정하기
  - x 좌표를 10 만큼 바꾸기
- 왼쪽 화살표 키를 눌렀을 때
  - 이동 방향을 90° (으)로 정하기
  - x 좌표를 -10 만큼 바꾸기
- 스페이스 키를 눌렀을 때
  - 아기 돌고래_2 모양으로 바꾸기
  - 소리 바위에 부딪히는 파도 0.7 초 재생하고 기다리기
  - 아기 돌고래_1 모양으로 바꾸기

파란 복어
- 시작하기 버튼을 클릭했을 때
  - 계속 반복하기
    - 만일 마우스포인터 에 닿았는가? 이라면
      - 색깔 효과를 10 만큼 주기

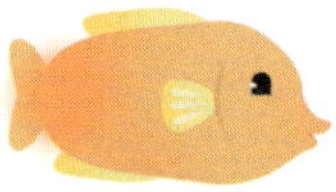

주황 물고기
- 시작하기 버튼을 클릭했을 때
  - 계속 반복하기
    - 마우스포인터 쪽 바라보기
    - 이동 방향으로 (마우스포인터 까지의 거리) / 10 만큼 움직이기

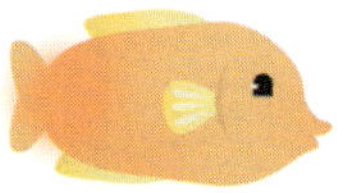

주황 물고기1
- 시작하기 버튼을 클릭했을 때
  - 계속 반복하기
    - 주황 물고기 쪽 바라보기
    - 이동 방향으로 (주황 물고기 까지의 거리) / 10 만큼 움직이기

주황 물고기2
- 시작하기 버튼을 클릭했을 때
  - 계속 반복하기
    - 주황 물고기1 쪽 바라보기
    - 이동 방향으로 (주황 물고기1 까지의 거리) / 10 만큼 움직이기

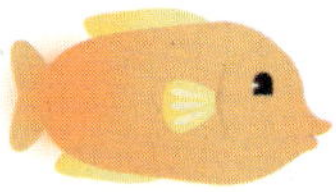

주황 물고기3
- 시작하기 버튼을 클릭했을 때
  - 계속 반복하기
    - 주황 물고기2 쪽 바라보기
    - 이동 방향으로 (주황 물고기2 까지의 거리) / 10 만큼 움직이기

나만의 정원 꾸미기

식물

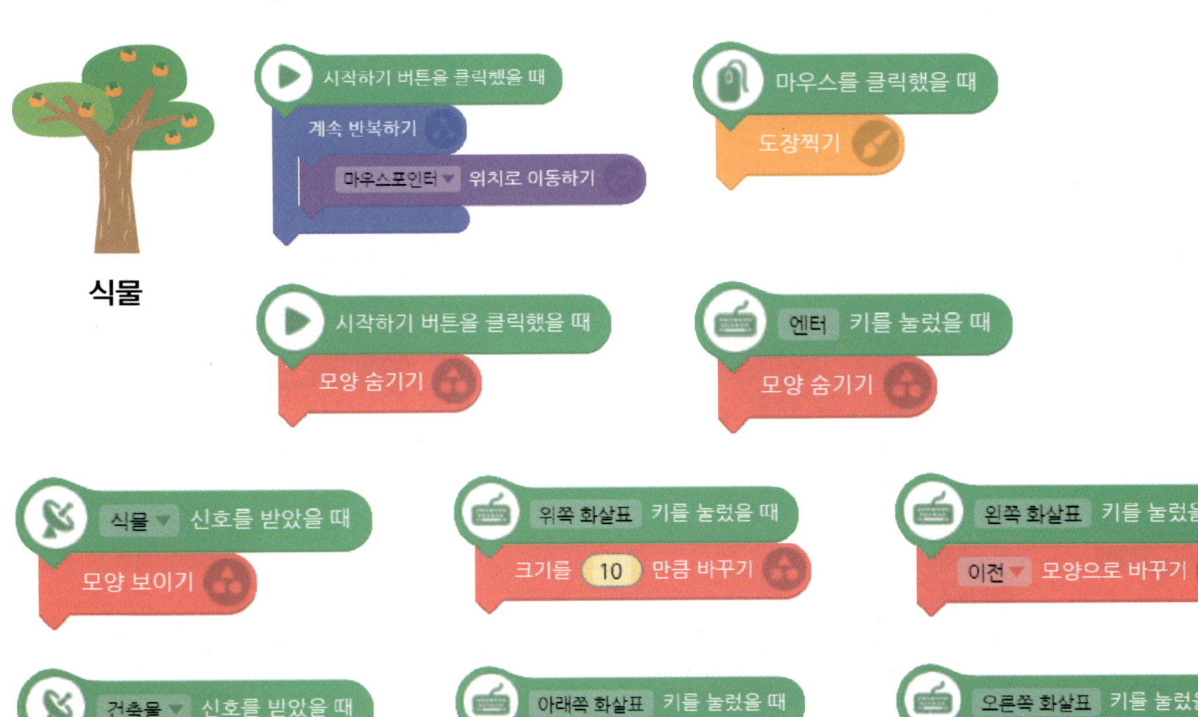

글상자

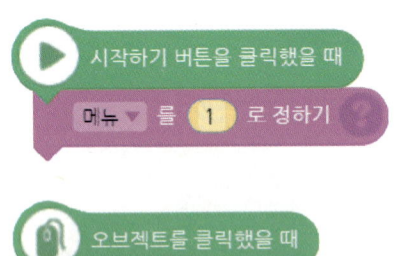

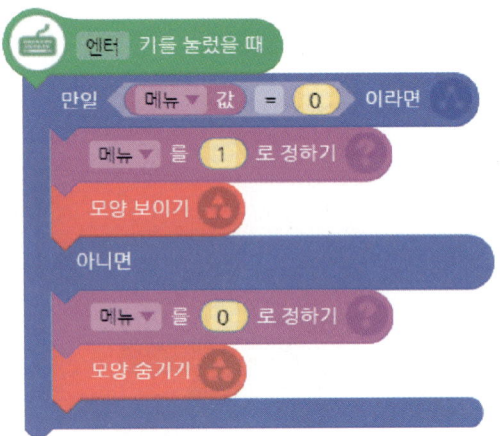

부록

건축물

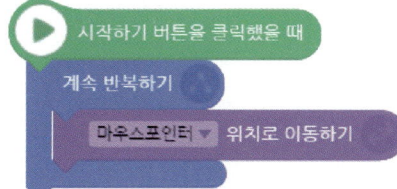

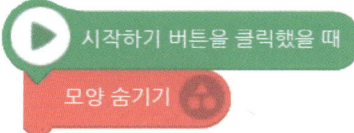

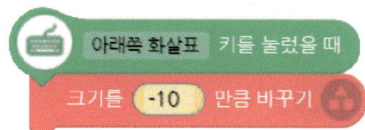

건축물

글상자

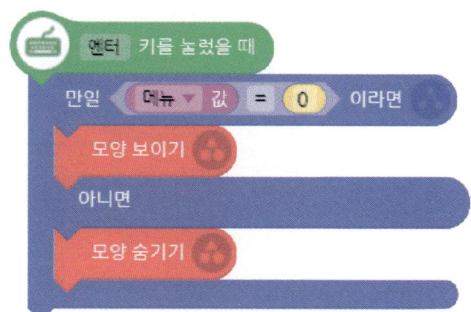

253

풍선 로또 게임

사랑의 총알
엔트리봇

풍선

숲 속에서 금화줍기

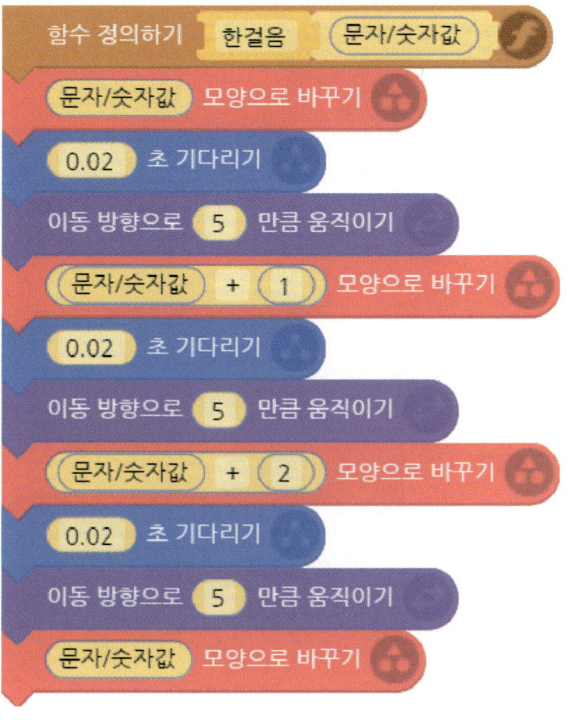

'한걸음' 함수

'방향키로걷기' 함수

〈마을〉장면

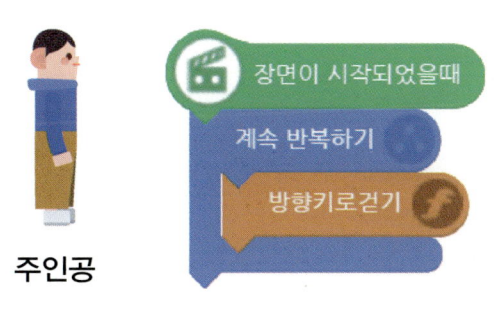

주인공

부록

ENTRY

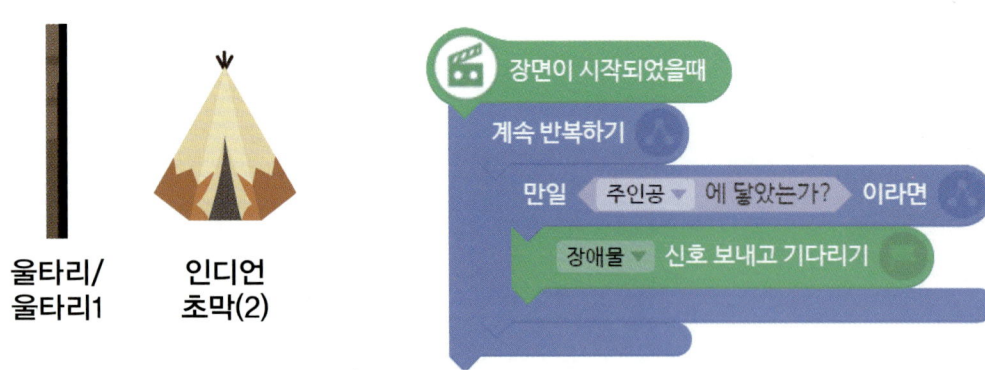

울타리/울타리1

인디언 초막(2)

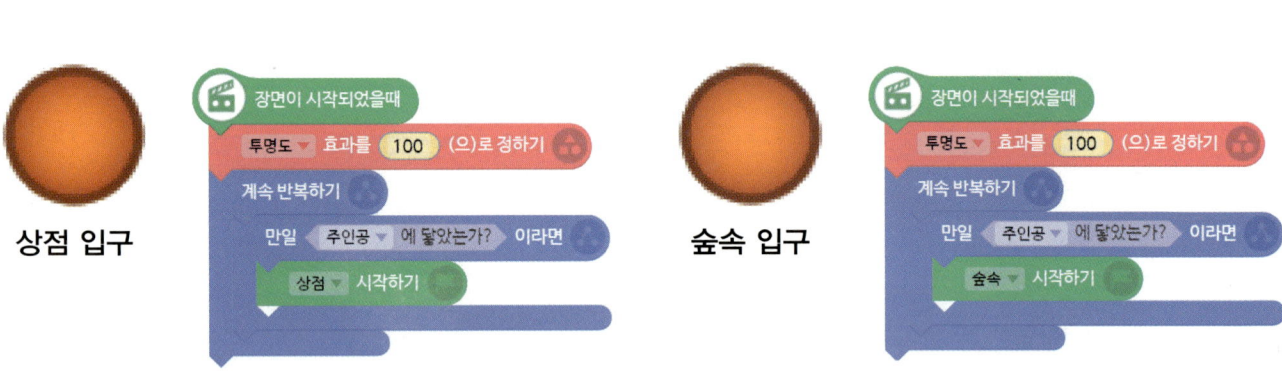

상점 입구

숲속 입구

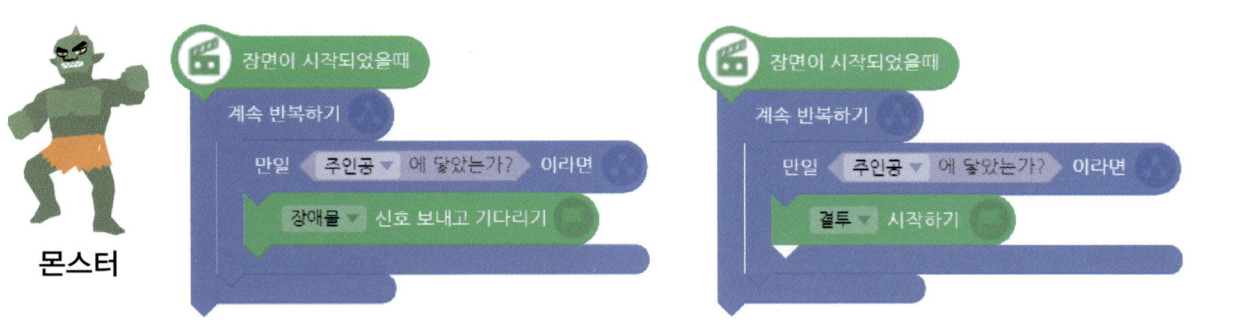

몬스터

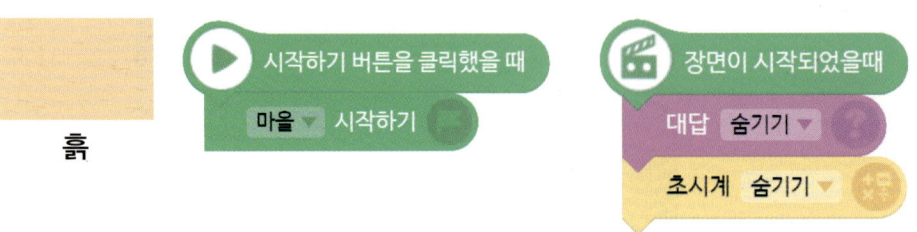

흙

〈상점〉 장면

상점 주인

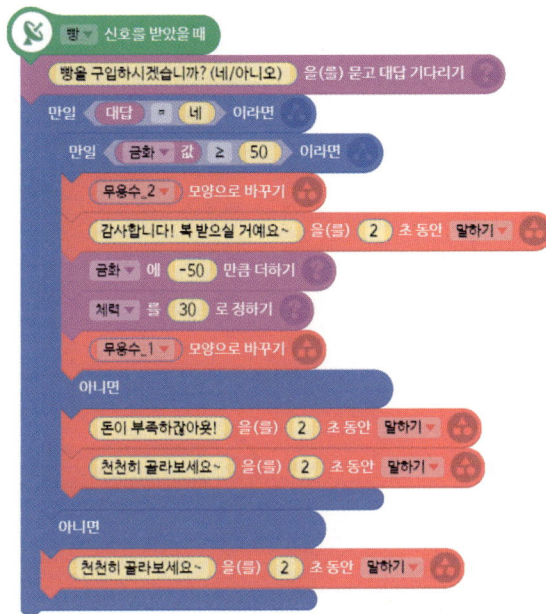

빵

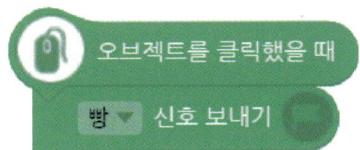

물약(빨강)

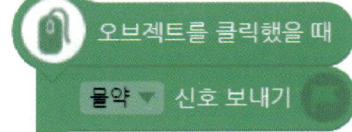

나가기 버튼

시장

부록

〈결투〉 장면

몬스터

```
장면이 시작되었을때
30초 동안 돌을 피해라! 을(를) 2 초 동안 말하기
초시계 시작하기
초시계 값 > 30 이 될 때까지 반복하기
    0.3 초 동안 x: 0 y: 100 만큼 움직이기
    0.5 초 동안 x: 0 y: -100 만큼 움직이기
    소리 천둥2 재생하기
    공격 신호 보내기
    1.0 부터 3.0 사이의 무작위 수 초 기다리기
```

```
장면이 시작되었을때
< 체력 값 ≤ 0 또는 초시계 값 > 30 > 이(가) 될 때까지 기다리기
초시계 정지하기
자신의 다른 코드 멈추기
만일 체력 값 > 0 이라면
    내가 졌다.... 을(를) 2 초 동안 말하기
    금화 100을 주지... 을(를) 3 초 동안 말하기
    금화 에 100 만큼 더하기
아니면
    크하하~ 체력을 더 길러라! 을(를) 2 초 동안 말하기
    금화 50을 가져가겠다!! 을(를) 3 초 동안 말하기
    금화 에 -50 만큼 더하기
1 초 기다리기
마을 시작하기
```

부록

동굴 속

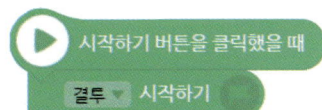

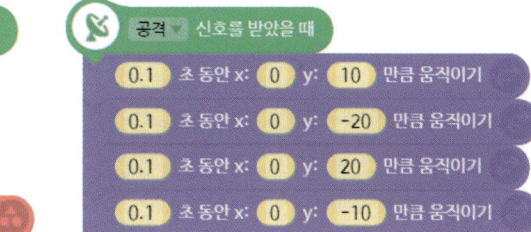

검은 돌멩이

주인공

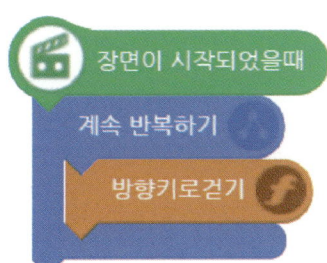

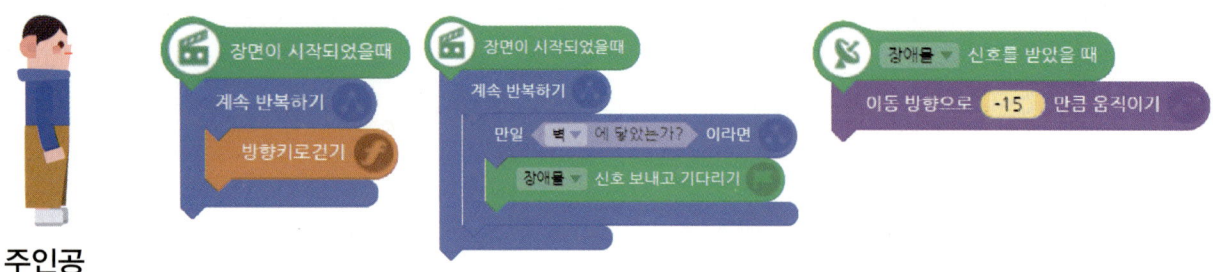

〈숲속〉 장면

주인공

- 장면이 시작되었을때 / 계속 반복하기 / 방향키로 걷기
- 장면이 시작되었을때 / 계속 반복하기 / 만일 〈벽〉에 닿았는가? 이라면 / 장애물 신호 보내고 기다리기
- 장애물 신호를 받았을 때 / 이동 방향으로 -15 만큼 움직이기

동전

- 장면이 시작되었을때 / 20 번 반복하기 / x: -240 부터 240 사이의 무작위 수 y: 135 부터 -135 사이의 무작위 수 위치로 이동하기 / 자신 의 복제본 만들기 / 모양 숨기기
- 복제본이 처음 생성되었을때 / 모양 보이기 / 주인공 에 닿았는가? 이(가) 될 때까지 기다리기 / 소리 전자신호움1 재생하기 / 금화 에 10 만큼 더하기 / 이 복제본 삭제하기

폭탄

- 장면이 시작되었을때 / 10 번 반복하기 / x: -240 부터 240 사이의 무작위 수 y: 135 부터 -135 사이의 무작위 수 위치로 이동하기 / 자신 의 복제본 만들기
- 복제본이 처음 생성되었을때 / 모양 보이기 / 주인공 에 닿았는가? 이(가) 될 때까지 기다리기 / 소리 숨소리 재생하기 / 체력 에 -5 만큼 더하기 / 이 복제본 삭제하기

부록

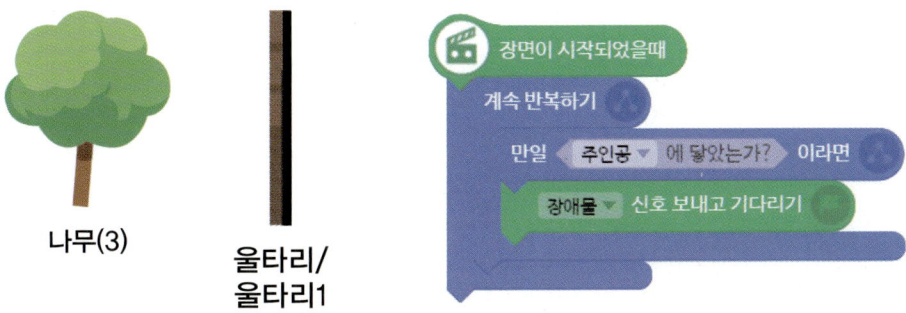

나무(3) 울타리/울타리1

마을 입구

풀

부록

ENTRY

나의 영어 단어장

연필 버튼

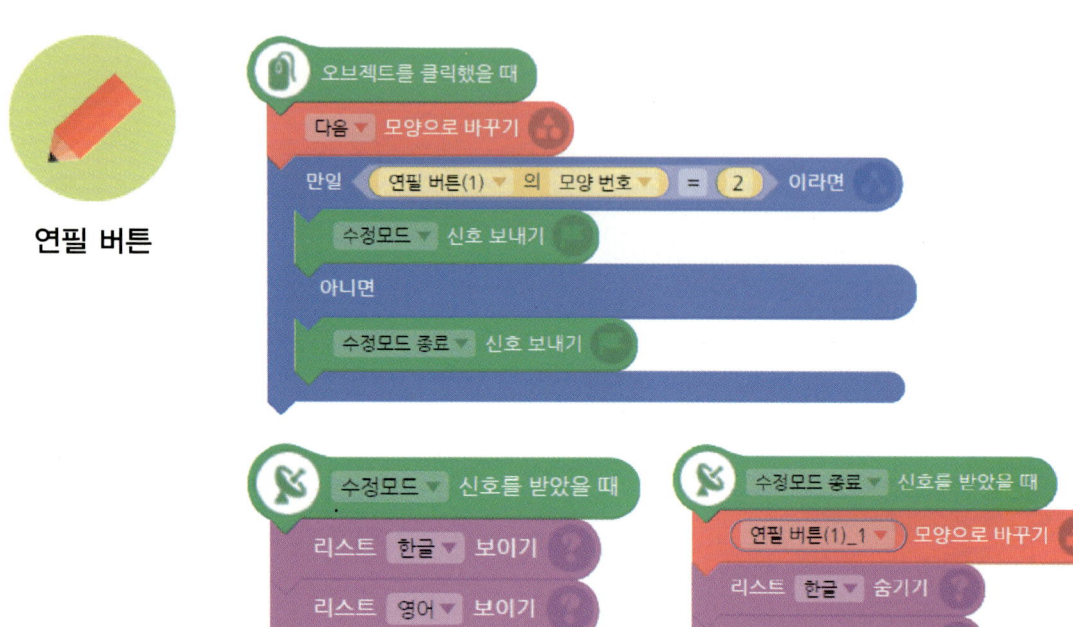

단어 추가
글상자

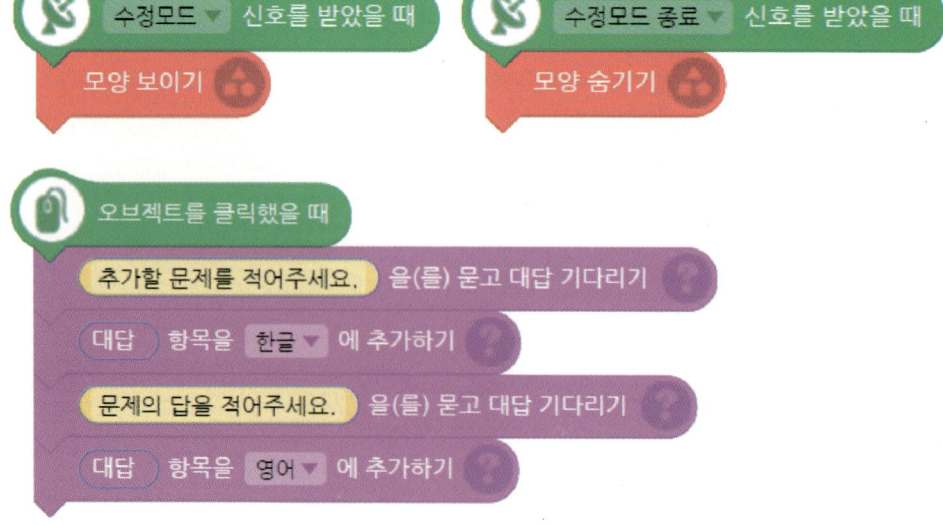

부록

단어 삭제
글상자

```
[수정모드 신호를 받았을 때]
  모양 보이기

[수정모드 종료 신호를 받았을 때]
  모양 숨기기

[오브젝트를 클릭했을 때]
  몇 번째 문제를 삭제하시겠습니까? 을(를) 묻고 대답 기다리기
  대답 번째 항목을 한글 에서 삭제하기
  대답 번째 항목을 영어 에서 삭제하기
```

인사하는 사람(1)

```
[시작하기 버튼을 클릭했을 때]
  리스트 한글 숨기기
  리스트 영어 숨기기
  저를 누르면 내 단어장에 저장된 문제를 냅니다. 을(를) 2 초 동안 말하기
  단어장에 단어를 등록하고 싶으면 연필 버튼을 누르세요. 을(를) 2 초 동안 말하기

[오브젝트를 클릭했을 때]
  대답 보이기
  수정모드 종료 신호 보내기
  만일 한글 항목 수 > 0 이라면
    한글 항목 수 = 0 이 될 때까지 반복하기
      출제 번호 를 1 부터 한글 항목 수 사이의 무작위 수 로 정하기
      한글 의 출제 번호 값 번째 항목 과(와) 를 영어로 하면? 를 합치기 을(를) 묻고 대답 기다리기
      만일 대답 = 영어 의 출제 번호 값 번째 항목 이라면
        정답! 을(를) 2 초 동안 말하기
        출제 번호 값 번째 항목을 한글 에서 삭제하기
        출제 번호 값 번째 항목을 영어 에서 삭제하기
      아니면
        정답은 과(와) 영어 의 출제 번호 값 번째 항목 를 합치기 을(를) 2 초 동안 말하기
    모든 단어를 다 외웠습니다! 을(를) 2 초 동안 말하기
  아니면
    등록된 단어가 없습니다. 을(를) 2 초 동안 말하기
  대답 숨기기
```

263

ENTRY의 모든것, 블록부터 파이선까지!

2017년 8월 30일 초판 1쇄 발행
2018년 6월 10일 초판 2쇄 인쇄
2018년 6월 20일 초판 2쇄 발행

펴낸곳 | (주)교학사
펴낸이 | 양진오
주소 | (공장) 서울특별시 금천구 가산디지털1로 42(가산동)
　　　　 (사무소) 서울특별시 마포구 마포대로14길 4(공덕동)
전화 | 02-707-5312(편집), 02-839-2505/707-5147(영업)
문의 | itkyohak@naver.com
팩스 | 02-707-5316(편집), 02-839-2728(영업)
등록 | 1962년 6월 26일 〈18-7〉

책을 만든 사람들
집필 | 김재휘 정인기
기획 | 정보산업부
진행 | 신지윤
표지 및 본문 디자인 | 안유경

교학사 홈페이지 | http://www.kyohak.co.kr

Copyright by KYOHAKSA
(주)교학사는 이 책에 대한 독점권을 가지고 있습니다. 따라서 (주)교학사의 서면 동의 없이는 책의 전체 또는 일부를 어떤 형태로도 사용할 수 없습니다. 또한 책에서 인용한 모든 프로그램은 각 개발사와 공급사에 의해 그 권리를 보호 받습니다.